STARK

ABITUR 2016

Original-Prüfungsaufgaben mit Lösungen

Deutsch GK

Hessen

2012–2015

STARK

8. neu bearbeitete und ergänzte Auflage
www.stark-verlag.de

Inhalt

Abiturprüfungsaufgaben Grundkurs 2012

Abiturprüfungsaufgaben Grundkurs 2013

Abiturprüfungsaufgaben Grundkurs 2014

Abiturprüfungsaufgaben Grundkurs 2015

Jeweils zu Beginn des neuen Schuljahres erscheinen die neuen Ausgaben der Abiturprüfungsaufgaben mit Lösungen.

Autorin: Gisela Wand (Bensheim)

Vorwort

Liebe Schülerinnen und Schüler,

im Frühjahr 2016 werden Sie das **Landesabitur im Grundkurs Deutsch** ablegen. Der vorliegende Band möchte Sie bei der **optimalen Vorbereitung** auf die Abiturprüfung im Fach Deutsch unterstützen. Dazu werden wir Ihnen zunächst in den **Hinweisen und Tipps** zum Landesabitur die allgemeinen Rahmenbedingungen der Abiturprüfung und Informationen zu Inhalten und Struktur der Aufgaben sowie zur Bewertung vorstellen.

Des Weiteren geben wir Ihnen Hilfen zur Auswahl und Bearbeitung der Prüfungsaufgaben. Dabei spielen die Arbeit mit Materialien und der Umgang mit den **Operatoren** eine besondere Rolle.

Sie finden im vorliegenden Buch eine **umfangreiche Auswahl an Übungsaufgaben** zu den prüfungsrelevanten Pflichtlektüren. Struktur und Schwierigkeitsgrad der Aufgabenstellungen basieren auf den Anforderungsniveaus der schriftlichen Prüfung im Grundkurs.

Weiterhin enthält dieser Band die offiziellen, vom hessischen Kultusministerium gestellten **Abitur-Prüfungsaufgaben der Jahre 2012 bis 2015** für den Grundkurs. Zu jeder Aufgabe hat unsere Autorin **detaillierte Hinweise zu den erwarteten Lösungsansätzen** sowie **ausführliche und vollständige Lösungsvorschläge** verfasst. Versuchen Sie aber zunächst, die einzelnen Aufgaben selbstständig zu lösen.

Sollten nach Erscheinen dieses Bandes noch wichtige Änderungen in der Abiturprüfung 2016 vom Kultusministerium bekannt gegeben werden, finden Sie aktuelle Informationen dazu im Internet unter:
www.stark-verlag.de/pruefung-aktuell

Wir wünschen Ihnen eine effektive Abiturvorbereitung und eine erfolgreiche Abiturprüfung!

Die Autorin und der Verlag

Stichwortverzeichnis

Werkregister

Hinweise und Tipps zur schriftlichen Abiturprüfung

1 Grundlagen

1.1 Vorgaben für das Hessische Landesabitur 2016

Die schriftlichen Prüfungsaufgaben richten sich in Format und Inhalt nach:

- den bundesweit verbindlichen *Einheitlichen Prüfungsanforderungen in der Abiturprüfung* (EPA), im Internet zu finden unter: http://www.kmk.org/doc/beschl/epa_deutsch.pdf,
- den *Fachspezifischen Prüfungsanforderungen* (FaPa) als Anlage 11 der *Verordnung des Hessischen Kultusministeriums über die Bildungsgänge und die Abiturprüfung in der gymnasialen Oberstufe und dem beruflichen Gymnasium* (VOGO/BG) in der Fassung vom 13. Mai 2004
- dem hessischen Lehrplan Deutsch/Gymnasialer Bildungsgang
- und dem jeweils aktualisierten Erlass des Hessischen Kultusministeriums zum Landesabitur.

1.2 Zeitrahmen und Hilfsmittel

In der Abiturprüfung im Fach Deutsch werden Ihnen drei unterschiedliche Aufgaben vorgelegt, von denen Sie eine auswählen müssen. Zum Einlesen und für die Auswahl des Themas haben Sie 45 Minuten Zeit. Für die Bearbeitung des Themas stehen dem Grundkurs 180 Minuten zur Verfügung. Als Hilfsmittel ist ein Wörterbuch der deutschen Rechtschreibung zugelassen. Für eine Reihe von Themen liegen die Lektüren, auf die Bezug zu nehmen ist, zur Benutzung bereit.

2 Prüfungsinhalte

Mit Erlass vom 20. Juni 2014 – *Hinweise zur Vorbereitung auf die schriftlichen Abiturprüfungen im Landesabitur 2016* – wurde eine Leseliste für den Arbeitsbereich „Umgang mit Texten“ festgelegt, die für die schriftliche und die mündliche Abiturprüfung des Jahres 2016 die inhaltliche Grundlage bildet. Mit den darin genannten Werken sollten Sie sich daher im Verlauf der Sekundarstufe II und während der Vorbereitung auf das Abitur gründlich auseinandersetzen. Es handelt sich um folgende Autoren und Titel:

Dramatik

- Johann Wolfgang von Goethe: *Faust I*
- Heinrich von Kleist: *Prinz Friedrich von Homburg*

Epik
- E.T.A. Hoffmann: *Der Sandmann*
- Georg Büchner: *Lenz* und Briefe
- Theodor Fontane: *Frau Jenny Treibel*
- Franz Kafka: *Die Verwandlung*
- Patrick Süskind: *Das Parfum*

Lyrik
- Lyrik der Romantik
- Lyrik des Expressionismus

Die im Lehrplan formulierten verbindlichen Hinweise zum *Arbeitsbereich III: Reflexion über Sprache* werden für das Landesabitur 2016 wie folgt konkretisiert: Grundkategorien der Redeanalyse.

3 Aufgabenarten

Die EPA unterscheiden drei wesentliche Erschließungsformen von Texten: das Untersuchen, das Erörtern und das Gestalten. Die daraus kombinierten vier Aufgabenarten, die Ihnen aus dem Unterricht bekannt sind und im Abitur vorgelegt werden können, sind

- die Textinterpretation
- die literarische Erörterung
- die gestaltende Interpretation
- die – auf Sachtexte bezogene – Textanalyse

3.1 Die Textinterpretation

Die häufigste Aufgabenart, sozusagen der Arbeitsalltag und Regelfall, ist die Textinterpretation. Sie basiert – wie alle anderen Aufgabenarten auch – auf der Textuntersuchung (oder Textanalyse) und strebt darüber hinaus einen Verstehensentwurf an. Zugrunde gelegt werden kann ein Textausschnitt aus einem bekannten Werk oder ein unbekannter Text, der meistens inhaltlich zusammenzufassen, zu erschließen, zu interpretieren und mit Bekanntem zu vergleichen ist. Es geht darum, den Text in seiner Besonderheit zu verstehen und dieses Verständnis sprachlich zum Ausdruck zu bringen.

Es ist ratsam, den Text zunächst mehrfach zu lesen, Auffälliges zu markieren, Beobachtungen zu notieren, Fragen an ihn zu stellen und sich zu überlegen, was charakteristisch und wesentlich daran ist. Die Interpretation (die Deutung) soll aus solchen Beobachtungen heraus entwickelt und mit Zitaten belegt werden. Als dritte Aufgabe schließt sich meistens noch eine persönliche Auseinandersetzung mit dem Erkannten an, in der es oft auch darum geht, ein eigenes Urteil zu formulieren. Eine beliebte Interpretationsaufgabe ist der Gedichtvergleich, bei der zwei Gedichte unterschiedlicher Autoren und Epochen einander gegenüberstehen und unter einem bestimmten Gesichtspunkt in Beziehung zueinander gesetzt werden sollen.

3.2 Die literarische Erörterung

Die literarische Erörterung geht über die Untersuchung (Analyse) und Interpretation des Textes hinaus. Das Verständnis der Vorlage ist hier nicht die Hauptsache, sondern Grundlage für die nun im Zentrum stehende Erörterung. Bei dieser Aufgabenart sollte man recht beweglich argumentieren und Gesichtspunkte gegeneinander abwägen können, um daraus ein eigenes Fazit zu gewinnen.

3.3 Die gestaltende Interpretation

Bei der gestaltenden Interpretation liegt der Schwerpunkt – statt auf analytischem Arbeiten – auf der eigenen Kreativität. Da der eigene Text aber eine (möglichst einfallsreiche, stilsichere und treffsichere) Antwort auf die Vorlage sein soll, muss man die Vorlage auch bei dieser Aufgabenart zuvor verstanden haben. Häufig besteht die Aufgabe darin, ein Textfragment fortzusetzen oder umzuschreiben, vorgegebene Figuren in ein fiktives Gespräch zu verwickeln, sie einen Brief an einen bestimmten Adressaten schreiben, einen Monolog sprechen oder einen Tagebucheintrag verfassen zu lassen. Immer wird dabei erwartet, dass Formen, Problemlage und Personenkonstellation so aufgegriffen und weiterentwickelt werden können, dass das eigene Produkt zum Bezugstext und seinem setting passt. Eine angeschlossene Aufgabe enthält oft die Aufforderung, das eigene gestalterische Vorgehen zu begründen.

3.4 Die Textanalyse

Die Textanalyse bezieht sich auf pragmatische Textsorten (auf Sachtexte), die in ihrer Struktur, ihrer Argumentation und Intention zu erschließen und in ihren Thesen oder spezifischen Positionen zu erläutern und zu erörtern sind. Üblicherweise handelt es sich um journalistische Texte, Berichte, Kommentare, Kritiken, Reden und Essays. Im Unterschied zu literarischen Texten sind sie nicht fiktional: Nicht ein lyrisches Ich oder ein erdachter Erzähler, sondern reale Persönlichkeiten ergreifen um einer spezifischen Botschaft (Intention, Wirkungsabsicht) willen das Wort. Sie wollen appellieren und überzeugen, manchmal aber auch provozieren. Die für das Abitur ausgewählten Sachtexte setzen sich meistens mit kultur- und gesellschaftspolitischen Fragen und Standortbestimmungen auseinander.

3.5 Tipps zur Arbeit mit Texten

Jeder gelungene Deutschaufsatz entsteht aus einem Zusammenspiel von genauem Eingehen auf die Aufgabenstellung und individuellem Zugang, also der Fähigkeit, den Text „zum Sprechen“ zu bringen. Für die Prüfungssituation ist es nützlich, über ein **Repertoire an Fragen** zu verfügen, mit denen man sich Texte erschließt.

Interpretation einer dramatischen Szene
Hier sollte man – sofern die Aufgabenstellung nicht ausdrücklich einen spezifisch anderen Untersuchungsaspekt vorgibt – nach Kommunikationssituation, Redeanteilen und Redeweise fragen, da die Protagonisten durch ihr Reden und Schweigen erkennbar werden. Weitere Fragen, die bei der Erschließung der Szene helfen können, sind:

- Welche Spannung liegt in der Szene? Wie spitzt sich die Auseinandersetzung zu? Wo ist eventuell ein Höhe- und Wendepunkt?
- Welche Rolle spielt der Schauplatz und eventuell ein Requisit oder ein Gang oder eine Geste?
- Was tragen die Regieanmerkungen zum Verständnis bei?
- Was bleibt hinter dem gesprochenen Wort unausgesprochen und ist mitzudenken und lässt uns ahnen, wie es in der Figur wirklich aussieht und was sie vielleicht plant?
- Über die Textimmanenz hinaus ist von entscheidender Bedeutung, welchen Platz die Szene im Handlungszusammenhang hat und welche Funktion ihr zukommt (was wäre, wenn sie gestrichen wäre?)

Gedichtinterpretation
Gedichte brauchen Zeit. Deshalb sollte man in der ersten halben Stunde einer Gedichtinterpretation noch nicht schreiben, sondern erst einmal hinhören und in sich aufnehmen, wie das Gedicht klingt und wirkt, um sich dann am Text entlang zu überlegen, wodurch diese Wirkung zustande kommt. Man sollte zum Beispiel nicht mechanisch das Metrum bestimmen, wenn man nicht weiß, was es ausdrückt und bewirkt. Nützliche Fragen sind:

- Aus welcher Perspektive und von welchem Standort aus wird im Gedicht gesprochen?
- Da auch in Gedichten etwas passiert: Was entwickelt sich vom ersten bis zum letzten Vers?
- Welche Versgruppen gehören zusammen?
- Wie ist ein Motiv durchgeführt und inwieweit wandelt es sich? Welche Bilder und Metaphern fallen auf?
- Was ist mit dem Ich, das explizit oder implizit sich und seine Sicht der Welt zum Ausdruck bringt? Wie spricht es? Welche Sprache wählt es?
- Ergibt sich eher fließend (liedhaft) ein Gefühls- und Erlebniszusammenhang mit einer spürbaren Atmosphäre? Oder ist es ein eher spröder, intellektuell gedachter und gebauter Text, durchsetzt von Konjunktionen, Einsprüchen und Antithesen?

Legen Sie sich deutend nicht zu schnell fest. Wie das eine oder andere, was Sie bemerken, letztlich zu verstehen ist, ist nicht immer eindeutig zu entscheiden: Gedichte haben einen offenen Deutungsraum um sich herum.

Interpretation von epischen Texten
Bei erzählender Literatur sollte man sich vor der Gefahr hüten, in der Fülle des Stoffes zu ertrinken und zuviel Inhaltliches zu rekonstruieren. Man muss den gegebenen Textausschnitt zunächst im Kontext (des Romans, der Novelle oder Kurzgeschichte etc.) verankern (situieren) und eine Zusammenfassung geben, bevor man zur Untersuchung übergeht. Die Konzentration auf Wesentliches, auf den thematisierten Erzählstrang oder -aspekt und die Strukturierung der eigenen Darstellung sind hier besonders nötig.

- Entscheidend für das Verständnis ist es oft, die Erzählperspektive und Haltung des Erzählers zu erkennen und zu deuten. Weiß er nicht mehr, als die einzelne Person wissen kann, erzählt er gleichsam aus ihr heraus personal? Überschaut er allwissend alles äußere und innere Geschehen? Oder verschwindet er ganz hinter einem erzählenden Ich? Hegt der Erzähler Sympathie für seine Helden oder bleibt er ironisch distanziert?
- Wird linear-chronologisch erzählt oder gebrochen in Zeitsplittern, Facetten, Vorwegnahmen und Rückblicken?
- Wie ist das Verhältnis zwischen äußerer Handlung und inneren (seelischen, psychischen) Vorgängen?
- Entsteht ein Abbild unserer Wirklichkeit? Erscheint sie ins Artifizielle, Groteske, Absurde verfremdet? Verweist das Erzählte auf einen Bedeutungshorizont hinter dem konkreten Geschehen (wie im Gleichnis oder der Parabel)?
- Und welches Bild von der erzählten Zeit entsteht? Mit welchen Fragen setzt sich der Autor in seinem Text vermutlich auseinander?

Analyse von Sachtexten

- Bei Sachtexten ist es wichtig, Textsorte, Adressatenbezug und Kommunikationszusammenhang zu klären, denn oft reagieren Autoren auf ganz bestimmte Situationen, greifen mit ihrem Beitrag in eine öffentliche Debatte ein oder lösen eine öffentliche Debatte aus. Bei der Wahl solcher Themen sollte man also etwas Hintergrundinformation haben.

- Entscheidend ist es, das zentrale Problem zu erfassen, die Intention des Autors aus der Fülle der Aussagen herauszuschälen und die wichtigsten Argumente zu finden, die die vorgetragene Intention stützen.
- Bei Reden wäre zu fragen, ob überzeugend argumentiert oder ob eher überredet, manipuliert, verschleiert und mit Emotionalität und Suggestion Stimmung erzeugt wird. Aufschlussreich bei der Untersuchung von Reden ist es, nach Merkmalen zu suchen, die vielleicht eine Wir-Gruppe von einer Feind-Gruppe abgrenzen.
- Der Übergang zu literarischen Texten ist dann fließend, wenn die Autoren Dichter sind und in der Form des Essays schreiben.
- Bei Glossen und Polemiken kommt es sehr darauf an, Mittel der Ironie, der ironischen Übertreibung und Zuspitzung, nicht zu überlesen.

Handwerkszeug
Einen guten Eindruck macht es immer, wenn korrekt und geschickt **zitiert** werden kann. Man sollte nicht zu umfangreich zitieren oder dem Leser das Zitat wie den Stein der Weisen wortlos vor die Füße schieben. Zitate, oft nur ein Satzfetzchen oder ein besonderes Wort, werden gewählt, weil sie aufschlussreich und vielsagend sind: Man muss also damit arbeiten, sie erläutern und kommentieren. Überhaupt ist es das A und O aller Interpretation, in die eigene Sprache hereinzuholen, was man vorfindet. Wer sprachfaul nur wiederholt, was der Autor sagt, bleibt gleichsam erkenntnisblind. Die Anstrengung dagegen, Fremdes selbstständig in der eigenen Sprache wiederzugeben, wirft Fragen auf und bildet daher den ersten Schritt zum Verständnis eines Textes.

Sehr ratsam ist es, über ein paar **Fachbegriffe** so zu verfügen, dass über Erzähltes und Dargestelltes präzise gesprochen werden kann. Man sollte etwa schreiben können: „Die Peripetie erkenne ich in dem Moment, in dem …“. Oder: „Hier wird der Beziehungsaspekt wichtiger als der Inhaltsaspekt.“ Oder: In diesen Ellipsen, diesen Kurzsätzen ohne Prädikat, drückt sich aus, wie …“. – Sehen Sie zu, dass Sie Wortarten, Satzteile und Nebensatztypen korrekt ansprechen können. Üben Sie sich darin, die wichtigsten rhetorischen Figuren zu erkennen, die gestalteter Sprache ihre Wirkung verleihen. (Eine gute Übersicht über rhetorische Figuren findet sich in dem folgenden Band: Werner Winkler, *Prüfungswissen Deutsch Oberstufe,* Freising: Stark Verlag 2015, Titel-Nummer: 94406, dort S. 23 ff.)

4 Anforderungsbereiche und Operatoren

4.1 Anforderungsbereiche (AFB)

In den EPA werden **drei Anforderungsbereiche** definiert, die sich in jeder Aufgabe – in jeweils leicht variierenden Anteilen – wiederfinden. Die einzelnen Bereiche bauen aufeinander auf und verlangen von Ihnen einen zunehmenden Grad an Abstraktionsfähigkeit und Problemlösungsvermögen. In jedem Bereich gilt es, eine Verstehensleistung, eine Argumentationsleistung und eine Darstellungsleistung zu erbringen.

- **Anforderungsbereich I** betrifft die **Reproduktion:** die Wiedergabe von gelernten Sachverhalten sowie die wiederholende Zusammenfassung, die sehr oft in Teilaufgabe 1 der Abiturprüfung verlangt ist. Der im Unterricht erarbeitete Hintergrund an Lektüre- und Faktenwissen, fachspezifische Arbeitstechniken, Methoden der Texterschließung sowie Darstellungstechniken sollen zum Einsatz gebracht werden.

- **Anforderungsbereich II** zielt auf die Anwendung erworbener Arbeitsweisen, auf **Reorganisation von Bekanntem und Transferleistungen**. Meistens sind in der zweiten Teilaufgabe solche Anforderungen gestellt, die ein selbstständiges Auswählen, Ordnen, Erläutern, Interpretieren oder Vergleichen verlangen. Erwartet wird von Ihnen eine eigenständige, argumentativ begründete Interpretation bzw. Erörterung, die zeigt, dass Sie in der Lage sind, Gelerntes auch auf unbekannte Zusammenhänge anzuwenden. Auf dem AFB II liegt in der Abiturprüfung das Hauptgewicht, die Teilaufgabe wird auch entsprechend stark bewertet.
- **Anforderungsbereich III** betrifft die gedankliche Selbstständigkeit der Leistung, die oft besonders in der letzten Teilaufgabe nötig wird: Hier müssen Sachverhalte und Zusammenhänge eigenständig ausgewertet, durchdacht und begründet beurteilt oder gestaltet werden. Sie sollen zu einer differenzierten und kritischen Wertung von Texten und Sachverhalten gelangen und Ihre Fähigkeit zur **Reflexion und Problemlösung** beweisen.

Nicht alle Aufgabenstellungen müssen dreiteilig aufgebaut sein; oftmals wird nur ein umfassender Operator (Arbeitsanweisung) wie „erörtern", „interpretieren" oder „analysieren" eingesetzt, der Leistungen in allen drei Anforderungsbereichen erfordert. Wird die Aufgabe nicht weiter differenziert, entfällt freilich auch eine erste Strukturierungshilfe, die die einzelnen Teilaufträge sonst bieten. Folglich haben Sie weniger Orientierungspunkte, aber auch mehr Freiraum beim Gliedern Ihres Aufsatzes.

4.2 Operatoren

Anforderungsbereich I (Reproduktion)

Operator	Definition	Beispiel(e)	AFB
beschreiben	einen Sachverhalt unter Zuhilfenahme des Vorwissens darstellen, ausführen	Beschreiben Sie die Epoche / das Gesamtwerk von …	I
einordnen / zuordnen	begründet in einen (literar-)historischen, literarischen oder thematischen Zusammenhang stellen	Ordnen Sie den vorliegenden Text in die Epoche der Romantik ein.	I – II
thesenartig zusammenfassen	den Text auf zentrale Textaussagen reduzieren (vollständige Sätze)	Fassen Sie die zentralen Ideen Schillers zu den Aufgaben des Theaters thesenartig zusammen.	I
wiedergeben / paraphrasieren	Informationen aus dem vorliegenden Material in eigenen Worten wiedergeben	Geben Sie die Passage Z. 13 bis Z. 20 aus der vorliegenden Rede wieder.	I
zusammenfassen	ausgehend von einem Einleitungssatz den Text kürzen und dabei auswählend gewichten	Fassen Sie die wesentlichen Inhalte der Rede zusammen.	I

Anforderungsbereich II (Reorganisation und Transfer)

analysieren (gegebenenfalls: in Bezug auf)	unter gezielten Fragestellungen sprachliche, inhaltliche und/oder strukturelle Merkmale eines Textes systematisch erschließen und im Zusammenhang darstellen	Analysieren Sie Kafkas Tagebuchnotiz in Bezug auf die Beziehung Kafkas zu seinem Vater.	II
begründen	einen Sachverhalt/eine Aussage durch nachvollziehbare (Text-)Argumente stützen	Begründen Sie, warum dieser Text der Epoche der Romantik zuzuordnen ist.	II
charakterisieren	eine Person oder Sache in ihrer Eigenheit darstellen, treffend und anschaulich schildern bzw. kennzeichnen	Charakterisieren Sie einen der Protagonisten in dem vorgegebenen Textauszug.	II
entwerfen	eine kreative Idee in Umrissen gestalten	Entwerfen Sie eine Idee für eine Szene/einen Dialog mit Überlegungen für eine angemessene Gestaltungsweise … (z. B. zwischen Effi und einer Figur aus einem anderen literarischen Werk)	II – III
erläutern	einen Sachverhalt, eine These, ggf. mit zusätzlichen Informationen (Beispiele, Belege, Begründungen), nachvollziehbar verdeutlichen	Erläutern Sie, inwiefern Alfred Ill am Ende des zweiten Aktes zu dem Schluss kommen kann, er sei „verloren“.	II
gestalten	auf der Grundlage eines Textes und seiner inhaltlichen oder stilistischen Gegebenheiten eine kreative Idee in ein selbstständiges literarisches Produkt umsetzen	Gestalten Sie eine Dialogszene, in der Ferdinand von Walther und Luise über ihre jeweiligen Besuche bei Lady Milford sprechen.	II – III
interpretieren	auf der Basis methodisch reflektierten und sachangemessenen Auswertens von textimmanenten und ggf. textexternen Elementen und Strukturen die Gesamtdeutung eines Textes bzw. Textteils selbstständig erarbeiten und ein komplexes Textverständnis nachvollziehbar darbieten	Interpretieren Sie die Kurzgeschichte.	II – III
vergleichen	nach vorgegebenen oder selbst gewählten Gesichtspunkten Gemeinsamkeiten, Ähnlichkeiten und Unterschiede ermitteln und darstellen	Vergleichen Sie die Naturschilderungen in den vorliegenden Gedichten von Eichendorff und Heym.	II

Anforderungsbereich III (Reflexion und Problemlösung)

beurteilen	zu einem Sachverhalt bzw. Problem und unter Bezug auf eine Wertordnung angemessen und selbstständig Stellung nehmen	Beurteilen Sie, welche Bedeutung dem in der Textvorlage dargestellten Menschenbild heute zukommt, wo es an seine Grenzen stößt.	III
erörtern / diskutieren	eigene Gedanken zu einer Problemstellung entwickeln und ein abgewogenes Urteil fällen. Hierbei sind unterschiedliche Standpunkte auszuführen und zu begründen	Erörtern Sie, inwiefern sich das Menschenbild in Büchners *Woyzeck* von dem Menschenbild in Goethes *Faust* unterscheidet.	III
reflektieren	Behauptungen im Zusammenhang prüfen und anhand eigenständig gewählter Kriterien eine Aussage über Richtigkeit, Wahrscheinlichkeit, Angemessenheit in einer längeren Argumentationsreihe entwickeln	Reflektieren Sie, wie sich das Spannungsverhältnis zwischen Freiheit und Bindung an gesellschaftliche Zwänge seit der Zeit Fontanes geändert hat.	III
überprüfen	Hypothesen, Vermutungen, Inhalte anhand von Fakten oder einer Logik messen und eventuelle Widersprüche aufzeigen und zu einem eigenen Urteil führen	Überprüfen Sie die Geltung der These in Bezug auf Goethes Faust-Drama.	III

(Offizielle Operatoren-Liste des Hessischen Kultusministeriums)

5 Praktische Tipps

5.1 Die Auswahl der Aufgabe

Von Ihrer sorgfältigen Entscheidung, welchen der drei angebotenen Aufgabenvorschläge Sie wählen, hängt ein Teil des Erfolgs Ihrer Arbeit ab. Deshalb sollten Sie nicht nur die Textvorlagen (den Inhalt), sondern auch die Aufgabenstellung, die Verteilung der Bewertungseinheiten (BE) und besonders die Schwerpunktaufgabe genau ansehen und sich die folgenden Fragen beantworten:

- Wie hoch ist der Anteil der zu erbringenden Reproduktionsleistung im Verhältnis zur eigenständigen Texterschließung? Wie hoch wird gedankliche Selbstständigkeit honoriert? Liegt mir das Thema?
- Bei welcher Schwerpunktaufgabe kann ich am besten meine Stärken (mein Wissen?, mein methodisches Können?, meine geistige Beweglichkeit?, meine literarische Sensibilität?, meine Argumentationslust?, meine Lust am Gestalten? und so weiter) einbringen?
- Welche Aufgabe fordert mich heraus, etwas zu entdecken und vielleicht etwas zu riskieren? Bei welcher muss ich so viel Stoff bewältigen, dass ich in Gefahr gerate, mich zu lange bei der Reproduktion aufzuhalten?

Wählen Sie den für Sie sichersten, wenn auch etwas langweiligen Weg, wenn Sie im Fach Deutsch eher schwach sind. Wählen Sie die Aufgabe, die für Sie den größten Reiz besitzt, wenn Sie nicht ängstlich zu sein brauchen.

5.2 Die Zeitplanung

- Legen Sie sich einen Papierstreifen mit Ihrem Zeitplan an den oberen Rand des Tisches: Teilen Sie darauf die verfügbaren Schulstunden (Uhrzeiten) ab und ordnen Sie ihnen die zu bewältigende Arbeit so zu, dass die letzte halbe Stunde für die Durchsicht des Ganzen und für kleine Nachbesserungen (Anschlüsse überprüfen, Absätze machen, Zeichensetzung korrigieren) reserviert ist.
- Halten Sie die Zeit für die – der Aufgabe entsprechend zu veranschlagende – Vorbereitungsarbeit (Inhalte aufnehmen und durchdenken, Textmarkierungen setzen, Aspekte und Stichworte festhalten) unbedingt ein.
- Behalten Sie der Schwerpunktaufgabe den größten Anteil der verfügbaren Zeit vor, denn trotz sorgfältiger Vorarbeit können Sie nicht Vorgedachtes einfach niederschreiben. Vielmehr werden Ihnen schreibend neue Ideen kommen, die durchdacht, nachgewiesen, eingebaut und vor allem auch noch gut formuliert sein wollen.

6 Zum Gebrauch der Lösungshinweise

In den Übungsaufgaben dieses Bandes spiegelt sich hessische Unterrichtspraxis. In den **Lösungshinweisen** zu den Übungsaufgaben und zu den Prüfungsaufgaben des Landesabiturs wird nicht einfach das Maß an Erkenntnis und Gestaltungsfähigkeit nachgeahmt, das einer Abiturientin beziehungsweise einem Abiturienten abverlangt werden kann. Sie weisen auf mehr Aspekte hin, als ein Schüler in der Regel sehen kann. Von der Fülle der Beobachtungen, Aspekte, Deutungseinfälle und Problematisierungen kann ein Abiturient oder eine Abiturientin jeweils nur auf einiges selbst kommen. Was von Ihnen realistischerweise in der Abiturprüfung erwartet werden kann, steht nicht in den Lösungshinweisen, sondern unter „**Bewertung und Beurteilung**“ am Schluss jedes Beispiels. Die Lektüre der entfalteten Lösungswege kann aber Textverstehen anleiten, bereichern und intensivieren und in Fragen der Herangehensweise (der Methode und Strukturierung) dazu anregen, ähnliche Ansätze oder Übergänge oder Schlussbilanzen auszuprobieren.

Zu empfehlen ist, bei dem einen oder anderen Thema nach der Lektüre der Aufgabenstellung und der gegebenen Texte (der Arbeitsgrundlagen) nicht gleich weiterzulesen. Der Übungseffekt ist entschieden größer, wenn man nicht nur rezeptiv folgt (Vorgesetztes aufnimmt), sondern selbst aktiv wird, wenn man also einige Zeit darauf verwendet, sich in Thema und Text einzudenken und auf einem Zettel (auch diese Fixierung ist wichtig!) erst einmal eigene Ansätze, Fragen und Gedanken zu Text und Thema skizziert. Sobald man sich selbstständig einen Verstehens- und Fragehorizont entwickelt hat, sieht man – im Vergleich damit – fremde Ausführungen kritischer und mit mehr Gewinn.

Hinweise und Tipps zur mündlichen Abiturprüfung

1 Allgemeines

Eine mündliche Abiturprüfung gibt es in jedem Fall im vierten Prüfungsfach. Im ersten bis dritten Prüfungsfach erfolgt eine mündliche Prüfung, wenn die Prüfungskommission sie aufgrund des Leistungsbildes des Prüflings beschließt, oder wenn Sie sich freiwillig zur Prüfung melden, um Ihren Notendurchschnitt zu verbessern. Die mündliche Prüfung im ersten bis dritten Prüfungsfach darf keine inhaltliche Wiederholung der schriftlichen Prüfung sein, sie darf sich nicht auf das Sachgebiet und die Lernziele nur eines Schulhalbjahres beschränken, sie kann aber, im Unterschied zur schriftlichen Prüfung, Sachgebiete des letzten Schulhalbjahres einbeziehen.

Für die Vorbereitung der mündlichen Prüfung haben Sie „mindestens 20 Minuten" Zeit (VOGO § 40). Sie erhalten eine Aufgabe, die ähnlich gegliedert ist wie die schriftlichen Abituraufgaben es sind, die aber auf die kürzere Zeit zugeschnitten ist, die zu ihrer Lösung zur Verfügung steht. Die Anforderung der Prüfung besteht darin, „sich in einem kurzen Vortrag zusammenhängend und in sprachlich korrekter und angemessener Weise zu äußern, ein themengebundenes Gespräch zu führen und dabei auf Fragen und Anregungen der Prüfenden einzugehen und gegebenenfalls eigene sach- und problembezogene Beiträge zu weiteren Aspekten einzubringen sowie den eigenen Standpunkt deutlich darzustellen und zu begründen." (FaPa 3.1)

Eine besondere Form der mündlichen Prüfung ist die vorbereitete, selbstständige Präsentation eines Themas, das seinen Schwerpunkt im gewählen Fach (hier: im Fach Deutsch) hat. An die 15-minütige Präsentation schließt sich ein ebenfalls 15-minütiges Kolloquium, also eine Befragung durch den Fachausschluss, an. „Folgende Kriterien fließen u. a. in die Bewertung einer Präsentation ein:

- Qualität und Umfang der vermittelten fachlichen Informationen, auch Vollständigkeit, exemplarisches Vorgehen, Aktualität, Kreativität,
- Strukturierung der Präsentation […],
- sachgerechter Einsatz von Medien […],
- Präzision und logische Nachvollziehbarkeit der Darstellung,
- kommunikative (einschließlich rhetorischer) Fähigkeiten,
- Reflexion über die gewählte Präsentationsmethode, der vorgetragenen Lösungen und Argumente." (FaPa 3.4)

2 Tipps zur Vorbereitung und zur mündlichen Prüfung selbst

2.1 Die Vorbereitung auf die Prüfung

Während der „mindestens 20-minütigen" Vorbereitung auf die mündliche Prüfung werden Sie sich ganz ähnlich wie bei der Vorbereitung schriftlicher Abiturklausuren mit Aufgabenstellung und gegebenem Material auseinandersetzen. Darüber hinaus muss der geforderte 10-minütige Vortrag, mit dem Sie die Prüfung vor der Kommission einleiten sollen, besonders bedacht werden. Im Deutschunterricht gibt es meistens nicht viel Gelegenheit, sich im zusammenhängenden, längeren Vortrag zu üben; mit einem guten Vortrag in der Abiprüfung machen Sie aber sofort Eindruck.

- Prüfen Sie genau Thema und Zielrichtung der gestellten Aufgaben, damit Sie während der Texterschließung nicht daran vorbeigehen. Stellen Sie fest, worin der Schwerpunkt der Aufgabe besteht. Konzentrieren Sie sich auf diesen Schwerpunkt und durchdenken Sie, was darin das Wesentliche ist. Kluge Leute haben die Fähigkeit, Wesentliches von Unwesentlichem klar unterscheiden zu können; sie treten nichts breit, halten sich also nicht lange bei dem auf, was auf der Hand liegt, sondern sie komprimieren und differenzieren und können das als wesentlich Erkannte sprachlich präzis vermitteln. Streben Sie solche Konzentration an.
- Gliedern und markieren Sie sich den Text zunächst so, wie Sie es gewohnt sind. Notieren Sie sich am Rand Erkanntes/Entdecktes in Stichwortform für den Vortrag. Nehmen Sie sich während des letzten Durchgangs durch den Text einen andersfarbigen Stift (Marker): Heben Sie mit ihm die Textstellen und Schlüsselbegriffe hervor, die Sie im Vortrag zitieren wollen. Seien Sie sparsam im Markern (siehe oben: es kommt auf die Auswahl des Wesentlichen an!).
- Notieren Sie groß und deutlich, in welcher Reihenfolge Sie die verschiedenen Stichworte und Aspekte ansprechen wollen. Setzen Sie Einfaches, Informierendes und Inhaltliches an den Anfang, um einen Sockel für das Anspruchsvollere zu haben; die meisten Aufgaben geben diese Gliederung bereits vor.
- Sie haben keine Zeit, eine Interpretation auszuformulieren. Die nummerierten Stichworte sind also das Skelett für ihren Vortrag: Es sind die Anhaltspunkte, die Sie in freier Rede erläutern und entfalten werden. Aber formulieren Sie sich einen ins Zentrum der Aufgaben- und Problemstellung zielenden Einleitungssatz aus. Vielleicht gelingt es Ihnen außerdem, ein sprachlich ebenso bündiges (vorläufiges) Fazit auszuformulieren.

2.2 Der Vortrag innerhalb der Prüfung

- Rücken Sie sich ohne Hetzte Ihr Material und Ihren Stuhl zurecht, atmen Sie einmal bewusst durch, schauen Sie die Kommission und Ihren Lehrer oder Ihre Lehrerin grüßend an und nehmen Sie auch während des Fortgangs der Prüfung immer wieder Blickkontakt auf. Man wird Ihnen wohlgesonnen sein: Es befreit, das zu bemerken.
- Legen Sie Ihre Uhr auf den Tisch und stellen Sie die Zeiger auf 12: So fällt es bei aller Aufregung am leichtesten, die Zeit zu kontrollieren.
- Teilen Sie einleitend knapp mit, worin Ihre Aufgabe bestand/besteht und wie Sie vorzugehen gedenken. Bei kurzen Texten ist es oft erwünscht (und für Sie hilfreich), dass Sie den Text vorlesen, bevor Sie zu Ihrem Einleitungssatz und anschließend zur möglichst frei vorgetragenen Inhaltsübersicht und zur Darstellung Ihrer aufgabenbezogenen Beobachtungen, Erkenntnisse und weiterführender Einsichten oder Hypothesen kommen.
- Die Textanalyse oder Textinterpretation muss durch Zitate belegt werden. Wenn Sie nicht sofort die benötigte Textstelle finden, so hat die Kommission Verständnis dafür,

wenn Sie einen Augenblick lang suchen müssen. Kommentieren Sie Ihr Suchen (etwa: „Entschuldigung, Ich finde gerade die Stelle nicht, aber es muss hier im letzten Drittel sein, sinngemäß steht da …; – hier ist es wörtlich: …“).

- Sprechen Sie immer wieder mit erhobenem Kopf klar und deutlich und nicht zu schnell. Auch hier gilt: Hetzen Sie nicht. Machen Sie sich Ihren Zuhörern in gutem (elaboriertem) Deutsch verständlich und sprechen Sie so, dass Sie selber mitkommen (mitdenken können!). Greifen Sie auf Fachbegriffe zurück, durch die sich weitschweifige Erklärungen oft erübrigen. Sprechen Sie immer wieder begründend statt additiv in Satzreihen („Und dann … Und dann …“). Sie haben Zeit, gleichsam laut nachzudenken. Gerade das ist es, was die Kommission hoch bewertet: dass der Prüfling auf der Grundlage seines Wissens selbstständig denken und urteilen kann. Am deutlichsten stellt sich im Prüfungsgespräch heraus, wie gut er das kann.

2.3 Das Prüfungsgespräch

- Der zweite Teil der mündlichen Prüfung soll die Form des Gesprächs haben. Ein Gespräch ist kein Ping-Pong zwischen Frage und Kurzantwort und kein Abgefragtwerden. Schießen Sie also nicht knappe Lösungssätze, isolierte Begriffe oder Ja-Nein-Antworten ab; antworten Sie stattdessen in vollständigen Sätzen, nehmen Sie die gestellten Fragen auf und gehen Sie umsichtig erläuternd und themenbezogen darauf ein. Bevor man das zu Sagende ausführt, empfiehlt es sich bei etwas komplizierteren oder komplexeren Fragen, zunächst zu formulieren, wie man die Frage verstanden hat („Sie fragen also danach, ob… / wie …?“). Treten Sie in einen kommunikativen Zusammenhang ein.
- Haben Sie eine Frage einmal nicht verstanden, so wird Ihr Blick den Prüfer dazu veranlassen, seine Frage neu zu formulieren.
- Auch der Prüfer geht in dem von ihm vorbereiteten Gespräch in der Regel vom Einfachen zum Schwierigeren und vom konkreten Beispiel zum Allgemeineren. Er wird über den gegebenen Text hinaus nach Vergleichbarem, Entgegengesetztem und seiner möglichen Einordnung in einen größeren Zusammenhang fragen. Wenn Ihnen selbst passende literarische oder theoretische Bezüge einfallen, so bringen Sie sie aktiv (von sich aus) ein.
- Wenn Sie Zweifel an einer Zuordnung oder Setzung haben oder wenn Ihnen eine Interpretation zu glatt oder aber verrenkt erscheint, so artikulieren Sie Ihre Bedenken: Unterdrücken Sie Problembewusstsein nicht, wenn es denn echt ist.
- Manchmal unterbricht ein Prüfer. Der Grund dafür kann sein, dass er Sie von einem Nebenweg zurückholen will, oder dass er abkürzt, weil er Ihnen Gelegenheit geben will, sich noch zu einem wichtigen Punkt zu äußern, dass er Ihnen also noch mehr zutraut. Meist drängt nur schlicht die Zeit.
- Eine Abiturprüfung ist eine Veranstaltung mit offiziellem Charakter. Es muss Sie also nicht irritieren, wenn Ihr Prüfer Ihnen ein wenig förmlicher begegnet, als Sie es vom Unterricht her gewohnt sind. Seien Sie überzeugt, auch er will bestehen: Ihn leitet der Wunsch, dass Sie glänzen – und so ein helles Licht auf die Qualität seines Unterrichts werfen.

Grundkurs Deutsch (Hessen) – Übungsaufgabe 1: Textinterpretation

Zwei Gedichte zum Thema Wald

Arbeitsgrundlage:

1. Joseph von Eichendorff, *Abschied*
2. Kurt Drawert, *Der Wald. Katalogtext und Ausstellungshinweis*

Aufgaben:

1. Interpretieren Sie Eichendorffs Gedicht *Abschied*. Berücksichtigen Sie Sprache, Haltung, Gedanklichkeit, Natur und Weltverständnis des lyrischen Ichs und zeigen Sie, inwiefern dieser Text lyrisch und romantisch ist. – Bezüge zu anderen Beispielen der Romantik sind erwünscht. (35 BE)

2. Vergleichen Sie die Gedichte von Drawert und Eichendorff besonders bezüglich der Distanz zwischen ihnen. Achten Sie darauf, wie sich mit Wahrnehmung und Weltverständnis auch Ton und Sprache ändern. (45 BE)

3. Erörtern Sie:
   a) Ist *Der Wald. Katalogtext* … Ihrer Meinung nach ein überzeugendes lyrisches Gedicht?
   b) Ist für Sie Drawert ein Autor, der das Bewusstsein Ihrer Generation zum Ausdruck bringt? (20 BE)

Erlaubte Hilfsmittel: ein Wörterbuch der deutschen Rechtschreibung

Joseph von Eichendorff
Abschied (um 1810)

O Täler weit, o Höhen,
O schöner, grüner Wald,
Du meiner Lust und Wehen
Andächtger Aufenthalt!
Da draußen, stets betrogen,
Saust die geschäftge Welt,
Schlag noch einmal die Bogen
Um mich, du grünes Zelt!

Wenn es beginnt zu tagen,
Die Erde dampft und blinkt,
Die Vögel lustig schlagen,
Daß dir dein Herz erklingt:
Da mag vergehn, verwehen
Das trübe Erdenleid,
Da sollst du auferstehen
In junger Herrlichkeit!

Da steht im Wald geschrieben
Ein stilles, ernstes Wort
Von rechtem Tun und Lieben,
Und was des Menschen Hort.
Ich habe treu gelesen
Die Worte, schlicht und wahr,
Und durch mein ganzes Wesen
Wards unaussprechlich klar.

Bald werd ich dich verlassen,
Fremd in der Fremde gehn,
Auf buntbewegten Gassen
Des Lebens Schauspiel sehn;
Und mitten in dem Leben
Wird deines Ernsts Gewalt
Mich Einsamen erheben,
so wird mein Herz nicht alt.

In: Joseph von Eichendorff: Werke in einem Band. Herausgegeben von Wolfdietrich Rasch. München und Wien: Carl Hanser Verlag 1984 (3. Auflage), S. 31f.

Kurt Drawert
Der Wald. Katalogtext und Ausstellungshinweis (2002)

Der Wald, im schweren Grün
seiner Innenausstattung, und still
wie ein Jäger, ehe er abdrückt,
ist mir entschieden zu vormilitärisch.

Überall Stacheldraht im roten Kleid
vergifteter Hagebutten. Der Boden,
mit Pilzen vermint. Dann die Befehle
der Amsel, hart, aus einem Hinterhalt

in der Schonung gepfiffen: liebe dich
jetzt! Aber das lassen wir besser
und bleiben aufgeklärt zugeknöpft,
vom Laufschuh bis zum Gesichtstuch.

Immerhin, die Natur ist ein sehr ernster
Zustand, unclean. Nicht zu vergleichen
mit dem niedlichen Mäuschen
zwischen Mousepad und Spielhand,

wenn es zum CD-Laufwerk flitzt
und Brehms Tierleben startet.
Hier draußen herrscht Echtzeit,
Geliebte, bis zur Zecke im Haarteil,

alles im Schlachtstand. Andererseits,
inmitten dieser septischen Landschaft,
frühgewarnt und hochausgebildet,
gehen wir arglos spazieren.

Man muß es nur etwas freundlicher
angehn, wie Wilhelm Müller.
Gesprochen wird ausnahmslos
Wirtschaftsenglisch. Auch die Soldaten-

ameisen, im Nahkampf um eine Lache
von Eiweiß, noch im Zipfel
ihrer Gummiverpackung: keine
Fremdvokabeln, politisch betrachtet

super gut drauf. Das schmutzige Holz,
eben noch Stamm mit beschnittener Rinde,
aus der gelbes Blut in den Harztopf tröpfelt,
dort bereits eine Kindersitzgruppe,

ein Doppelstockbett oder Schreibtisch.
Sehr überzeugend, dieser Anblick
künftiger Gebrauchsgegenstände.
Am Ende landet das alles, ob es kneift

oder stachelt, im neuen IKEA-Katalog,
nichts zu machen, ihr pissenden Ungeheuer,
wir dampfen euch ein. Für diese Einsicht
ist so ein Ausflug also immer auch Freizeit.

Die Trachtenkolonne mit Volkschor
am Ausschank, das kann ja später
noch nachgerückt werden. Entscheidend
ist nur dieser erste gewaltige Eindruck,

wie der Mensch in die Gumpe stolpert,
die Kamera auspackt und handelt.
Der Rest ist Alltag. Bauplan,
Zuschnitt, und ab auf die Laderampe.

In: Kurt Drawert: Frühjahrskollektion. Gedichte. Frankfurt am Main: Suhrkamp Verlag 2002, S. 10

Worterklärungen:
Zeile 18 Brehms Tierleben: populäres zoologisches Werk
Zeile 22 septisch: Fäulnis erzeugend, voller Keime
Zeile 26 Wilhelm Müller: Dichter des romantischen Liederzyklus „Winterreise“
Zeile 49 Gumpe: Schlammloch

Hinweise und Tipps

1. ***Aufgabenart***: *Textinterpretation*
2. ***Voraussetzungen gemäß Lehrplan***: *Der erste Teil der Aufgabe setzt die Beschäftigung mit der deutschen Romantik und romantischer Lyrik voraus (im Lehrplan verbindlich vorgeschrieben für das Halbjahr 12.1). Vorausgesetzt wird, dass methodische Wege zur Herangehensweise an ein Gedicht eingeübt wurden und Motive und Formelemente romantischer Lyrik bekannt sind.*
Drawerts Text setzt die Beschäftigung mit den Ausdrucksmitteln modernen lyrischen Sprechens voraus; Kenntnisse hierzu sind durch die verbindliche Beschäftigung mit dem Expressionismus in 13.1 vorhanden. Bertolt Brecht und Gottfried Benn, lyrische Portalfiguren für wichtige deutsche Lyrik nach 1945 (etwa von Günter Eich, Günter Kunert, Hans Magnus Enzensberger, Peter Rühmkorf und bis hin zu Durs Grünbein), haben Formen des ironischen und reflektierenden Sprechens und das freirhythmische Gedicht mit neuem Ton und Vokabular etabliert und auch Drawert beeinflusst.
3. ***Anmerkung***: *Drawerts Text wirkt zunächst sperrig. Aber gerade seine Krassheit provoziert Erkenntnisse; seine Inhaltsfülle macht es jedem möglich, etwas für sich „herauszufinden", sofern nur methodisch gelesen und hineingefragt werden kann. Die scharfe Entgegensetzung von Eichendorff und Drawert demonstriert, wie ungeheuer sich Zeitgeist und Literatur im Laufe von fast 200 Jahren verändert haben.*
4. ***Tipps***: *Die Arbeit verlangt, zwei Gedichte zu interpretieren und miteinander zu vergleichen. Das ist viel; aber in Teilaufgabe 1 und 2 werden eine Reihe von Beobachtungskriterien angegeben, die bei der Lösung der Aufgaben helfen. Da Ton und Inhalt des ersten Gedichts unverkennbar romantisch sind, dürfte seine Erschließung recht zügig gehen. Es ist also ratsam, dem zunächst sicher befremdlichen Text von Drawert mehr Zeit zu widmen, sehr gründlich zu markieren und Gedankenblitze, Fragen, erkannte Zusammenhänge, Motivketten, Bezüge und so fort deutlich lesbar zu notieren. Die Benutzung verschiedenfarbiger Stifte erleichtert den Überblick. Weil man in die schriftliche Gedichtinterpretation nicht immer alles einarbeiten kann, was man vorher analytisch herausgefunden hat, können gute Vorarbeiten auf dem Textblatt die Notenfindung des Lehrers positiv beeinflussen. Falls die Novelle „Aus dem Leben eines Taugenichts" bekannt ist, könnte man den Bezug zu Guidos Lied („Schweigt des Menschen laute Lust …") finden, in dem ebenfalls die Erde – gleichsam im Rauschen der Bäume – wunderbar spricht. Zu denken wäre etwa an des Taugenichts mangelnde Neigung, des Vaters Mühle zu betreiben oder als Zolleinnehmer alt zu werden. – Wissen zu Eichendorffs Biografie ist nicht unbedingt erforderlich. Dass „draußen" gerade auch Napoleons Armee durch Deutschland stampft, braucht nicht in den Sinn zu kommen, steigert aber durchaus das Verständnis für das ungeliebte „Draußen".*
Teilaufgabe 2 setzt voraus, dass man Drawerts Gedicht erschlossen hat, bevor man sich vergleichend äußert. Da es sich um Gedichte handelt, hängt die Qualität der Leistung in besonderem Maß davon ab, dass man etwas zur Sprache der Texte zu sagen weiß (Teilaufgabe 2, zweiter Satz).

Lösungshinweise

1. Eichendorff besingt die Landschaft (Täler und Höhen), vor allem aber den Wald in vier langen Strophen (jede Strophe gleichsam ein Doppelquartett in durchweg gleichmäßigem Metrum und durch Kreuzreim gebunden). Das lyrische Ich preist Landschaft und Wald und redet Natur vertraut und emphatisch an: *O* ... (V. 1 und 2), Verben und Pronomina in der 2. Person Singular: *Du/du* (V. 3, 8), *dich* (V. 25), *deines Ernsts Gewalt* (V. 30). Wären Vokabular und Stil nicht so schlicht, sanglich und volksliedhaft, so könnte man den Text als Hymne auf den Wald oder als „Waldchoral" ansehen.

   Gedanklich ist der Wald dem lyrischen Ich Heimat, *Zelt* (V. 8), Trost, Hort und so etwas wie Kirche und steht in prägnantem Gegensatz zur *geschäftgen Welt*, in die es aufbrechen muss. Diese **Antithetik** bestimmt die Strophen 1, 2 und 4: vermutlich gehört auch das *trübe Erdenleid* (Strophe 2, V. 14) zur Welt draußen mit ihren *buntbewegten Gassen* (Strophe 4, V. 27).

   Die *geschäftge Welt [s]aust* (V. 6). Tempo, Lärm, Betrieb und – so muss man schließen – oberflächliches Leben, die Jagd nach Geld, der Markt, sind bezeichnend für das bürgerliche Leben und damit für eine Tüchtigkeit, die vielen Romantikern als seelenlos erscheint. Der Ausdruck *[d]es Lebens Schauspiel* (V. 28) ist etwas ambivalent: da draußen ist buntes Leben, aber eben nur als Theater und Schein. Wer da mitspielt, ist *betrogen* (V. 5).

   Draußen ist Flüchtiges, was wieder vergeht (Strophe 2), also *vanitas*. Der **Wald** dagegen besteht, sich immer wieder verjüngend, auferstehend mit jedem Morgen (Strophe 2). Er ist alt, beständig, zuverlässig und gleichbleibend *still, ernst, treu* und *wahr* (Strophe 3) und gleichzeitig grün und schön und ohne Schwere (Strophe 1); zu ihm zieht es das lyrische Ich, wenn es glücklich, aber auch, wenn es bedrückt ist (Strophe 1, V. 4 f.). Und der Wald lehrt, was recht ist (Strophe 3: *rechte[s] Tun und Lieben,* V. 19). Eichendorff setzt ihn also in starker moralischer Wertung in Opposition zum Trug und Betrug und – wie man wohl schließen muss – Unrecht der Welt „draußen". Der Wald schenkt Klarheit und fast mütterliche Geborgenheit (Strophe 1). Draußen ist *Fremde* (V. 26).

   Der Wald und damit die Natur tragen **Züge des Göttlichen**, **Heiligen**. Das Ich empfindet in diesem Naturraum Andacht (V. 4); sein innerstes Wesen wird hier berührt, *erh[o]ben* (V. 31) und gegen die Welt draußen gleichsam gefirmt. Denn der Wald spricht, und zwar zweifach. Er spricht durch sein schieres Sein Worte, die zum Vermächtnis werden und an die sich der in die Fremde Aufbrechende erinnern wird (Strophen 3 und 4). Und der Gesang der Vögel weckt wie Eichendorffs *Zauberwort* (vgl. das Gedicht *Wünschelrute*) das Herz des Poeten (Strophe 2): Resonanz ist hier möglich, Widerklang.

   Zum **Stil** wäre etwa darzulegen, dass das Gedicht in der Syntax schlicht ist und leicht und sanglich daherkommt; nur einmal (Strophe 3) ein Satzgefüge, sonst **Parataxe**. Was zu sagen ist, kommt aus dem Gemüt: Zentralorgan ist das *Herz*

(V. 12 und 32): ein einfältiges, frommes und gleichsam reines Poetenherz. Dem Charakter dieses lyrischen Ichs entspricht der **Wortschatz** besonders in den vielen kleinen (einsilbigen) Adjektiven: *alt* (V. 32) und *jung* (V. 16), zweimal *grün* (V. 2, 8); besonders kindlich wirkend: *schön* (V. 2) und *lustig* (V. 11); dann *still* (V. 18), *treu* (V. 21), *wahr* (V. 22), *klar* (V. 24), mit zum Teil altertümlich nachgestelltem Epitheton: *Täler weit* (V. 1), *die Worte schlicht und wahr* (V. 22). Zu dieser Haltung passen die schlichten Reime *(wahr/klar, -wehen/-stehen; gehn/ sehn, geschrieben/lieben)*. Das Gedicht kommt ganz ohne Fremdwörter aus.

Der Volksliedton transportiert eine große Naturinnigkeit und -frömmigkeit mit pantheistischen Zügen (Gott verschmilzt mit der Natur). Typisch romantische Charakteristika sind zudem Innerlichkeit sowie die Sehnsucht nach Sammlung, Tiefe, Identität mit sich und der Natur, Weltinnenraum. Die regressive Haltung des lyrischen Subjekts verrät eine Aversion gegen die „Moderne" um 1810, in die das Ich aber unweigerlich aufbricht. Es ist sich dessen bewusst, dass jenseits der Ratio und des Verbalen wunderbare Weisheit ist. In seinen Enthusiasmus mischt sich aber auch die Wehmut des Abschieds (statt Lust und Sehnsucht, in die Ferne zu wandern!).

2. Zu sehen ist sofort: Bei Drawert gibt es weder unmittelbare Ergriffenheit noch Gesang, sondern **Mittelbarkeit**. Zwar scheinen das Ich und die *Geliebte* (V. 20) sich im Wald zu bewegen. Aber der Wald ist weder erhaben noch erhebend. Es gibt kein Einvernehmen, keine Kommunikation zwischen Natur und Mensch, keine Sensibilität, keine Achtung. Der Wald wird mehr bedacht und zitiert als erlebt. Das Gedicht gibt sich als *Katalogtext ...* zu einer Ausstellung zum Thema *Wald* (Titel). Am Ende wird der *IKEA-Katalog* genannt (V. 41): Prosa beziehungsweise Prosaisches setzen sich durch.

   Dennoch wirkt die äußere Form des Gedichtes von Drawert traditionell. Es besteht aus 13 Strophen, die jeweils vier Verszeilen aufweisen und damit regelmäßig aussehen. Die Verse sind reimlos, aber rhythmisch (freirhythmisch: überwiegend vierhebig mit unregelmäßigen Senkungen).

   Der Ton ist ironisch, zynisch, sarkastisch und selbstironisch. Das Ich charakterisiert sich samt der Geliebten – den Leser in den Plural „wir" wohl einschließend (vgl. etwa V. 43) – als *aufgeklärt* (V. 11) – *zugeknöpft, / vom Laufschuh bis zum Gesichtstuch* (V. 11 f.) – und *hochausgebildet* (V. 23). Es notiert Eindrücke und konstatiert, kommentiert, urteilt, räsonniert, argumentiert (ab Strophe 3: *Aber ... Immerhin ... Nicht zu vergleichen mit ..., wenn ..., Andererseits ...*) und scheint sich seines Bezuges zur verlorenen Romantik bewusst zu sein: Wilhelm Müller wird angesprochen (V. 25 f.). Gleich die erste Strophe nennt Eichendorffs Attribute *grün* und *still,* desillusioniert sie aber umgehend. Die brutalste **Brechung romantischer Wald- und Lyrik-Tradition** vollzieht sich am Schluss: nicht die Natur ist ein *gewaltiger Eindruck* (V. 48), sondern der sie ausschlachtende Mensch. Einen Augenblick lang werden die Bäume auch – wie bei Eichendorff – angesprochen (V. 42), jedoch nur, um ihnen die Vernichtung anzukündigen (Strophe 11).

Insgesamt inszeniert Drawert die Begegnung eines der Natur völlig entfremdeten Menschen (beziehungsweise eines Paares) mit dem Wald. Vertraut ist die digital vermittelte mediale Kunstwelt. Wer etwas über Waldtiere etwa wissen will, informiert sich am PC (Strophen 4 und 5). Der paradoxe Hinweis wird nötig, dass „hier draußen“ *Echtzeit* herrsche (V. 19). Die verfügbaren Denkmodelle und Wortfelder gehören im Übrigen den Bereichen „Militär/ Krieg“ und „Wirtschaft“ an.

Drawert verkehrt also **Eichendorffs Relation** zwischen der vertrauten Waldeinsamkeit und der geschäftigen Fremde draußen. Sein lyrisches Ich ist mit allen Wassern der geschäftigen Welt gewaschen. Fremd ist der Wald. Er wirkt auf ihn bedrohlich (Strophen 1–3); er ist *vergiftet* (V. 6), *unclean* (V. 14), *septisch* (V. 22), *schmutzig* und insgesamt ein Schlammloch – die Bezeichnung *Gumpe* (V. 49) dient als pars pro toto. Die auftretenden Tiere sind die *Zecke im Haarteil* (V. 20) und die *Soldatenameisen* (V. 28 f.). Sichtbar wird Ekelhaftes (Strophe 8). Bäume sondern *gelbes Blut* ab (V. 35) und werden – wohl in Anlehnung an Brechts *Gedicht vom armen B. B.* – *pissende Ungeheuer* genannt (V. 42). Drawert steigert ironisch den Widerwillen gegen Natur (der manchen vielleicht an die Dschungelpartien des *Homo faber* erinnert).

Die **Gliederung** des Gedichts ist nicht ganz eindeutig. Es liegt aber nahe, je drei Strophen als Sinneinheit zu verstehen:
- Wald als paramilitärisches Gelände: Strophen 1–3;
- Wald als Gegenteil des sauberen Platzes am PC, eventuell als zweimal drei Strophen: 4–8/9;
- die Verwertbarkeit des Holzes: Strophen 9–12;

Strophe 13 als Fazit und Pointe.

Entscheidend ist der **Schluss**, auf den das Gedicht hingearbeitet ist: Natur ist radikal verdinglicht und nurmehr in ihrem Nutzwert und ihrer Verwertbarkeit gesehen. Seelisch haben Mensch und Natur nichts miteinander zu schaffen. Die Einsicht des Ausfluges ist es, *künftige Gebrauchsgegenstände* (V. 39), *Kindersitzgruppen* (V. 36), *Doppelstockbett oder Schreibtisch* (V. 37) noch gleichsam roh und in situ erfasst zu haben. Der Gipfel des Zynismus ist wohl die Zitation des IKEA-Katalogs (V. 41): Mit ihm ist man wieder auf vertrautem Gelände, da die Firma den schmutzigen Gegenstand Natur und Baum mehr oder weniger überzeugend zu verwandeln versteht.

Der **Sprecher gibt sich intellektualistisch und kalt**. Entsprechend nassforsch-zynisch ist die **Sprache** mit Jargonausdrücken versetzt – *super gut drauf* (V. 33), *pissende Ungeheuer* (V. 42) –, mit Fremdwörtern, die als *Wirtschaftsenglisch* (V. 28) deklariert werden – *Mousepad* (V. 16), *unclean* (V. 14) –, mit Plastikwörtern – etwa *Fremdvokabeln* (V. 32), *Echtzeit* (V. 19), *Freizeit* (V. 44) – und mit einer Fülle von Floskeln und Versatzstücken aus lässiger Konversation: *Immerhin* (V. 13), *politisch betrachtet* (V. 32), *Man muß es nur etwas freundlicher / angehn* (V. 25 f.), *nichts zu machen* (V. 42).

Als **Fazit** lässt sich folglich festhalten: Für **Eichendorff** ist Wald Andachtsraum, dort ist das Ich sich selbst und dem Wesen der Dinge nah. Nicht die stolze, kluge Welt spricht Wahrworte, sondern der heimatliche Wald mit seinen Bäumen. Statt den Weg der Aufklärung und des technisch-wirtschaftlichen Fortschritts zu schätzen, schätzt es die sprachlose Sprache der lebendigen Natur. Sein lyrisches Ich hat ein kindliches Herz und eine kindliche Sprache.

Drawert setzt sich auf seine Weise mit der Aufklärung auseinander. Er zeigt einen Endpunkt, in dem *aufgeklärt* und *hochausgebildet* (nicht: gebildet!) Kälte, Leere, Beziehungslosigkeit und Ignoranz bedeuten. Statt der alten Poesie passt dazu die kaputte Sprache: ein bewusst eingesetztes Gerede, das alles kommentiert und nichts versteht außer der Hyperrealität des Netzes und des Angebots der Möbelfirma. Hinter der vorgeblichen Überlegenheitsattitüde und sogar hinter dem gelegentlichen Witz solcher Sprache kommt am Ende die Bitterkeit eines Autors zum Ausdruck, der seine Zeit verachtet. Es überrascht nicht zu erfahren, dass Drawert aus Leipzig in den Westen (nach Darmstadt) übergesiedelt ist. Sein Gedicht zeigt einen Teil seiner Auseinandersetzung mit der westlichen Gesellschaft; es zeigt seine gründliche Enttäuschung.

3. Zu Frage a) wird keine ausführliche fachwissenschaftliche Einordnung erwartet, sondern eher ein schlüssig begründetes Mutmaßen. Vielleicht wird der hier und da zerrissene oder fragwürdige Zusammenhang des Textes bemerkt, vielleicht stößt auch der kalte Witz der Drawert'schen Sprache auf Interesse und Verständnis.

   Für die Beantwortung von Frage b) spielt sicher die halb journalistisch-essayistische, halb ausgenüchterte lyrische Sprache des Gedichtes eine Rolle. Man kann sie als eher unsympathisch empfinden, oder aber als reizvoll. Im Hinblick auf die Fragestellung ist es wichtig, hierzu nicht nur Stellung zu beziehen, sondern auch zu erläutern, ob und inwiefern diese Sprache das Bewusstsein der eigenen Generation widerspiegelt – Thematisch wird man Drawert vielleicht gern als Sprecher der eigenen Generation akzeptieren, da Umweltverschmutzung und allumfassende Vermarktung viele junge Menschen beschäftigen. Es wird vielleicht nicht ganz erfasst, wie ironisch Drawert schreibt, sodass man gegen ihn glaubt für mehr Umweltschutz und Achtung vor der Natur plädieren zu müssen. Entscheidend sind die Qualität der Argumentation und der Verweise auf Beispiele.

Grundkurs Deutsch (Hessen) – Übungsaufgabe 2: Textinterpretation

Das Motiv des Abends im Spiegel der Lyrik

Arbeitsgrundlage:
1. Oskar Loerke, *Blauer Abend in Berlin*
2. Joseph von Eichendorff, *Der Abend*

Aufgaben:

1. Interpretieren Sie das Gedicht *Blauer Abend in Berlin* von Oskar Loerke. (35 BE)
2. Vergleichen Sie, ausgehend von einer Interpretation des Gedichts *Der Abend* von Joseph von Eichendorff, die motivgleichen Gedichte. Arbeiten Sie dabei heraus, wie die Schriftsteller das Thema *Abend* jeweils aufgefasst und dichterisch gestaltet haben. (35 BE)
3. Ordnen Sie die Gedichte und das sich in ihnen ausdrückende Lebensgefühl literarischen Epochen zu und begründen Sie Ihre Entscheidung. (20 BE)

Erlaubte Hilfsmittel: ein Wörterbuch der deutschen Rechtschreibung

Oskar Loerke
Blauer Abend in Berlin (1911)

Der Himmel fließt in steinernen Kanälen;
Denn zu Kanälen steilrecht ausgehauen
Sind alle Straßen, voll vom Himmelblauen;
Und Kuppeln gleichen Bojen, Schlote Pfählen

Im Wasser. Schwarze Essendämpfe schwelen
Und sind wie Wasserpflanzen anzuschauen.
Die Leben, die sich ganz am Grunde stauen,
Beginnen sacht vom Himmel zu erzählen,

Gemengt, entwirrt nach blauen Melodien.
Wie eines Wassers Bodensatz und Tand
Regt sie des Wassers Wille und Verstand

Im Dünen, Kommen, Gehen, Gleiten, Ziehen.
Die Menschen sind wie grober bunter Sand
Im linden Spiel der großen Wellenhand.

In: Waltraut Wende (Hrsg.): Großstadtlyrik.
Stuttgart: Reclam Verlag 1999, S. 81 f.

Worterklärung:
Zeile 5: Essen: Schornsteine von Industrieanlagen
Zeile 10: Tand: wertloses Zeug

Joseph von Eichendorff
Der Abend (1826)

Schweigt der Menschen laute Lust:
Rauscht die Erde wie in Träumen
Wunderbar mit allen Bäumen,
Was dem Herzen kaum bewußt,
Alte Zeiten, linde Trauer,
Und es schweifen leise Schauer
Wetterleuchtend durch die Brust.

Aus: Joseph von Eichendorff: Aus dem Leben eines Taugenichts.
In: Joseph von Eichendorff: Werke in einem Band. Herausgegeben von Wolfdietrich Rasch.
München und Wien: Carl Hanser Verlag 1984 (3. Auflage), S. 33 und 825

Hinweise und Tipps

1. ***Aufgabenart***: *Textinterpretation*
2. ***Voraussetzungen gemäß Lehrplan***: *Im ersten Halbjahr der Jahrgangsstufe 12 ist die Behandlung von Gedichten der deutschen Romantik verbindlich vorgeschrieben. In den Textanregungen sind neben der Novelle „Aus dem Leben eines Taugenichts" auch Gedichte von Eichendorff aufgeführt. Kenntnisse zum romantischen Selbst-, Welt- und Naturverständnis können also vorausgesetzt werden.*

   Die Interpretation von Loerkes Gedicht setzt die Beschäftigung mit dem Expressionismus voraus. Expressionistische Gedichte stehen auf der Leseliste; Epochenbegriff und markante Gestaltungsmittel expressionistischer Schriftsteller dürften in 13.1 erarbeitet worden sein. Loerke gehört nicht in den Kreis dieser Berliner Avantgarde um 1910, aber sein Gedicht „Blauer Abend in Berlin" erschien zeitgleich mit den ersten expressionistischen Texten und ist ihnen in manchen Zügen verwandt.
3. ***Tipps***: *Verlangt ist, zwei motivgleiche Gedichte zu interpretieren, miteinander zu vergleichen und literarischen Epochen zuzuordnen. – Die erste Teilaufgabe erfordert eine umfassende Erschließung und Deutung des Gedichts nach Form, Inhalt und sprachlicher Gestaltung (vgl. Teilaufgabe 1, zweiter Abschnitt). Die Arbeitsanweisung nennt keinen besonderen Schwerpunkt, der die Perspektive der Untersuchung verengt. Da in die schriftliche Gedichtinterpretation nicht alles aufgenommen werden kann, was man erkannt hat, ist es sinnvoll, sich von dem vorgegebenen Thema, das sich auch in den Überschriften beider Gedichte widerspiegelt, leiten zu lassen. Die zweite Teilaufgabe enthält zwei Arbeitsschritte: Zunächst sollen Sie das zweite Gedicht textimmanent interpretieren und in einem zweiten Zugriff auf den Vergleichsaspekt „Abend" hin untersuchen. Es ist hilfreich, erkannte Zusammenhänge, Bezüge, Gemeinsamkeiten und Unterschiede in unterschiedlichen Farben auf dem Textblatt zu markieren und zu notieren. Die dritte Teilaufgabe verlangt von Ihnen eine Einordnung der Gedichte in die Epoche ihrer Entstehung und eine Begründung für diese Zuordnung. Dabei müssen Sie das jeweils Typische betonen und vom anderen Gedicht absetzen.*

   Die Interpretation des Gedichts kann mit der inhaltlichen und formalen Gliederung anfangen oder mit Beobachtungen zur Perspektive, zur Bildhaftigkeit oder Stimmung. Es ist aber darauf zu achten, dass in der Deutung die verschiedenen Merkmale und Facetten zu einem Verständnisentwurf zusammenwachsen.

Lösungshinweise

1. **Oskar Loerkes** Gedicht *Blauer Abend in Berlin* aus dem Jahr 1911 gibt ein Bild von der Hauptstadt des Expressionismus in der Abenddämmerung. Es ist in der klassischen **Form des Sonetts** geschrieben: Auf zwei Quartette folgen zwei durch den Reim eng verschränkte Terzette.

   In Loerkes Gedicht *Blauer Abend in Berlin* findet sich kein lyrisches Ich, wohl aber ein Blick von sehr hoch oben auf die konkret benannte Stadt. Aus dieser **Vogelperspektive** verschieben sich alle Maßstäbe. Straßenschluchten, Fabrikan-

lagen mit ihren Schornsteinen oder die großen Kuppeln der Berliner Paläste und Kirchen werden so klein, dass die „Kuppeln“ wie „Bojen“ und die „Schlote“ wie „Pfähle“ (V. 4) aussehen. Beherrschend ist die starke Bildhaftigkeit und durchgängige **Wassermetaphorik** in diesem Gedicht. Die Großstadtstraßen sind als „steilrecht ausgehauen[e]“ Kanäle (V. 2) aufgefasst. Bojen und Pfähle gehören zu dieser Wasserlandschaft, wie sich aus der zweiten Strophe ergibt (V. 5). Der Rauch aus den Essen (Industrieschornsteinen) sieht von oben aus wie das Geschlinger von „Wasserpflanzen“ (V. 6).
Es zeigt sich, dass der Blick von höchster Warte bis auf den Grund dieses Wassers reicht. Ganz unten auf diesem Grund sind die Menschen. Sie „stauen“ sich dort (V. 7), sie werden dem „Bodensatz und Tand“ (V. 10) des Wassers verglichen und „wie grober bunter Sand“ (V. 13) gesehen. Dass wirklich die „Menschen“ gemeint sind, ergibt sich deutlich erst aus der vorletzten Zeile. Vorher heißt es stattdessen: „Die Leben, die …“ (V. 7). Eigenschaften wie Wille und Verstand, die nach allgemeiner Auffassung zum Menschen gehören, gehören hier dem Wasser. Subjekt ist der „Wille und Verstand“ des Wassers (V. 11); die Menschen, die Leben also, sind lediglich dessen Objekt. Nicht die Menschen bestimmen ihren Weg, sondern Wille und Verstand des Wassers „regt“ (bewegt) sie (V. 11). Nicht die Menschen nehmen ihr Leben in die Hand, sondern die große „Wellenhand“ spielt mit ihnen (V. 14).

Eine Stadt, erbaut aus Steinen, könnte man für hart und starr halten, aber entsprechend der Wassermetaphorik ist in Loekes Großstadtgedicht alles **in fließender Bewegung**. Inhaltlich sprechen besonders die substantivierten Verben der zwölften Verszeile von der sachten, gleichmäßigen, wellenförmigen Bewegung, die keinem Ziel entgegenströmt, sondern sich „Im Dünen, Kommen, Gehen, Gleiten, Ziehen“ eher wie Ebbe und Flut verhält.
Klanglich unterstützt das **Enjambement**, das von Strophe 1 zu Strophe 2 führt, besonders aber das, das die beiden Terzette miteinander verbindet (V. 11 zu 12), den Eindruck des Fließens.

Es fließt aber nicht nur das Wasser und zieht die Menschen wie Sand hin und her: „Der Himmel fließt“ (V. 1) durch diese Straßenkanäle, sodass sich eine Beziehung und **Korrespondenz zwischen dem Oben und Unten**, dem hohen Himmel und dem Bodensatz am Grunde ergibt. Während der Widerschein des Abendhimmels die Straßen füllt, sodass sie „voll vom Himmelblauen“ (V. 3) sind, beginnen die Leben ganz unten „vom Himmel zu erzählen“ (V. 8). Man kann an dieser Stelle grammatisch nicht genau zuordnen, ob die Leben (V. 7) oder ihr Erzählen „nach blauen Melodien“ gemengt und „entwirrt“ (V. 8) sind, aber das Blau dieses Abends gehört dem Himmel und zugleich den Melodien derer, die von ihm erzählen. Die **Tageszeit** in Loerkes Gedicht ist die immer als etwas geheimnisvoll empfundene „**blaue Stunde**“, die Dämmerungstunde zwischen Tag und Nacht; aber die Farbe verweist nicht nur auf eine Tageszeit, sondern erinnert auch an die deutsche Romantik, in der die blaue Blume (aus Novalis‘ Roman *Heinrich von Ofterdingen*) zum Symbol einer ganzen Epoche wurde und als Ausdruck der nie ans Ziel kommenden Sehnsucht des Menschen interpretiert werden kann.

In den beiden ersten Strophen (den Quartetten) wird vor allem das Bild der von oben aus großer Distanz gesehenen Stadt entwickelt und ab Vers 7 zu den Terzetten (den Strophen 3 und 4) übergeleitet, die den Menschen dieser Stadt gelten. Auch **klanglich** stehen die **Quartette** für sich. Mit ihren gleichlautenden inneren Paarreimen („-hauen", „-blauen"; „-schauen", „stauen") und dem ebenfalls gleichen umarmenden Reim (V. 1 und 4 sowie 5 und 8) wirken sie wie zwei Klangquader verfugt, während die Terzette durch Syntax, Enjambement und Reimform (abb–abb) ineinander zu gleiten scheinen. Dennoch lässt sich das letzte Verspaar wie eine Sentenz und wie das Ergebnis aller Erfahrung vom Gedicht ablösen.

Loerkes Gedicht zeigt Großstadt nicht unkritisch: „steinern", „ausgehauen", „schwelend" (vgl. V. 1, 2 und 5) und die Farbe „Schwarz" (V. 5) verweisen auf bedrohliche und **hässliche Folgen der Industrialisierung**. Das Verb „stauen" (V. 7) verweist zudem auf die hohe Anzahl der in der Großstadt zusammengedrängten Menschen. Aber zu dieser Stunde dominieren das Blau (Titel, V. 3 und 9) und ein Abendfrieden, dessen Stimmung die Adjektive „sacht" (V. 8) und „lind" (V. 14) vermitteln. Es gibt gleichsam keinerlei Geräusch außer der sanften Dünung und dem sachten Erzählen der Menschen.

Auch die Menschen sind nicht unkritisch gesehen. Der **Einzelne** ist **ein Nichts**, ein Sandkorn unter vielen. Das Adjektiv „bunt" (V. 13) deutet an, dass sich die Menschen äußerlich durchaus voneinander unterscheiden, aber alle sind sie „grob" (V. 13), alle zusammen sind sie „Tand" (V. 10), nutz- und wertloser „Bodensatz" (V. 10) des Daseins und in ihrer ganzen Geschäftigkeit doch nichts als Spielfiguren, die ein fremder Wille lenkt.

Dennoch kommt in Loerkes Gedicht keine Bitterkeit über das Los der Menschen auf. Im Unterschied zu den expressionistischen Dichtern formuliert Loerke **keine Anklage**. Das Gedicht bleibt in einer gleichsam schwebenden, ein wenig melancholischen Stimmung. Trotz seiner Anonymität ist – so könnte man das abschließende Verspaar verstehen – der Mensch in einer gütigen Hand geborgen. Sicher ist das bei Loerke nicht die Hand eines persönlichen Gottes, aber vielleicht gibt es so etwas wie eine zuverlässige Naturgesetzlichkeit oder eine Art kosmischer Aufgehobenheit, von der die „blauen Melodien" wissen und die im gleichbleibenden Spiel von Sand und Welle wirkt.

2. Auch in **Joseph von Eichendorffs** kleinem Gedicht, das dem als Maler Guido verkleideten jungen Fräulein in der Erzählung *Aus dem Leben eines Taugenichts* (1826) in den Mund gelegt ist, kommen die Menschen nach ihren Alltagsverpflichtungen, ihrem geschäftigen Treiben oder ihrem Feiern abends zur Ruhe, zur Einkehr und zum inneren Frieden. Das **Liedchen** setzt mit einem verkürzten Konditionalsatz ein; für alles, was nach dem Doppelpunkt folgt und wichtig ist, wird als Bedingung genannt, dass es still sein muss: Wenn „der Menschen laute Lust" schweigt, dann … (V. 1).
   Wenn also der laute Tag verstummt, ist anderes zu empfinden und zu hören: Das lyrische Ich erfährt dann das **Sprechen der Erde** im Rauschen aller Bäume „wie

in Träumen“ (V. 2 f.), das heißt ohne eine Begrenzung durch Zeit und Raum. Aber zum **Erlebnisraum** wird nicht nur die Natur, die Erde mit all ihren Bäumen, sondern ein innerer Raum tut sich auf: der des Herzens (V. 4) und – was letztlich dasselbe besagen will – der eigenen Brust (V. 7). Es offenbart sich dem Ich die **beseelte, sprechende Natur** und gleichzeitig scheint das Rauschen, die geheimnisvolle Melodie des Abends, den Zugang zum ‚Kaum-Bewussten‘ (vgl. V. 4) im eigenen Innern zu öffnen. Nicht Gegenwart regiert mehr, sondern aus tieferen Schichten der Seele steigt Vergangenes („Alte Zeiten“, V. 4) und schwermütiges Erinnern, „linde Trauer“ (V. 4). Das Wetterleuchten (vgl. V. 7) wird zur Metapher für Irritationen und ängstigende oder nicht recht deutbare Ahnungen in der Tiefe der Seele.

Eichendorff gestaltet das kleine Gedicht so, dass sich die **syntaktischen Beziehungen** nach dem Doppelpunkt verwischen. Er setzt keine Punkte, sodass „Was dem Herzen kaum bewußt“ (Z. 4) als Akkusativ zum Prädikat rauschen (V. 2) aufgefasst werden kann. Ebenso kann „Alte Zeiten, linde Trauer“ (V. 5) noch an das Rauschen angeschlossen gedacht sein oder als nachgestelltes Subjekt zum Nebensatz „Was dem Herzen kaum bewußt.“ Die Leistung dieser poetischen Syntax ist es, die **Grenzen zwischen Außen und Innen** aufzuheben und wie im Traum zu einem Erlebnisraum zu verbinden. Es gibt nach dem Doppelpunkt nur diese beiden Prädikate: rauschen und schweifen. Darin gleiten auch die Sinneswahrnehmungen ineinander, denn das akustische Rauschen ist zugleich etwas unbestimmt Dynamisches; „leise Schauer“ (V. 6) sind eine kleine Bewegung, aber auch ein akustischer Gegenklang zu „laute Lust“ (V. 1), und das ferne Zucken eines Wetterleuchtens ist ein ebenso optisches wie dynamisches Phänomen (V. 7). In der **Synästhesie**, dem Ineinanderspielen verschiedener Sinneswahrnehmungen, heben sich also ebenso die definitiven Grenzen auf wie in der Syntax und im inhaltlichen Erleben, das dem Träumen gleicht („wie in Träumen“, V. 2); und auch der **Kettenreim** „Lust […] bewußt […] Brust“ (V. 1, 4, 7) trägt zu dem Ineinandergreifen kaum noch unterscheidbarer Bereiche bei. Klanglich wirkt „rauschen“ **lautmalerisch** (man könnte das Wort mit Handbewegungen begleiten), und es knüpft sich ein **Klanggewebe** aus Vokalen und dem Klang von *sch* und *schw,* in dem „schweifen“ auf „schweigen“ und „Schauer“ auf „rauschen“ antworten.

Insgesamt, so könnte man zusammenfassen, ist die Erfahrung der abendlichen Natur für den romantischen Menschen eine Möglichkeit, die Grenzen seines irdischen Seins zu transzendieren (zu übersteigen) und in Augenblicken eines ozeanischen Gefühls von **Allverbundenheit** zu sich selbst zu kommen.

Oskar **Loerkes** *Blauer Abend in Berlin* ist ein Abendgedicht und zugleich ein **Stadtgedicht**. Loerke wählt als Ort die künstliche und naturferne Großstadt und zeigt die Geringfügigkeit des Menschen darin. **Eichendorff** dagegen stellt seinen Menschen in die **freie Natur** und betont die Bedeutung des von ihr ergriffenen Individuums. Obwohl Topos (der Ort) und Menschenbild bei Eichendorff und Loerke verschieden sind, gibt es Gemeinsamkeiten in der Gestaltung und Auffassung des **Abend-Motivs**: Erst zu dieser Tageszeit kommen die Menschen zur

Ruhe und erleben Momente der Besinnung. Der Abend weckt ihre Sehnsucht nach einer Dimension, die größer ist als sie selbst. Beide Gedichte sind **still**; das Wort „lind“ („linde Trauer“; „im linden Spiel der [...] Wellenhand“) kommt sogar in beiden Gedichten vor. Im romantischen Gedicht ist der Abend mit Entgrenzung, mit der Erfahrung der Natur und dem Einblick in die eigene Seele verbunden. Voraussetzung dafür ist bei Eichendorff das einsame Individuum, während Loerke mit dem Erzählen der Menschen etwas Dialogisches andeutet.

Das **Menschenbild** selbst hat sich radikal geändert. Auch wenn bei Eichendorff die erste Person Singular, das Ich, nicht vorkommt, spricht hier ein Ich, denn das Herz, von dem die Rede ist, und die Brust gehören einem sehr individuell Erlebenden. Das Ich kann sich, sofern es nur seine Sinne aufschließt, gleichsam zum All erweitern und das Rauschen der Erde in sich aufnehmen; es kann aktiv erleben und ist fähig, sich ergreifen zu lassen und darin das Umfassende zu fassen. So erlebend, wird es zu einem volleren, reicheren Menschen. – Nicht einmal hundert Jahre später ist Loerkes Mensch diese Fähigkeit abhanden gekommen. Er hat nicht einmal mehr eine individuelle Gestalt. Er hat keinen Willen, sondern ist Objekt der Natur.

3. Oskar Loerkes Gedichtband, in dem er *Blauer Abend in Berlin* veröffentlichte, erschien im selben Jahr 1911, in dem erste expressionistische Gedichte Furore machten, aber seine Lyrik kommt aus anderen weltanschaulichen Wurzeln als der Expressionismus. Dennoch ähnelt manches in seinem Text dem neuen Stil. Wie zum Beispiel Georg Heym oder Paul Zech reagiert auch er auf die veränderte Stellung des Menschen am Beginn der modernen Massengesellschaft und der städtischen Ballungsräume in Deutschland. Wie Heym *(Der Gott der Stadt)*, Zech *(Fabrikstraße tags)* oder Alfred Wolfenstein *(Städter)* gestaltet er das **Motiv der Stadt** und zeigt sie in ihrer modernen Künstlichkeit. Auch bei ihm sind die Städter als Masse und Gewimmel wahrgenommen und haben ihre Individualität, ihre Autonomie und Selbstbestimmung eingebüßt.

   Die **stilistische Nähe Loerkes zu den Expressionisten** zeigt sich besonders darin, dass die Verhältnisse zwischen Dinglichem und Menschlichem paradox verkehrt erscheinen. Zwar geht Loerke nicht über **Vergleiche** hinaus: Die Menschen sind „wie grober bunter Sand“ (V. 13), „wie [...] Bodensatz und Tand“ (V. 10), und dennoch erscheinen sie nicht nur **entpersonalisiert** und immer nur als Plural genannt (die Leben, die Menschen), sondern auch **verdinglicht**, während die Dinge – das Wasser, die Welle – handeln und dadurch vermenschlicht erscheinen. Während aber etwa im Georg Heyms groteskem Gedicht *Der Gott der Stadt* die „Millionen“ vom bösen Dämon der Stadt hingerissen sind, scheint bei Loerke die Stadt eher in die Natur zurückgeholt zu sein, da der Himmel wie Wasser in ihr spielt.

   Man könnte auf den Gedanken kommen, dass Loerke mit seinem Gedicht eine ironische Antwort auf Größenwahn und Allmachtsträume des modernen Menschen gibt, denn Deutschland um 1911, nicht mehr weit weg vom Ersten Weltkrieg, ist eine vor Selbstbewusstsein strotzende Großmacht und Berlin ihre stolze Kapitale, die Macht und Glanz der Wilhelminischen Gesellschaft demonstriert. Loerkes Gedicht aber lässt den Leser beides, die stolze Stadt und die stolzen Menschen, als klein und gering erleben. Der Blick von oben aus großer Distanz zeigt die Stadt gleichsam *sub specie aeternitatis*, also aus der Perspektive der Ewigkeit, in der der Herr der Welt sich als ebenso ameisenklein und unbedeutend ausnimmt wie sein Werk.

Nicht ohne weiteres vereinbar mit einer solchen Deutung will aber die gar nicht ironische, sondern eher **versöhnliche Stimmung** und Stille des Gedichts erscheinen. Expressionismus ist oft Schrei und Aufbegehren. Loerkes Menschen, denen die Terzette gelten, wissen davon nichts, sie sind wohl weder Opfer noch Täter, sondern – auch sie selbst – nur wasserpflanzenhafte Wesen, zugehörig zum universalen Sein. Versöhnlich wirkt, dass in ihre Enge und Gefangenheit der Himmel dringt, der in „blauen Melodien" (V. 9) wiederklingt, sodass Mensch und All miteinander verbunden sind. Zweifellos zeigt Loerke einerseits, wie klein der Mensch samt seiner Stadt unter dem Himmel ist, aber er ist ein Dichter und weiß, dass die Menschen Melodien haben, dass sie singen können und damit an blauen Abenden an den Himmel rühren.

In **Eichendorffs** Gedicht verweisen der Abend als Tageszeit, die Poetisierung und Personifikation der Natur, das wunderbare Rauschen der Erde als Chiffre der Entgrenzung, das Motiv des Traumes und das Gefühl, zu einer Welt jenseits unserer Welt zu gehören, auf die Epoche der **Romantik**. Ebenso wie die Fantasie eine andere Dimension eröffnet als der Verstand, öffnen sich am Abend oder in der Nacht die Sinne für einen Erlebnisraum, der jenseits der realen, täglichen und unbefriedigenden Zustände liegt. Zumindest ahnungsweise und im Konjunktiv kann dann die Seele ihre Flügel ausbreiten wie in Eichendorffs *Mondnacht,* dem Gedicht, in dem am vollkommensten magische Entgrenzung und die vom Menschen ersehnte Vereinigung mit dem Göttlichen zum Ausdruck gebracht ist.

Grundkurs Deutsch (Hessen) – Übungsaufgabe 3: Textinterpretation und gestaltende Interpretation

Nach dem Fest

Arbeitsgrundlage:
Rainer Maria Rilke, *Damen-Bildnis aus den Achtziger-Jahren*

Hintergrundtext:
Theodor Fontane, *Frau Jenny Treibel*

Aufgaben:

1. Interpretieren Sie das Gedicht von Rainer Maria Rilke (Material). Erarbeiten Sie Lebenssituation und Gefühlswelt der darin vorgestellten Dame. (35 BE)

2. Gestalten Sie einen Tagebucheintrag Corinnas, der Figur aus Fontanes Roman *Frau Jenny Treibel.*
   Gehen Sie von der Fiktion aus, dass sich Corinnas Plan, Leopold Treibel zu heiraten, doch verwirklichen ließ. Nach gut einem Ehejahr findet sie Rilkes Gedicht. Sie liest es. Es gibt ihr den Impuls, sich jetzt selbstkritisch zu besinnen. – Einzubeziehen in ihre Niederschrift sind Bezüge zur Schwiegermutter Jenny, zu Marcell und zum Gedicht. (40 BE)

3. In der Novelle *Der fremde Freund (Drachenblut)* von Christoph Hein fällt der Hauptfigur Claudia ihr altes Hochzeitsfoto in die Hand. Als sie später andere Hochzeitsfotos anschaut, erkennt sie sich auch in ihnen wieder:

   „Erst viel später, beim Betrachten anderer Hochzeitsfotos, entdeckte ich hinter den verängstigten Gesichtern die Anarchisten. Es sind ratlose, verschüchterte Umstürzler […]. Sie wollten die bedrückenden Umstände, die sich auf dem Foto übermütig um sie gruppieren, fliehen, vernichten, verbessern. Und die ihnen einzig denkbare Alternative verstrickt sie rettungslos in die alten Unerträglichkeiten. Der Tag der Revolte ist bereits ihr Ende. […] die aufdringlichen Insignien der Niederlage: Vertrag, Unterschrift, Gruppenfoto. Willkommen im Schoß aller unserer Gestern, daheim im unschuldigen Würgegriff. Und es wird sein, wie es war: in Ordnung."

   Aus: Christoph Hein: Der fremde Freund. Drachenblut. Berlin: Aufbau Verlag 1982.

   Vergleichen und beurteilen Sie Claudias Einstellung zu Hochzeit und Ehe mit dem Ehekonzept, auf das Rilkes Gedicht schließen lässt, und mit den Motiven zum Eheschluss in *Frau Jenny Treibel* (Jenny und Treibel; Corinna und Marcell). (25 BE)

Erlaubte Hilfsmittel:
Wörterbuch zur deutschen Rechtschreibung
Theodor Fontane, *Frau Jenny Treibel*

Material
Rainer Maria Rilke (1875–1926):
Damen-Bildnis aus den Achtziger-Jahren (1908)

WARTEND stand sie an den schwergerafften
dunklen Atlasdraperien,
die ein Aufwand falscher Leidenschaften
über ihr zu ballen schien;

seit den noch so nahen Mädchenjahren
wie mit einer anderen vertauscht:
müde unter den getürmten Haaren,
in den Rüschen-Roben unerfahren
und von allen Falten wie belauscht

bei dem Heimweh und dem schwachen Planen,
wie das Leben weiter werden soll:
anders, wirklicher, wie in Romanen,
hingerissen und verhängnisvoll, –

daß man etwas erst in die Schatullen
legen dürfte, um sich im Geruch
von Erinnerungen einzulullen;
daß man endlich in dem Tagebuch

einen Anfang fände, der nicht schon
unterm Schreiben sinnlos wird und Lüge,
und ein Blatt von einer Rose trüge
in dem schweren leeren Medaillon,

welches liegt auf jedem Atemzug.
Daß man einmal durch das Fenster winkte;
diese schlanke Hand, die neuberingte,
hätte dran für Monate genug.

Aus: Rainer Maria Rilke: Gesammelte Gedichte.
Frankfurt a. M.: Insel Verlag 1962, S. 379 f.

Hinweise und Tipps

Rainer Maria Rilke (1875–1926) schrieb das Gedicht „Damen-Bildnis aus den Achtziger-Jahren" 1908 als eines seiner „Dinggedichte" während seiner Zeit in Paris. Es findet sich in der Sammlung „Der neuen Gedichte anderer Teil". Im vorangegangenen Teil („Neue Gedichte") von 1907 steht der berühmte, Ihnen vielleicht bekannte Text „Der Panther". Beachten Sie Zeichensetzung und Syntax (Satzbau) im Verhältnis zur Gliederung des Gedichts. Fragen Sie nach dem Verhältnis von Dinglichkeit (Ausstattungsgegenständen) und Psyche.

Für die gestaltende Interpretation (Aufgabe 2) ist Rilkes Gedicht (anachronistisch) so zurückdatiert zu denken, dass Corinna es lesen kann. Tagebücher sind intim. Verfassen Sie Corinnas Tagebucheintrag als eine Art Zwiegespräch mit sich selbst. Stilistisch sind Sie nicht durchweg an vollständige Sätze, wohl aber an die Anforderungen der Schriftsprache gebunden. Entwickeln Sie etwas Fantasie zu der Frage, wie Corinnas Ehe zustande gekommen und im ersten Jahr verlaufen sein könnte. Welche Probleme sind ihr wohl bewusst geworden und präzisieren sich ihr durch die Lektüre des Gedichts vielleicht weiter? Arbeiten Sie differenziert, denn: Die Dame in Rilkes Gedicht unterscheidet sich sehr von Corinna. Das Fazit Ihrer Corinna muss schlüssig sein, aber es kann anders ausfallen als im Lösungshinweis.

Aufgabe 3 fragt nach verschiedenen Ehemodellen (Ehekonzepten) und den Motiven, eine Ehe einzugehen. Arbeiten Sie die indirekt vorliegenden Konzepte also vergleichend und möglichst trennscharf aus den Texten heraus. Heins Text werden Sie vielleicht als erfrischend modern empfinden. Er erinnert daran, dass man in der alten DDR sehr jung heiratete, weil die Eheschließung dazu berechtigte, eine eigene Wohnung zu bekommen. Der Lösungshinweis sieht von dieser nicht zwingenden Verortung des Textes ab. Es steht Ihnen frei, in welcher Reihenfolge sie vorgehen. Der Vergleich setzt aber voraus, dass der Text von Christoph Hein auch in eigenen Worten wiedergegeben und in Sprechhaltung und Metaphorik verstanden wird.

Lösungshinweise

1. Zum Gedicht *Damen-Bildnis aus den Achtziger-Jahren* kann man sich vorstellen, dass sich der Dichter **R. M. Rilke** 1908 (zum Beispiel im Louvre) tatsächlich ein **Damenbildnis** angeschaut hat, das ihn irritierte und innerlich weiterbeschäftigte. Sein Text beginnt wie eine Art Nacherzählung des Gesehenen im Präteritum (Strophe 1: „Wartend stand sie" bis „schien"). Eine junge Frau steht in einem Interieur von schwerer Pracht. Als Hintergrund für ihr Porträt ist dunkle Atlasseide üppig so um sie herum dekoriert (drapiert), dass sich Luxus und Vornehmheit ihrer sozialen Klasse mitteilen. Auch Frisur und Kleidung, die anspruchsvolle Hochfrisur und die „Rüschen-Roben" (V. 8) der Porträtierten, sind aufwendig hergerichtet, kostbar und passend zum Hintergrund. Sie selbst ist **Dekoration**. Und wohl darin liegt die Irritation. Die noch nicht lange zurückliegende Vermählung (s. ihre „neuberingte" Hand: V. 24) hat die junge Frau in eine Dame verwandelt, die die Natürlichkeit ihrer „noch so nahen" (V. 5) Mädchenjahre vermisst und sich in der neuen Rolle nicht wohl fühlt. Sie entspricht ihr noch nicht.

Rilkes Gedicht hat kein lyrisches Ich, sondern der Dichter versetzt sich zunehmend in Lebenssituation und Gefühlswelt der jungen Frau auf dem Bild hinein. Anfangs spricht noch der Beobachter. Er erkennt, dass die Atlasdraperien des Gemäldes **Leidenschaften** nur **inszenieren**. Sie sind theatralisch und falsch und scheinen die junge Frau fast zu bedrohen: Sie „ballen" sich über ihr (V. 4). Die Haare lasten auf ihr, sie fühlt sich von „allen Falten" ihres Kleides „wie [feindlich] belauscht" (V. 9), und auch das Medaillon macht, so scheint es, ihr das Atmen schwer (vgl. V. 21 f.). Das Gedicht hat sechs Strophen. Die zweite, um einen Vers längere Strophe ist (auch was die Reimschemata betrifft) eine Zone des Übergangs, in der der Bildbetrachter allmählich hinter der jungen Frau und ihren unmittelbaren Empfindungen verschwindet. Das äußere Bild wird zum inneren, zum **Seelenporträt**. Den Dingen und äußeren Zeichen von Wohlhabenheit (Atlasdraperien, Kopfputz, Rüschen-Roben, Schatullen, Medaillon) stehen Gefühle antithetisch entgegen. Den durchschauten ‚falschen Leidenschaften' folgen die wahren Gefühle und heimlichen **Wünsche** der Jungvermählten. Sie äußern sich ab Vers 14 in einer viergliedrigen Kette konjunktivischer Konsekutivsätze („daß … daß … [daß: V. 20] … Daß …"). Die Dinge sind repräsentativ und **schwergewichtig**; was sie dagegen braucht für ein bisschen Glück (einen Duft, ein Rosenblatt, eine Geste) hat gar kein Gewicht, es ist **leicht** und zart und bleibt Andeutung.

Das Gedicht ist sehr kunstvoll geformt. Es **besteht aus einem einzigen Satz**. (Der Punkt am Ende von Vers 22 ist wirkungsästhetisch, nicht grammatisch gerechtfertigt, denn auf ihn folgt ein weiterer dass-Nebensatz.) Gleichmäßig wie eine Schleppe ziehen die auftaktlosen, ziemlich langen (fünf- und vierhebigen) trochäischen Verse zum letzten knappen Reimwort hin. Aber nicht nur das Metrum und nicht der Wechsel von stumpfen und klingenden Versenden erzeugt den Eindruck von Gleichförmigkeit und müder Melancholie, sondern vor allem der reiche Gebrauch des Enjambements. Die Sätze überschreiten nicht nur die Versgrenzen, sondern auch **alle Strophen sind durch Enjambement** zu einem unaufhörlichen Empfindungsstrom fast ohne Akzent und Sprechpause **verbunden**. Es gibt keine wirklichen Zäsuren, Abschlüsse, Neuanfänge. So vermitteln Verse und Strophen, das Auftaktwort lyrisch umsetzend, das Gefühl eines sich immer weiter fort dehnenden Zustands des Wartens.

Die junge Frau ist gefangen wie ein Ziertäubchen im goldenen Käfig. Ihr Leben ist wie irreal; es steht still oder hat noch gar nicht begonnen. Sie muss noch sehr jung sein und ist dennoch schon müde (vgl. V. 7), denn sie erlebt nichts. Sie besitzt kostbare Kästchen, in denen man Erinnerungen sammeln könnte, aber in ihren Kästchen ist nichts. Sie hat ein Tagebuch mit weißen Seiten, weil es nichts wahrhaft sie Bewegendes aufzuschreiben gibt. Auf ihrer Brust liegt das schwere Medaillon, aber es ist leer. Sie selbst, so lässt sich das Bild der ersten Strophe deuten, ist in ihrem Salon verwahrt wie in einer mit Atlasseide ausgeschlagenen Schmuckschatulle. Sie hat Heimweh (vgl. V. 10) und plant vage (‚schwach', ebd.) in die Zukunft hinein. Sie weiß nicht, wie, sondern nur dass sich **ihr Leben ändern** muss. Es müsste „wirklicher" (V. 12) werden, denkt sie; bewegt von großen Gefühlen und Gefahren müsste es sein. Sie würde gern ein Schicksal haben. Aber ihren Traum von wirklichem Leben und echter Leidenschaft bezieht sie ausgerechnet aus Romanen, also aus Fiktionen, in denen es aufregender zugeht als in der Realität. In Vers 13 drückt sich – auch rhythmisch etwas lebhafter und akzentuiert – der emotionale Höhepunkt ihres Wünschens aus, dann ermattet wieder ihr Mut. Eine Romanze, an die ein Duft oder ein Rosenblatt erinnerte, wäre Leben; aber sie will nicht etwa ausbrechen. Als Verbindung zur Welt draußen reicht ihr schon **das Fenster**. Das Fenster ist kein Ausstattungsgegenstand oder Requisit mehr wie die zuvor erwähnten Dinge, sondern das Symbol der Verbindung und Trennung zwischen Innenraum und Außenwelt. Aber gerade ihr letzter Wunsch (vgl. V. 23 ff.) lässt erkennen, wie verzagt die junge Frau ist und wie **traurig** ihre Situation. Das Äußerste an Ereignis, was sie sich auszudenken wagt, wäre – sogar verzichtend auf Duft und Rosenblatt – eine kleine Geste des Zuwinkens durch das Fenster. Sie bliebe dabei innen und geschützt. Es ergäben sich daraus keine Folgen in der Wirklichkeit, und doch ließe es ihr Herz schneller schlagen und sie hätte daran „für Monate genug" (V. 25).

Die junge Frau also ist, was das erste Wort sagt, **eine** in Konventionen gebannte **Wartende**. Sie hat keine Freude am Reichtum, der sie umgibt. Sie lebt nicht (hat wohl auch gar nichts zu tun), sondern wartet passiv und dornröschenhaft auf Erlösung aus dem Zustand ihrer Nichtexistenz. Man kann den langen Satz des Gedichts auf den Kernsatz konzentrieren: „Wartend stand sie …, [d]aß man einmal durch das Fenster winkte".

2. **Corinnas Tagebuch**
   Köpnicker Straße, am 21. August

   Früher habe ich Tagebuch geführt, aber seit über einem Jahr, seit ich Leopolds Frau bin, ist es verschlossen geblieben. Reisetagebuch schreibe ich, aber das ist etwas anderes. Nun ist es an der Zeit, dass ich vor diesen weißen Seiten endlich zu dem stehe, was ich bin und was aus mir und meinem Leben geworden ist. Ein Gedicht gibt den Anstoß, heute zu beginnen und mich, schreibend, dabei vor Lüge und Beschönigung zu hüten.

   Vor einem Jahr war noch alles Rausch und Glanz – und das wunderbare Gefühl der Genugtuung in mir, die Festung **Jenny bezwungen** zu haben. Eigentlich war es Treibel, der sie bezwungen hat. Er war mir gewogen von Anfang an und hat sie so lange damit hochgenommen, dass sie als geborene Bürstenbinder eine geborene Schmidt für nicht gut genug halte für Treibel Junior, bis sie am Ende kapitulierte. Sogar die **Hochzeitsreise** nach Capri haben sie uns bewilligt. Wie schön das war! Ein Glücks- und Siegeszug durch den Mai! Leopold immer zärtlich und aufmerksam an meiner Seite, ich mit Reiherfeder am Hut und blitzendem kleinen Brillanten (Hochzeitsgeschenk von Treibel Senior) im Ohr. Und die ehrerbietigsten Empfänge durch die Direktion jedes Mal wie für Hochwohlgeborene, wenn wir in den Grandhotels abstiegen auf unserer Route südwärts. (Auch herrlich versnobte Engländer getroffen unterwegs und etwas geplaudert und geflirtet auf Hotelterrassen.) Leopold doch eine elegante Erscheinung, und ich das reizende Frauchen, sprühend vor Witz und guter Laune. Und dann das blaue-blaue Meer und wandelnd unter Pinien und Palmen mit dem hübschesten aller Sonnenschirmchen. Aber ich kann nicht immer allein der Motor des Gesprächs und einiger Munterkeit sein, und **der Glanz wird stumpf**. Wir haben uns in einer kleinen Villa neben Otto und Helene eingemietet. Und als das getan war, ließ der Zauber allmählich nach. Ich male, aber mir fehlt das Talent dazu. Ich lerne Italienisch. Das Beste sind noch die gemeinsamen Ausritte auf den temperamentvollen Fuchsstuten aus Treibels Stall. Aber wie sehr deprimiert mich mittlerweile der Small Talk der immer gleichen Abendgesellschaften mit den immer gleichen schelmischen Anspielungen auf das Bildchen von Cupido und Venus in unserer Obstschale (Geschenk von Jenny). Nein, ein Kind will sich nicht einfinden, und ich weiß wohl, dass L. weiß, dass es mir in Wahrheit an Herz und Liebe gebricht. Da sitzt der **Gewissensbiss**. Da sitzt das Arge! Ich habe, was ich wollte, aber ich tue ihm weh und finde selber die rechte Freude nicht mehr. Schon höre ich in mir die Worte meiner törichten Schwiegermama, dass Geld das Herz nicht wärmen könne, – und ich denke an den klugen, guten Marcell und seine Warnung, das eigentliche Lebensglück nicht leichtfertig wegzuwerfen um einer Villa willen. Das eigentliche Lebensglück!? Mit Marcell wäre Langeweile nie aufgekommen ... Ich habe es darauf angelegt, herauszutreten aus den kleinen Verhältnissen und weg von Speck und Wrunken; und nun habe ich Stuck und Goldleisten dafür und Marcell auf dem Gewissen und den liebenswürdigen L. dazu. Und dann fand ich gestern dieses in Verse gesetzte *Damen-Bildnis* im Magazin für die höheren Stände: Bin ich das, die junge Frau darin, die, umgeben von großartigen Dingen, einsam ist, denn die Dinge sind kalt, aber sie sehnt sich nach Abenteuern des Herzens? Bin ich das denn? Sie hat so viel und braucht so wenig: einen Hauch nur, eine Geste. Natürlich bin ich das nicht, denn ich habe Wohlstand über die Liebe gesetzt. Nun trifft es mich, dass der Dichter den sie umgebenden Pomp einen „**Aufwand falscher Leidenschaften**“ nennt. Eine geniale Formulierung und mir ein Stachel im Fleisch! Der große Faltenwurf, der Hochgefühle vortäuscht, Stuck und Goldleisten als Lüge. Ich habe mich verirrt. Die Dame im Gedicht will „den Aufwand“ nicht, er bedrückt sie. Ich dagegen habe ihn partout gewollt.

Die Dame im Gedicht ist gänzlich unselbstständig und preisgegeben und viel jünger als ich. Ihre Träume sind romantisch. Ich dagegen bin doch so ziemlich ein emanzipiertes Frauenzimmer, fast der Junker *generis feminini,* wie Vater einmal spottete. *Ich* habe gewollt und gehandelt, *ich* habe meinen Kopf durchgesetzt, – und gerade das macht es so schlimm. Ich bin nicht das blutjunge Opfer wie die in Schönheit Leidende im Gedicht. Wenn aber Opfer, so das meines eigenen Ehrgeizes und meiner **Unredlichkeit** Leopold gegenüber. Es steht mir nicht zu, am Fenster zu schmachten wie die Schöne. Keine Sentimentalitäten! Ich muss mich hüten, nicht am Ende wie Jenny zu werden! Wie aber soll „das Leben weiter werden“?? – Ich will nur noch ehrliche und sinnvolle Dinge ins Haus holen, keinen Plüsch mehr, keine Kordeln mit goldenen Fransen, kein Bologneser Hündchen ... Und ehrliche Freunde suchen ... Vor allem muss ich mich zusammennehmen, freundlicher zu L. sein, verständnisvoller, ihn beruflich mehr unterstützen und ihn so nehmen, wie er nun einmal ist. Er ist ein an sich so gütiger und anständiger Mensch. Liebe ist etwas für Romane, aber Takt und Zartgefühl lassen sich im wirklichen Leben lernen. Ich habe Leopold gewählt und will folglich zu ihm stehen ohne zu viel Egozentrik. (Und traure doch sehr um Marcell.)

3. Rilke und Hein setzen sich in den vorliegenden Texten, jeweils aus der Perspektive einer Frau gesehen, mit der Institution der Ehe auseinander; und indem Fontane in *Frau Jenny Treibel* von Jennys zeitlich zurückliegender Entscheidung für Kommerzienrat Treibel erzählt und den Roman mit der Hochzeit Marcells und Corinnas enden lässt, tut er es auch. Die träumerische, frisch vermählte und doch schon unglückliche Dame in Rilkes Gedicht scheint aus einem ganz anderen, früheren Jahrhundert nicht nur als Claudia (Hein), sondern sogar als Fontanes Frauen zu stammen. Sie liebt ihren Mann nicht und wird nicht geliebt. Vermutlich hat ihr Vater ihre Ehe mit dem vielleicht viel älteren und vermögenden Bräutigam vertraglich vereinbart, ohne auf ihre Zustimmung groß Rücksicht zu nehmen. Man kann annehmen, dass die gesellschaftliche Stellung der Familien und wirtschaftliche Interessen ausschlaggebend für diese Art des **Ehevertrags** waren. Im bürgerlichen Milieu von Fontanes Roman sind die Frauen selbstständiger und selbstbewusster als in Rilkes Gedicht. Sie bestimmen aktiv die Partnerwahl mit. Eine Liebesheirat findet sich auch bei Fontane nicht, wohl aber der **Konsens zwischen Mann und Frau**. Die junge Jenny hatte es auf Treibels Besitz abgesehen, und Treibel nahm sie zur Frau, weil sie hübsch und verführerisch war: Sie wurden sich einig. Corinna und Marcell, der junge Oberlehrer und Archäologe, kennen sich seit ihrem fünften Lebensjahr. Sie sind Vetter und Kusine. Marcell weiß, dass er in ihr keine „lichterlohe Leidenschaft“ (Kapitel 7) entzünden kann nach so langer Zeit der Vertrautheit, aber sie passen gut zusammen und ergänzen sich. Sie ist, in Vater Schmidts Einschätzung, spontan und genialisch, er ist „eine von Grund auf ethische Natur“, ein Mann von Bildung und Charakter, der ihr Halt geben wird. Schmidt ist sich sicher, dass diese beiden eine **partnerschaftliche**, bürgerlich-gute **Ehe** miteinander führen werden.

In **Christoph Heins** Ausschnitt aus der Novelle *Der fremde Freund* von 1982 haben Hochzeit und Ehe, anders als bei Fontane oder Rilke, auch eine sozialrevolutionäre und **politische Dimension**. Die Hauptfigur Claudia hat ihr altes Hochzeitsfoto wiedergefunden. Als sie später noch andere Hochzeitsfotos anschaut, erkennt sie, dass es anderen ähnlich gegangen ist wie ihr und ihrem Bräutigam damals. Sie kommentiert sarkastisch, dass die jungen Paare, die auf den Bildern zu sehen sind, an sich große Träume hatten. Sie wollten heiraten, um sich aus den als unerträglich empfundenen Lebens- und Familienverhältnissen zu befreien. Sie hatten sich vorgenommen, durch ihren Entschluss zum Zusammenleben die alten Strukturen aufzusprengen und in revolutionärem Akt (als „**Anarchisten**“ und „Umstürzler“) **eine** neue, wahrhaftigere, **bessere Welt** zu **schaffen**. Elan und Optimismus beflügelten sie. Aber am Tag der Eheschließung besiegelt das Paar mit Vertrag und Unterschrift unbeabsichtigt seine Rückkehr in die bestehende Ordnung und in den

Schoß der Familie, deren Mitglieder (metaphorisch-witzig „die bedrückenden Umstände“ genannt) sich auf den Fotos fröhlich triumphierend um sie gruppieren. Hein erzählt weder von einem Ehekontrakt, noch von einer Vernunftehe oder einer partnerschaftlichen Lebensgemeinschaft. Claudia und ihr Mann haben wohl anfangs an die anarchische Kraft ihrer **Liebe** geglaubt und daran, dass sie stärker wären als Spießigkeit und Muff, Heuchelei und Konvention. Aber es kommt umgekehrt: Das ewig Gestrige vereinnahmt sie; die Liebe unterliegt.

Claudia ist verbittert, weil sie ihr Vertrauen in die Liebe verloren hat. Dennoch gefällt mir Heins Ansatz viel mehr als die Ehekonzepte, die bei Rilke und Fontane zu erkennen sind. Die förmliche und kalte Ehe, die bei Rilke zu ahnen ist, ist entsetzlich, und auch Fontane scheint an richtige Liebe nicht zu glauben, jedenfalls kommt sie in *Frau Jenny Treibel* nicht vor. Jenny ist berechnend, Corinna sehr kühl. Nur Marcell gibt eine echte Probe seiner Liebe zu Corinna, indem er ihr ihre Eskapaden und Kränkungen verzeiht. Junge Paare können, sofern sie sich lieben, mit und ohne Trauschein ein wunderbares Leben beginnen. Sie sollten nur weit genug weggehen von der Familie und sich konventionellen Strukturen nicht unbedacht anvertrauen. Ohne Zukunftspläne und Optimismus, ohne Mut, Liebe und Enthusiasmus wäre das Leben einfach nur trist. Es wäre kläglich, das Projekt eines glücklichen Zusammenlebens aus Angst vor einem möglichen Scheitern von vornherein gleich aufzugeben.

Grundkurs Deutsch (Hessen) – Übungsaufgabe 4: Textinterpretation und -vergleich

Das blühende Leben – Erzählschlüsse

Textgrundlage:
Thomas Mann: *Tristan* (Schluss)

Bezug:
Franz Kafka: *Die Verwandlung*
E. T. A. Hoffmann: *Der Sandmann*

Aufgaben:

1. Geben Sie den Schluss der Novelle *Tristan* (M 1) inhaltlich wieder und analysieren Sie seine sprachliche und formale Gestaltung. (35 BE)
2. Vergleichen Sie Kafkas Abschluss der *Verwandlung* (M 2) mit dem Novellenschluss von Thomas Mann (M 1). (40 BE)
3. Diskutieren Sie, inwiefern der letzte Absatz des *Sandmann* von E. T. A. Hoffmann (M 3) Kafka und Thomas Mann zu ihren Schlüssen inspiriert haben könnte. (25 BE)

Erlaubte Hilfsmittel:
ein Wörterbuch zur deutschen Rechtschreibung
eine Liste der fachspezifischen Operatoren
Franz Kafka: *Die Verwandlung*
E.T.A. Hoffmann: *Der Sandmann*

Material 1
Thomas Mann: Tristan (1903)
(Schluss der Novelle)

Der kränkelnde Schriftsteller Spinell hält sich in einem Lungensanatorium auf. Als Gabriele Klöterjahn, geborene Eckhof, die ebenfalls an der Lunge erkrankte Gattin des norddeutschen Großkaufmanns Klöterjahn, eintrifft, umwirbt Spinell sie. Er malt ihr aus, dass sie zu Besserem bestimmt sei, dass Kunst und Musik ihr wahres Medium seien; indem Klöterjahn sie zur Frau genommen und zur Mutter des kleinen Sohnes Anton gemacht habe, habe er sich an ihr versündigt; die Geburt von Klöterjahn junior habe sie krank gemacht.
Spinell und Gabriele musizieren zusammen. Gabriele spielt Partien aus Richard Wagners Oper „Tristan und Isolde"; die Musik ist durchzogen von einem sogenannten Sehnsuchtsmotiv; Höhepunkt ist der „Liebestod". Die innere Erregung führt zu einem schweren Anfall Gabrieles, sodass Klöterjahn mit Sohn und Kindermädchen anreisen muss. Der Schluss: Klöterjahn, weinend, ist zu seiner sterbenden Frau geeilt. Es ist Frühling. Spinell schreitet durch den Park:

Er [Spinell] ging gesenkten Hauptes und summte ein Stückchen Musik vor sich hin, ein kurzes Gebild, eine bang und klagend aufwärtssteigende Figur, das Sehnsuchtsmotiv … Plötzlich aber, mit einem Ruck, einem kurzen, krampfhaften Aufatmen, blieb er gefesselt stehen, und unter heftig zusammengezogenen Brauen starrten seine erweiterten Augen mit dem Ausdruck entsetzter Abwehr geradeaus …

Der Weg wandte sich; er führte der sinkenden Sonne entgegen. Durchzogen von zwei schmalen, erleuchteten Wolkenstreifen mit vergoldeten Rändern stand sie groß und schräge am Himmel, setzte die Wipfel der Bäume in Glut und goß ihren gelbrötlichen Glanz über den Garten hin. Und inmitten dieser goldigen Verklärung, die gewaltige Gloriole der Sonnenscheibe zu Häupten, stand hochaufgerichtet im Wege eine üppige, ganz in Rot, Gold und Schottisch gekleidete Person[1], die ihre Rechte in die schwellende Hüfte stemmte und mit der Linken ein grazil geformtes Wägelchen leicht vor sich hin und her bewegte. In diesem Wägelchen aber saß das Kind, saß Anton Klöterjahn der Jüngere, saß Gabriele Eckhofs dicker Sohn!

Er saß, bekleidet mit einer weißen Flausjacke und einem großen weißen Hut, pausbäckig, prächtig und wohlgeraten in den Kissen, und sein Blick begegnete lustig und unbeirrbar demjenigen Herrn Spinells. Der Romancier[2] war im Begriffe, sich aufzuraffen, er war ein Mann, er hätte die Kraft besessen, an dieser unerwarteten, in Glanz getauchten Erscheinung vorüberzuschreiten und seinen Spaziergang fortzusetzen. Da aber geschah das Gräßliche, daß Anton Klöterjahn zu lachen und zu jubeln begann, er kreischte vor unerklärlicher Lust, es konnte einem unheimlich zu Sinne werden.

Gott weiß, was ihn anfocht, ob die schwarze Gestalt ihm gegenüber ihn in diese wilde Heiterkeit versetzte oder was für ein Anfall von animalischem Wohlbefinden ihn packte. Er hielt in der einen Hand einen knöchernen Beißring und in der anderen eine blecherne Klapperbüchse. Diese beiden Gegenstände reckte er jauchzend in den Sonnenschein empor, schüttelte sie und schlug sie zusammen, als wollte er jemanden spottend verscheuchen. Seine Augen waren beinahe geschlossen vor Vergnügen, und sein Mund war so klaffend aufgerissen, daß man seinen ganzen rosigen Gaumen sah. Er warf sogar seinen Kopf hin und her, indes er jauchzte.

Da machte Herr Spinell kehrt und ging von dannen. Er ging, gefolgt von dem Jubilieren des kleinen Klöterjahn, mit einer gewissen behutsamen und steif-graziösen Armhaltung über den Kies, mit den gewaltsam zögernden Schritten jemandes, der verbergen will, daß er innerlich davonläuft.

Aus: Thomas Mann: Gesammelte Werke in dreizehn Bänden. Band VIII: Erzählungen. Fiorenza. Dichtungen. Frankfurt am Main: S. Fischer Verlag 1990, S. 261 f.

Anmerkungen:
1 Gemeint ist die Amme des Babys.
2 Romancier: Romanautor

Material 2
Franz Kafka: Die Verwandlung (1915)
(Schluss der Erzählung)

[…] „Also was wollen Sie eigentlich?" fragte Frau Samsa, vor welcher die Bedienerin noch am meisten Respekt hatte. „Ja", antwortete die Bedienerin und konnte vor freundlichem Lachen nicht gleich weiter reden, „also darüber, wie das Zeug von nebenan weggeschafft werden soll, müssen Sie sich keine Sorge machen. Es ist schon in Ordnung." Frau Samsa und Grete beugten sich zu ihren Briefen nieder, als wollten sie weiterschreiben; Herr Samsa, welcher merkte, daß die Bedienerin nun alles ausführlich zu beschreiben anfangen wollte, wehrte dies mit ausgestreckter Hand entschieden ab. Da sie aber nicht erzählen durfte, erinnerte sie sich an die große Eile, die sie hatte, rief offenbar beleidigt: „Adjes allseits", drehte sich wild um und verließ unter fürchterlichem Türeschlagen die Wohnung.

„Abends wird sie entlassen", sagte Herr Samsa, bekam aber weder von seiner Frau, noch von seiner Tochter eine Antwort, denn die Bedienerin schien ihre kaum gewonnene Ruhe wieder gestört zu haben. Sie erhoben sich, gingen zum Fenster und blieben dort, sich umschlungen haltend. Herr Samsa drehte sich in seinem Sessel nach ihnen um und beobachtete sie still ein Weilchen. Dann rief er: „Also kommt doch her. Laßt schon endlich die alten Sachen. Und nehmt auch ein wenig Rücksicht auf mich." Gleich folgten ihm die Frauen, eilten zu ihm, liebkosten ihn und beendeten rasch ihre Briefe.

Dann verließen alle drei gemeinschaftlich die Wohnung, was sie schon seit Monaten nicht getan hatten, und fuhren mit der Elektrischen ins Freie vor die Stadt. Der Wagen, in dem sie allein saßen, war ganz von warmer Sonne durchschienen. Sie besprachen, bequem auf ihren Sitzen zurückgelehnt, die Aussichten für die Zukunft, und es fand sich, daß diese bei näherer Betrachtung durchaus nicht schlecht waren, denn aller drei Anstellungen waren, worüber sie einander eigentlich noch gar nicht ausgefragt hatten, überaus günstig und besonders für später vielversprechend. Die größte augenblickliche Besserung der Lage mußte sich natürlich leicht durch einen Wohnungswechsel ergeben; sie wollten nun eine kleinere und billigere, aber besser gelegene und überhaupt praktischere Wohnung nehmen, als es die jetzige, noch von Gregor ausgesuchte war. Während sie sich so unterhielten, fiel es Herrn und Frau Samsa im Anblick ihrer immer lebhafter werdenden Tochter fast gleichzeitig ein, wie sie in der letzten Zeit trotz aller Plage, die ihre Wangen bleich gemacht hatte, zu einem schönen und üppigen Mädchen aufgeblüht war. Stiller werdend und fast unbewußt durch Blicke sich verständigend, dachten sie daran, daß es nun Zeit werde, auch einen braven Mann für sie zu suchen. Und es war ihnen wie eine Bestätigung ihrer neuen Träume und guten Absichten, als am Ziele ihrer Fahrt die Tochter als erste sich erhob und ihren jungen Körper dehnte.

Aus: Franz Kafka: Gesammelte Werke in zwölf Bänden. Nach der Kritischen Ausgabe herausgegeben von Hans-Gerd Koch. Band 1: Ein Landarzt und andere Drucke zu Lebzeiten. Frankfurt am Main: Fischer Taschenbuch Verlag 1994, S. 157 f.

Material 3
E. T. A. Hoffmann: Der Sandmann (1815)
(Schluss der Erzählung)

Als Nathanael mit zerschmettertem Kopf auf dem Steinpflaster lag, war Coppelius im Gewühl verschwunden. –

Nach mehreren Jahren will man in einer entfernten Gegend Clara gesehen haben, wie sie mit einem freundlichen Mann, Hand in Hand vor der Türe eines schönen Landhauses saß und vor ihr zwei muntre Knaben spielten. Es wäre daraus zu schließen, daß Clara das ruhige häusliche Glück noch fand, was ihrem heitern lebenslustigen Sinn zusagte und das ihr der im Innern zerrissene Nathanael niemals hätte gewähren können.

Aus: E. T. A. Hoffmann: Der Sandmann. Stuttgart: Reclam Verlag 2003, S. 42 (RUB 230)

Hinweise und Tipps

Als Erzählung der Romantik haben Sie „Der Sandmann" von E. T. A. Hoffmann im Unterricht durchgenommen; von Franz Kafka kennen Sie „Die Verwandlung". Ein für Sie fremder Text (M 1), das Ende der Novelle „Tristan" von Thomas Mann (1875–1955), ist neu zu erschließen und mit den anderen in Beziehung zu setzen. Um Ihnen die Arbeit zu erleichtern, sind auch die Ihnen bekannten Textabschnitte als Materialien (M 2, M 3) beigefügt.

Lesen Sie sich, bevor Sie zu schreiben beginnen, alle drei Schlüsse durch. Auch wenn die Aufgabenstellung nicht ausdrücklich eine die Teilaufgaben übergreifende Einleitung fordert, empfiehlt es sich, vorweg über deren inneren Zusammenhang nachzudenken und eine erste Hypothese zum tertium comparationis (dem gemeinsamen Dritten) zu formulieren.

Die Inhaltswiedergabe in Aufgabe 1 hat das Geschehen zu situieren: es an den gegebenen Kontext anzuschließen und über das Wer?, Wo?, Wann? Was? zu informieren. Auch den Vergleich bzw. die Diskussion der beiden folgenden Aufgaben müssen Sie einleitend vorbereiten, indem Sie die Schlüsse (M 2 und M 3) in eigenen Worten zusammenfassen und darstellen, in welcher Verbindung mit der vorangegangenen Handlung sie stehen. Lassen Sie also deutlich werden, dass Sie jeweils die gesamte Erzählung und ihre Problematik kennen. Konzentrieren Sie sich dabei auf das Thema: Verlieren Sie sich nicht in themenspezifisch funktionsloses Nacherzählen.

Erschließen Sie sich M 1 mit verschiedenfarbigen Stiften, bevor Sie zu schreiben beginnen. Zur formalen Gestaltung gehört neben der Gliederung des Erzählten die Erzählperspektive und die Haltung des Erzählers zu seinen Protagonisten. Der Erzähler beeinflusst zum Beispiel unsere Meinung über die Figuren (Erzählerlenkung). Untersuchen und überlegen Sie, wie und mit welchen Mitteln solche Wirkungen hier und in M 2 und M 3 erzeugt sind.

In der Diskussion (Aufgabe 3) sind eigene Gedanken darüber zu entwickeln, in welchem inneren (geistesgeschichtlichen) Verhältnis die drei Schlüsse zueinander stehen. Das zentrale Motiv der Romantik bzw. des „Sandmann" werden Sie am ehesten im „Tristan" wiederfinden. Erörtern Sie, ob man auch „Die Verwandlung" damit in Verbindung bringen könnte.

Lösungshinweise

Der Sandmann von E. T. A. Hoffmann entstand 1815 (veröffentlicht 1816). Genau 100 Jahre später erschien Franz Kafkas epochemachende Erzählung *Die Verwandlung.* Thomas Manns Novelle *Tristan* kam 1903, also knapp nach der Jahrhundertwende, heraus. Aber am Ende aller drei Erzählungen aus verschiedenen Epochen der deutschen Literatur treffen Tod und Leben gleichermaßen hart aufeinander. Jedes Mal stirbt die oder eine Hauptperson, aber dem Tod folgt eine Art Epilog mit dem Ausblick auf neues Leben.

1. Thomas Manns Novelle *Tristan* endet damit, dass die Kaufmannsgattin Gabriele Klöterjahn im Lungensanatorium, das sie hatte aufsuchen müssen, ihrem Leiden erliegt. Der sich im gleichen Sanatorium kurierende Romanautor (Romancier) Spinell hat sie umworben und dazu verführt, mit ihm zusammen zu musizieren. Die leidenschaftliche Musik Wagners wird Gabrieles Gesundheit abträglich gewesen sein. Nun ist ihr Ehemann bei ihr, während die Kinderfrau ihren kleinen Sohn Anton durch den Kurpark schiebt. Auch Spinell hat sich in diesen Park („Garten", Z. 9) zurückgezogen. Es ist ein Frühlingsabend. Die Sonne steht niedrig und groß am Himmel. Sie vergoldet die Ränder der leichten Wolken und gießt ihren Glanz über die Wipfel der Bäume und den gesamten Park. Spinell, dunkel gekleidet (vgl. Z. 22), geht dort in sich versunken spazieren und summt das Sehnsuchtsmotiv vor sich hin, das Gabriele gespielt hat. Sein Weg führt ihn in westliche Richtung auf den Sonnenuntergang zu. Aber wie angewurzelt vor Schreck bleibt er stehen, als er mit einem Mal vor sich, vom Sonnenlicht wie vergoldet, die Kinderfrau mit Gabrieles Sohn Anton im Wägelchen erblickt.

   Vielleicht wollte Spinell dem Kaufmann Klöterjahn nicht begegnen und ist in den Park ausgewichen. Dort aber trifft er auf dessen pausbäckigen Sohn. Was ihm diese Begegnung ganz unerträglich macht, ist der abrupte Heiterkeitsausbruch des Kindes. Kaum sieht der kleine Anton die Gestalt des Schriftstellers, als er zu jubeln und zu kreischen beginnt und dabei sein Klapperspielzeug in die Luft reckt und es wild schüttelt. Spinell hatte sich zugetraut, in guter Haltung an Amme und Kind vorbeizukommen. Nun aber kann er nur schwer bemänteln, dass er die Flucht ergreift.

   Thomas Mann **kontrastiert** in diesem Text die melancholisch in sich gekehrte Gestalt des (wohl ebenfalls lungenkranken) Künstlers mit dem gesunden Kind, das vor Lebensfreude strotzt. Der delikaten Wagner-Melodie, die Spinell summt, antwortet das barbarische Getöse des Kindes. **Tod und Leben** stehen einander gegenüber, denn während Gabriele stirbt, jauchzt ihr dicker kleiner Sohn. Aber auch **Kunst und Leben** stehen einander gegenüber sowie **Geist und Natur**. Der eigentliche Rivale Spinells wäre an sich Herr Klöterjahn gewesen, denn Spinell hatte sich bemüht, Gabriele ihrem Mann zu entfremden und sie zu sich und in die Sphäre der Kunst zu ziehen. Aber nun reicht bereits Klöterjahns Söhnchen, um Spinell gleichsam herauszufordern, zu besiegen und aus dem Feld zu schlagen.

Die Figuren Thomas Manns haben **sprechende Namen**. Der Autor spielt dabei mit Klängen und Assoziationen. Romancier Spinell mit dem hellen, zirpenden I im Namen lässt an „spillerig“ und „Spinett“ denken. Das tönt fein, dünn, zerbrechlich und schwächlich. „Klöterjahn“ dagegen hört sich an wie ein deftiger Erdenkloß (und schlimmer), und Sohn Anton ist mit den schweren Vokalen seines Namens dem Vater wesensgleich. Die viersilbig-melodische Gabriele jedoch gehört gleichsam mit dem „a“ der ersten Silbe ihres Namens zu Gatten und Sohn, verfügt aber zugleich über die hellen, feinen Töne und leitet sich vom Namen eines Luftwesens, von dem des Erzengels Gabriel, her. Ihr Mädchenname Eckhof drückt vielleicht aus, dass sie an zwei Seiten oder Bereichen des Lebens Anteil hat.

Thomas Mann hat seinen Novellenschluss zu einer eigenen dramatischen und dabei hochironischen Szene ausgestaltet, zu einer **Duell-Szene**, in der letztlich die Kunst dem Leben kläglich unterliegt, doch zugleich so, dass auch das Leben keine wahre Freude ist.

Die **Wendepunkte** des Geschehens sind dreimal mit **adversativem „Aber“** markiert und durch begleitende Wortwahl und Rhetorik verstärkt. Im ersten Fall sieht Spinell den Kinderwagen. Das unangemessen wirkende Ausmaß seines Schreckens, hyperbolisch und pleonastisch (durch Übertreibung und Worthäufung) beschrieben, macht aus dem Schriftsteller eine lächerliche Figur: „Plötzlich *aber*, mit einem Ruck“ bleibt er „gefesselt“ stehen, „krampfhaft“ einatmend; unter „heftig“ zusammengezogenen Brauen „starr[en]“ seine „erweiterten“ Augen mit dem „Ausdruck entsetzter Abwehr“ geradeaus (Z. 3 f.).
Dem zweiten „Aber“ ist durch viermalige Wiederholung der Positur des Kindes (samt folgenden Appositionen) das Gewicht des Unfassbaren, ganz und gar Furchtbaren gegeben: „In diesem Wägelchen *aber* saß das Kind, saß [...], saß [...]! Er saß [...]“ (Z. 13 ff.).
Den Höhepunkt des Schreckens markiert das dritte „Aber“: „*Da aber* geschah das Gräßliche“ (Z. 19 f.): Das Kind jauchzt. Spinell wollte sich diesem ungeheuerlichen Gegner stellen. Er raffte sich auf, besann sich darauf, ein Mann zu sein (vgl. Z. 18), aber dem Heiterkeitsausbruch Klein-Antons ist er nicht gewachsen.

Die Darstellung des Geschehens liegt beim **auktorialen Erzähler**. Er schildert von außen, was Spinell erblickt und wie er es erblickt. Er beschließt die Novelle im letzten Absatz auktorial. Im Höhepunkt aber gibt er an die **personale Sicht** Spinells ab: Für ihn, Spinell, geschieht „das Gräßliche“. Die ihm „unerklärliche Lust“, die aus dem Kind hervorbricht, ist ihm „unheimlich“ (Z. 21). Ein ganzer Absatz ist dem letztlich rätselhaften Jauchzen des Kindes gewidmet. Ist es Ausdruck schierer, instinktiver Lebensfreude? Hat Spinells Erscheinungsbild den Kleinen dazu angeregt? Die Perspektive changiert, und man weiß nicht recht, ob nun Spinell oder der Erzähler den Eindruck hat, als wolle das Kind „jemanden spottend verscheuchen“ (Z. 26 f.).

Spinell also tritt den Rückzug an. Er hat aber nicht nur dem einen Gegner, Klein-Anton, dem Inbegriff kreatürlicher Lebenskraft, gegenübergestanden. Vielmehr scheint sich **die gesamte Natur** dieses Frühlingsabends **mit Anton gegen ihn verbündet** zu haben. Thomas Mann setzt die Natur – die Jahres- und Tageszeit und deren spezifische Lichtverhältnisse – als symbolische und metaphorische Bedeutungsträger ein. Spinells Weg führt ihn von Ost nach West „der sinkenden Sonne entgegen" (Z. 6). Der Weg wird zur (klanglich alliterierten) Metapher: Sie macht ihn zu einem Todgeweihten oder zumindest zu einem, dessen Zeit zu Ende geht. Dem traurigen Schwarz, in dem er durch den Park wandelt, spottet – in der **Farbsymbolik** – das alles beherrschende (siegreiche) **Gold** des „Gegners". Schon die Kleidung der üppigen Amme ist aus rot-goldenem Schottenmuster. Vor allem aber umgibt die Sonnenscheibe Kind und Amme wie mit gewaltiger Gloriole (vgl. Z. 9 f.). Das wild jubilierende Kind in seinem Wägelchen, umgeben von Licht, muss Spinell wie eine dämonische Naturgottheit in ihrem Triumphwagen erschienen sein. Unironisch betrachtet: Spinell, zurückweichend, erkennt vermutlich, dass seine ästhetisch überfeinerte Welt in diesem Augenblick abgelöst wird von einer Zeit des naturhaft rohen Vitalismus.

2. Wie in *Tristan* von Thomas Mann sind auch in *Die Verwandlung* von Franz Kafka **Innen- und Außenraum** so einander gegenübergestellt, dass sich „innen" **Leiden und Sterben** vollziehen, während draußen in der Natur und im Einklang mit ihr sich auch die menschliche Lebenskraft manifestiert. Bei Thomas Mann ist das Innen ein Sanatorium, in dem eine lungenkranke Mutter stirbt, während draußen im Park **ihr kleiner Sohn das blühende Leben** verkörpert. In der *Verwandlung* ist das Innen die Wohnung der vierköpfigen Familie Samsa. Vater, Mutter und Tochter Grete haben ihre gemeinsame Wohnung schon „seit Monaten" (Z. 19 f.) nicht mehr zu einem Ausflug verlassen, weil das Schicksal ihres Sohnes bzw. Bruders Gregor sie lähmte. Seit Gregor, der Handlungsreisende, eines Morgens in der Gestalt eines Käfers erwacht war, wurde er zunehmend zur Belastung für die Familie. Grete war die Erste, die es aufgab, in ihm noch den Bruder anzuerkennen. Sie erklärte ihn zum „Es": „Wenn es Gregor wäre", so hätte er die Familie von sich erlöst und wäre „freiwillig fortgegangen". Gregor, trotz seiner Tiergestalt ein Mensch, hat Gretes Worte gehört und teilt ihre Ansicht, dass er verschwinden müsse. Er hat lange keine Nahrung mehr angerührt und ist siech und schwach. Am folgenden Morgen findet die Bedienerin ihn tot in seinem Zimmer. Kafka setzt seinem in sich zurückgezogenen Helden die **aufblühende Schwester Grete** entgegen.

Wie Gregors **Todestag zum Neubeginn** für die Familie wird, ist im **Schluss** der *Verwandlung* in drei Absätzen erzählt. Absatz 1: Die Bedienerin, die dem Ehepaar Samsa sofort Gregors Tod gemeldet hat („es ist krepiert; […] ganz und gar krepiert!") steht schon wieder in der Tür und bietet aufgeräumt und freudig an, „das Zeug von nebenan" (Z. 3 f.) wegschaffen zu wollen. Sie will die Familie entlasten und besonders dezent sein, denn sie umschreibt, was zu tun ist, wie eine etwas unsaubere Hausarbeit. Es sei „schon in Ordnung" so (Z. 5: Für sie? Für die Familie?), versichert sie. Aber dass sie so spricht und gern ausführlicher werden möch-

te, ist allen unerträglich. Der Vater dankt es ihr nicht, sondern schickt die Beleidigte fort.
Der kleine zweite Absatz: Kein Familienmitglied ist in der Lage, über Gregors Tod zu sprechen oder davon auch nur zu hören. Grete und die Mutter hatten sich in Briefe vertieft. Der Auftritt der Bedienerin hat sie in die Gegenwart zurückgeholt. Sie erheben sich und stehen dann, stumm sich umarmend, am Fenster. Zweimal ergreift der Vater die Initiative. Um die Frauen zu beruhigen, verspricht er, der Bedienerin gleich am Abend zu kündigen (vgl. Z. 11). Dann rät er ihnen, „die alten Sachen" nun endlich beiseitezulassen (Z. 16). Auch er also bleibt bei der verdinglichenden Umschreibung für den Sohn und die gemeinsame Leidenszeit der letzten Monate. Er setzt den **Schnitt** und ermuntert dazu, den Tod Gregors, ihr Unglück und die Vergangenheit hinter sich zu lassen und **nach vorne** zu **schauen**.
Die **Befreiung von Gregor** ist Inhalt des längsten und letzten Absatzes. Der kleine Gang der Frauen zum **Fenster**, diesem Medium zwischen innen und außen und Symbol der Sehnsucht, deutete schon an, dass Grete und die Mutter ähnliche Wünsche haben wie der Vater. Nun fahren alle drei zusammen mit der Straßenbahn „**ins Freie** vor die Stadt" (Z. 20). Ihre Zurückgezogenheit hat ein Ende. Sie scheinen zu genießen, dass der Straßenbahnwagen „ganz von warmer Sonne durchschienen" ist (Z. 21). Sie machen es sich bequem (vgl. Z. 22) und denken an die Zukunft. Drei erfreuliche Aussichten tun sich ihnen auf. Früher war Gregor der einzige Ernährer der Familie gewesen. Nun haben alle drei eine Arbeit und stellen fast überrascht fest, dass ihre finanzielle Lage gut und vielversprechend ist. Sie wollen aus der Wohnung ausziehen, die Gregor beschafft hatte. Die neue Wohnung soll kleiner, billiger, besser gelegen und praktischer sein. Und als der Blick der Eltern auf die Tochter fällt, merken beide gleichzeitig, dass Grete zu „einem schönen und üppigen Mädchen aufgeblüht" (Z. 32) und es an der Zeit ist, sie zu verheiraten.

Wie Thomas Mann der Krankheit, dem Tod und dem Künstlertum eines Spinell Natur und **elementare Daseinslust** des Kindes entgegensetzt, so lässt auch Kafka Natur und **Lebenstrieb** über Gregors tragischen Rückzug triumphieren. Ist der Straßenbahnwagen der Samsas wie zum Zeichen für neues Leben „ganz von warmer **Sonne** durchschienen", so entspricht dieses Bild auf zurückhaltendere Weise der üppigen Sonnen- und Farbsymbolik, mit der Thomas Mann das blühende Leben des Kindes umkleidet hat. Thomas Manns Novelle endet an einem **Frühlingstag**, und auch Familie Samsa fährt Ende März, an einem Frühlingstag also, ins Freie, sodass die den Neuanfang allen Lebens symbolisierende Jahreszeit hier wie dort die Analogie zu den beiden jungen Geschöpfen darstellt, die für Zukunft stehen. Anton ist das stämmige Kind eines wohlhabenden Bürgers. Auch Kafka identifiziert Lebensglück mit dem **bürgerlichen Glück** von Ehe- und Familiengründung: Die Eltern werden für Grete „einen braven Mann" (Z. 34) suchen.

Gehen *Tristan* und *Die Verwandlung* am Ende gut aus? Man kann den kleinen Klöterjahn nicht uneingeschränkt wonnig oder gar reizend finden, denn Thomas Mann steigert dessen Heiterkeitsausbruch bis ins Monströse und nennt, was das Kind überkommt, einen „Anfall von animalischem Wohlbefinden" (M 1, Z. 23).

Als das Kind seinen Mund schließlich so klaffend aufreißt, dass „man seinen ganzen rosigen Gaumen“ sieht (M 1, Z. 28), assoziiert man unwillkürlich den **Rachen eines Tieres**. Nicht ganz unähnlich schließt *Die Verwandlung:* Ihr letzter Satz gilt Grete, die „ihren jungen Körper dehn[t]“ (Z. 36). Auch diese reflexartig-natürliche Bewegung lässt an ein geschmeidiges Tier denken.

Am Ende von Kafkas Erzählung steht die Botschaft, dass der pure Lebenstrieb sich gegen alles Leid durchsetzt. Zugleich ist die Familie aber unfähig zum Abschied von Gregor. Sie ist nicht in der Lage, sein Schicksal in irgendeiner Weise zu achten oder in ihren Gefühlshaushalt zu integrieren, sondern sie muss der Vergangenheit rigoros den Rücken kehren und alle Erinnerungen an Gregor tilgen: Sie wird – sinnbildlich dafür – auch die von ihm ausgesuchte Wohnung aufgeben. Ihr neues Glück ist erkauft durch Verdrängung. So wenig eine Verständigung zwischen den Klöterjahns und den Spinells dieser Welt denkbar ist, so wenig gibt es eine Vermittlung zwischen Gregors Verwandlung und Gretes Glück. Leben und Kunst, bürgerliche Tüchtigkeit und Geist scheinen für beide Dichter so unvereinbar miteinander geworden zu sein, dass der Leser sich weder an der einen noch an der anderen Spielart des für Menschen an sich Zusammengehörenden wirklich freuen kann.

3. **E. T. A. Hoffmann** schrieb 1815 mit seiner Erzählung *Der Sandmann* eine **romantische Künstlernovelle**. Ihr Protagonist Nathanael fühlt sich seit einem Kindheitserlebnis im Elternhaus, seit der Begegnung mit dem ihm Todesangst einflößenden Advokaten Coppelius, von dunklen Mächten verfolgt. Er hat das Vertrauen in die Helligkeit und Erklärbarkeit der Welt verloren, das ihm seine Freundin Clara zurückgeben möchte. Er ist empfänglich für das Unheimliche und die Doppelbödigkeit der menschlichen Existenz geworden und entwickelt sich zu einer künstlerischen Natur, zu einem Menschen, der sich „in Wissenschaft und Kunst kräftig und heiter beweg[t].“ Aber Inhalt und Ton seiner Gedichte verdüstern sich. Da Clara sie nicht mehr anhören und loben mag, liest Nathanael sie Olimpia vor. In ihr spiegelt sich ihm sein Selbst. In ihr findet er die Zuhörerin, die ihn ganz versteht. Er merkt zu spät, dass er zum selbstverliebten, in sich selbst eingeschlossenen Narziss geworden ist. Dass das tiefe Verständnis, das er aus Olimpias Augen glaubte ablesen zu können, seine Projektion war. Dass Olimpia kein eigenes Leben hat, weil sie nur eine Puppe ist. Als ihre Konstrukteure – der Augenlieferant ist Coppola, in dem Nathanael den ihm verhängnisvollen Coppelius wiederzuerkennen glaubt – sie im Streit zerschlagen, ergreift Wahnsinn von ihm Besitz. Clara steht zu ihm. Als sie ihn für genesen hält und beide zusammen eines Tages vom Rathausturm auf die Stadt hinabschauen, erkennt Nathanael durch sein Perspektiv abermals den herannahenden Coppelius. Das macht ihn zum Rasenden, der Clara vom Turm stürzen will, am Ende aber selbst in den Tod springt.

   Der Schluss des „Sandmann“ ist der früheste und der kürzeste der drei vorliegenden Textenden. Er besteht nur aus zwei Sätzen. Der Erzähler gibt wieder, was gerüchtweise zu ihm gedrungen ist, und er fügt dem – im Konjunktiv – seinen persönlichen Kommentar hinzu: Man will Jahre nach Nathanaels Tod und weit weg vom Heimatort Clara als verheiratete Frau und Mutter von zwei Kindern wiedererkannt haben. Der Erzähler scheint ihr dieses zu ihr passende Glück, das sie bei Nathanael nicht hätte finden können, zu gönnen.

Könnte dieser kleine stille Schluss ohne Natur-, Licht- und Jahreszeiten-Symbolik und ohne Zeichen des Triebhaft-Animalischen anregend für die ausgebauten Schlüsse Thomas Manns und Kafkas geworden sein?

Nach Nathanaels furchtbarem Tod lässt E. T. A. Hoffmann das **Idyll von bürgerlichem Glück** aufscheinen: Clara, die heitere, lebenslustige Frau, „Hand in Hand" mit einem „freundlichen" Mann vor einem „schönen Landhaus" (M 3, Z. 4f.) und vor ihr ihre spielenden, munteren Knaben. Claras Leben hat Zukunft. Ihr Leben **blüht** fort **in den Söhnen**. Es ist nur eine Skizze, die Hoffmann gibt; aber skizziert ist nicht ohne Ironie ein **Biedermeier-**Bilderbuch-Glück. Die Sympathie des Dichters scheint doch eher dem „im Innern zerrissene[n] Nathanael" (M 3, Z. 7) zu gehören.

Der **Traditionszusammenhang** ist erkennbar. Bereits für den Romantiker Hoffmann drifteten bürgerliche Rechtschaffenheit und künstlerischer Sinn auseinander. Seine **Ironie** lässt spüren, dass beide Welten, so isoliert voneinander, ihm fragwürdig sind. Thomas Mann hat das romantische Motiv und die romantische Ironie offenbar wiederaufgegriffen, zeitgemäß fortentwickelt und verstärkt. Er erlebte die fetten Gründerjahre. Je tonangebender das Bürgertum dieser Zeit wurde, als desto tiefer wurde der Zwiespalt zwischen Kunst und Leben empfunden. Auch das Ende der *Verwandlung* zeugt davon: In allen drei Erzählungen trägt bürgerliche Lebensplanung, Zufriedenheit, Gesundheit und Vitalität den Sieg über etwas davon, was sich daraus ausgegrenzt hat. Während das klassische Ideal in der Versöhnung von Leben und Geist lag, haben sich jetzt diese beiden Pole einander so entfremdet, dass sich das Leben zum Banalen, zum Animalischen und zur Reproduktion von Leben, der Anspruch auf Selbstverwirklichung aber zum Kranken, Unfruchtbaren und Lächerlichen hin deformiert. Hoffmann deutete das nur an. Bei Mann und Kafka aber führt das Missverhältnis ins Groteske, Surreale und Absurde.

Der Sandmann und *Tristan* sind, anders als *Die Verwandlung*, Künstlernovellen. Im Ausblick auf Gretes „braven Mann" am Schluss der *Verwandlung* lässt sich zwar die eindeutige Entsprechung zum bürgerlichen Glück am Schluss des *Sandmann* erkennen, und Nathanael und Gregor Samsa teilen das Los, auf je eigene Weise aus der Gesellschaft Herausgefallene zu sein. Zu fragen ist aber, ob nicht auch *Die Verwandlung* ein wenig in Verbindung mit der **Künstlerthematik** steht. Vielleicht ist Gregors Metamorphose zum Käfer der groteske Ausdruck dessen, dass ihm als Sohn und Handelsvertreter alles Wünschen und sogar die bloße Ahnung eines seelischen Mangels versagt blieb. Er war gehetzt. Er kam nicht zu sich. Er erlebte nirgendwo Herzlichkeit. Er hat der Schwester Geigenstunden finanziert, ohne selbst Zeit und Sinn für Musik oder Kunst entwickeln zu können. Je mehr er aber die Käfernatur annimmt und lebt, desto menschlicher wird er. Am Abend vor seinem Tod hört er **das Geigenspiel der Schwester** und dieses Mal fühlt er sich davon so angezogen wie noch nie zuvor. Er kann keine Rücksicht mehr nehmen, so sehr treibt es ihn zu ihr hin. Er möchte ihr sagen, wie schön ihr Spiel ist. Er möchte ihr die Hand küssen, sie vor den rohen Zimmerherren retten, sie in sein Zimmer entführen. Eine Art von Besessenheit hat ihn erfasst, und es fällt der Satz: „**War er ein Tier, da ihn Musik so ergriff?** Ihm war, als zeige sich ihm der Weg zu der ersehnten unbekannten Nahrung." Gregor muss so paradox verdreht denken, denn er hat gelernt, dass er als Mensch nichts als ein funktionierendes Teilchen der Arbeitswelt zu sein hat und sich folglich nur ein Tier der Musik und seiner unbestimmbaren Sehnsucht so unbedingt öffnen und hingeben kann. Kafkas Ironie liegt nicht auf der Hand wie die Thomas Manns, sondern sie ist verborgen in solch einer Paradoxie. Musste Gregor also darum ein Käfer werden, damit er am Ende dieses Daseins im Medium der Musik endlich einmal zu seinen innersten Bedürfnissen finden kann wie zu seiner Erlösung? Diese letzte Szene seines Lebens erlaubt es, auch in Gregor den latenten Künstler und einen Bruder Nathanaels zu sehen. Hoffmanns Romantik wirkt also nicht nur auf die Neoromantik *Tristans* ein, sondern sie hat wohl auch Kafka inspiriert.

Grundkurs Deutsch (Hessen) – Übungsaufgabe 5: Textinterpretation

Widerstand

Arbeitsgrundlage:
1. Johann Wolfgang von Goethe, *Feiger Gedanken / Bängliches Schwanken …* (M 1)
2. Thomas Mann, *[Der Herr aus Rom]:* Ein Ausschnitt aus der Erzählung *Mario und der Zauberer* (M 2)

Hintergrundtext:
Heinrich von Kleist: *Prinz Friedrich von Homburg,* insbesondere Szene IV,4

Aufgaben:

1. Erläutern Sie Inhalt, Art und Intention der Goethe-Verse (M 1) und stellen Sie Vermutungen über den geistesgeschichtlichen Hintergrund der darin zum Ausdruck kommenden Haltung an. (25 BE)
2. Fassen Sie den Ausschnitt aus *Mario und der Zauberer* (M 2) inhaltlich zusammen und interpretieren Sie die Szene themenbezogen. (30 BE)
3. Erläutern Sie, was Ihrer Meinung nach den Prinzen von Homburg (in Szene IV,4) befähigt, Nataliens Verführung zur raschen Unterschrift unter den kürfürstlichen Brief zu widerstehen, und vergleichen Sie Homburgs Position mit der des Herrn aus Rom (M 2). (25 BE)
4. Begründen Sie, wessen Beitrag und Auffassung zur Widerstandsfähigkeit des Menschen Sie besonders überzeugt. (20 BE)

Erlaubte Hilfsmittel:
Wörterbuch zur deutschen Rechtschreibung
Thomas Mann: *Mario und der Zauberer*
Heinrich von Kleist: *Prinz Friedrich von Homburg*

Material 1
Johann Wolfgang v. Goethe (1749–1832)

Feiger Gedanken
Bängliches Schwanken,
Weibisches Zagen,
Ängstliches Klagen
Wendet kein Elend,
Macht dich nicht frei.

Allen Gewalten
Zum Trutz sich erhalten,
Nimmer sich beugen,
Kräftig sich zeigen,
Rufet die Arme
Der Götter herbei.

Aus: Goethes Werke, Band 1, Hamburger Ausgabe, hrsg. v. Erich Trunz. Hamburg 1962, S. 134

Material 2
Thomas Mann (1875–1955): [Der Herr aus Rom]
Ein Ausschnitt aus der Erzählung „Mario und der Zauberer"

Thomas Manns Erzählung „Mario und der Zauberer" (erschienen 1929) geht auf ein Urlaubserlebnis im faschistischen Italien des Sommers 1926 zurück. In einem Saal des Strandorts Torre di Venere tritt der Cavaliere Cipolla als Unterhaltungskünstler auf. Allerdings erweist er sich bald als ungewöhnlich starker Hypnotiseur, der einzelne Zuschauer in Trance zu versetzen und zu Gesten und Handlungen zu bewegen vermag, die sie lächerlich machen. Am Ende erschießt ihn der Kellner Mario, da Cipolla ihn dazu verleitet hat, in ihm seine Freundin zu sehen und ihn zu küssen. Schon bei einer vorangegangenen Kartentrick-Nummer hat sich ein junger Mann aus Rom gegen den Zauberer aufgelehnt. Er wollte eine von ihm frei gewählte und nicht die Karte ziehen, die Cipolla ihm suggerieren würde. Er unterlag. Nach der Pause und einem weiteren Bravourstück hat sich der Cavaliere sein Publikum bereits so willfährig gemacht, dass immer mehr Gäste hemmungslos und im wörtlichen Sinn nach seiner Pfeife zu tanzen beginnen. Hier schließt der folgende Textausschnitt an.

Offenbar war das vergnüglich, und es dauerte nicht lange, bis er Zuzug fand und zwei weitere Personen, ein schlicht und ein gut gekleideter Jüngling, zu seinen beiden Seiten den ‚Step' vollführten. Hier nun war es, daß der Herr aus Rom sich meldete und trotzig anfragte, ob der Cavaliere sich anheischig mache, ihn tanzen zu lehren, auch wenn er nicht wolle.

„Auch wenn Sie nicht wollen!" antwortete Cipolla in einem Ton, der mir unvergeßlich ist. Ich habe dies fürchterliche „Anche se non vuole!" noch immer im Ohr. Und dann also begann der Kampf. Cipolla, nachdem er ein Gläschen genommen und sich eine frische Zigarette angezündet, stellte den Römer irgendwo im Mittelgang auf, das Gesicht der Ausgangstür zugewandt, nahm selbst in einiger Entfernung hinter ihm Aufstellung und ließ seine Peitsche pfeifen, indem er befahl: „Balla!“ Sein Gegner rührte sich nicht. „Balla!“ wiederholte der Cavaliere mit Bestimmtheit und schnippte. Man sah, wie der junge Mann den Hals im Kragen rückte und wie gleichzeitig eine seiner Hände sich aus dem Gelenke hob, eine seiner Fersen sich auswärts kehrte. Bei solchen Anzeichen einer zuckenden Versuchung aber, Anzeichen, die jetzt sich verstärkten, jetzt wieder zur Ruhe gebracht wurden, blieb es lange Zeit. Niemand verkannte, daß hier ein vorgefaßter Entschluß zum entschiedenen Widerstande, eine heroische Hartnäckigkeit zu besiegen waren; dieser Brave wollte die Ehre des Menschengeschlechtes heraushauen, er zuckte, aber er tanzte nicht, und der Versuch zog sich so sehr in die Länge, daß der Cavaliere genötigt war, seine Aufmerksamkeit zu teilen; hier und da wandte er sich nach der Bühne und den dort Zappelnden um und ließ seine Peitsche gegen sie pfeifen, um sie in Zucht zu halten, nicht ohne, seitwärts sprechend, das Publikum darüber zu belehren, daß jene Ausgelassenen nachher keinerlei Ermüdung empfinden würden, so lange sie auch tanzten, denn nicht sie seien es eigentlich, die es täten, sondern er. Dann bohrte er wieder den Blick in den Nacken des Römers, die Willensfeste zu berennen, die sich seiner Herrschaft entgegenstellte.

Man sah sie unter seinen immer wiederholten Hieben und unentwegten Anrufen wanken, diese Feste, – sah es mit einer sachlichen Anteilnahme, die von affekthaften Einschlägen, von Bedauern und grausamer Genugtuung nicht frei war. Verstand ich den Vorgang recht, so unterlag dieser Herr der Negativität seiner Kampfposition. Wahrscheinlich kann man vom Nichtwollen seelisch nicht leben; eine Sache nicht tun wollen, das ist auf die Dauer kein Lebensinhalt; etwas nicht wollen und überhaupt nicht mehr wollen, also das Geforderte dennoch tun, das liegt vielleicht zu benachbart, als daß nicht die Freiheitsidee dazwischen ins Gedränge geraten müßte, und in dieser Richtung bewegten sich denn auch die Zureden, die der Cavaliere zwischen Peitschenhiebe und Befehle einflocht, indem er Einwirkungen, die sein Geheimnis waren, mit verwirrend psychologischen mischte. „Balla!“ sagte er. „Wer wird sich so quälen? Nennst du es Freiheit – diese Vergewaltigung deiner selbst? Una ballatina! Es reißt dir ja an allen Gliedern. Wie gut wird es sein, ihnen endlich den Willen zu lassen! Da, du tanzest ja schon! Das ist kein Kampf mehr, das ist bereits das Vergnügen!“– So war es, das Zucken und Zerren im Körper des Widerspenstigen nahm überhand, er hob die Arme, die Knie, auf einmal lösten sich alle seine Gelenke, er warf die Glieder, er tanzte, und so führte der Cavaliere ihn, während die Leute klatschten, aufs Podium, um ihn den anderen Hampelmännern anzureihen. Man sah nun das Gesicht des Unterworfenen, es war dort oben veröffentlicht. Er lächelte breit, mit halb geschlossenen Augen, während er sich ‚vergnügte‘. Es war eine Art von Trost, zu sehen, daß ihm offenbar wohler war jetzt als zur Zeit seines Stolzes …

Man kann sagen, daß sein ‚Fall‘ Epoche machte. Mit ihm war das Eis gebrochen, Cipolla's Triumph auf seiner Höhe; der Stab der Kirke, diese pfeifende Ledergerte mit Klauengriff, herrschte unumschränkt.

Aus: Thomas Mann: Tonio Kröger/Mario und der Zauberer. Frankfurt a. M.: Fischer 1975, S. 118 f.

Hinweise und Tipps

Gedichte der Klassik und Heinrich von Kleists Schauspiel „Prinz Friedrich von Homburg“ gehören zum verpflichtenden Unterrichtsstoff für das Abitur. Goethe schrieb seine beiden Strophen für das Singspiel „Lilie“ 1777/1778, also auf der Schwelle zwischen Sturm und Drang und Klassik. Vielleicht hören Sie darin noch etwas vom Trotz des Prometheus und Faust nachklingen. Das Schauspiel „Prinz Friedrich von Homburg“ von Heinrich von Kleist entstand 1810.

Die Bewertungseinheiten der vier Aufgaben sind fast gleich angesetzt, und auch die von Ihnen erwarteten Fähigkeiten zur textnahen Interpretation, zum Transfer (Vergleich) und zur selbstständigen Reflexion (Erörterung, Begründung) sind etwa gleichgewichtig. Überdenken Sie den Aufgabenzusammenhang und entwerfen Sie eine kurze übergreifende Einleitung, bevor Sie im Einzelnen arbeiten. Besonders das Textblatt zu Aufgabe 2 sollte vorweg mit sparsamen, klaren Markierungen und Stichworten so erschlossen sein, dass auch die sprachliche Gestaltung berücksichtigt ist. Mit der Erarbeitung von M 1 haben Sie eine Argumentationsbasis, die Ihnen Ansätze für die Interpretation von M 2 gibt. Vielleicht ist Ihnen bekannt, dass Hans Scholl, der wie seine Schwester Sophie 1942 hingerichtet wurde, die Verse 7 und 8 an der Wand seiner Zelle im Palais Wittelsbach in München hinterließ. Vom römischen Herrn kann man sich vorstellen, dass es nach seinem Erlebnis in Torre di Venere für ihn hilfreich sein könnte, einmal mit Kleists Prinz von Homburg sprechen zu können!

Aufgabe vier fordert zu Ihrem subjektiven Votum auf. Der Lösungsvorschlag bietet nur eine der möglichen Varianten. Schreiben Sie knapp, aber so, dass der Leser ihren Argumenten gerne folgt, um zu erfahren, wohin Sie tendieren.

Lösungshinweise

Das Thema „Widerstand“ lässt spontan an politischen Widerstand denken. Vermutlich spielt der Gedanke des politischen Widerstands für alle drei Autoren, am deutlichsten wohl für Thomas Mann, eine Rolle, aber sie sind nicht nur darauf festgelegt. Interessant ist, wie unterschiedlich optimistisch oder skeptisch, idealistisch oder realistisch sie sich zu diesem Thema äußern. (Goethe war noch nicht dreißig, als er seinen Text verfasste, Kleist war dreiunddreißig, Mann über fünfzig Jahre alt.)

1. Johann Wolfgang von Goethes Verse, zweimal sechs Kurzzeilen aus jeweils zwei Takten (und immer mit schwungvollem Daktylus einsetzend), lassen sich als verkürztes Gedankengedicht oder als **Spruch** auffassen. Erörtert ist die philosophisch-ethische Frage der menschlichen **Freiheit und Selbstbestimmung**. Die erste Strophe setzt eine These. Ihr Modus ist die Verneinung. Die zweite Strophe zieht aus der These ein Fazit, das zu Rat und **Zuspruch** wird. Das angesprochene Du (V. 6) könnte das des Sprechers selbst sein. Der Spruch wäre dann eine **Selbstermutigung**. Zum Spruchcharakter passen der Nominalstil und die Generalisierung der Aussage durch Pluralbildung und absolute Bejahungen und Verneinungen („Gedanken … Schwanken … Zagen … Klagen … Elend … Gewalten; kein … nicht … Allen … Nimmer“). Der Gedankengang: Es hilft dem, der in einer elenden Lage steckt, gar nichts, wenn er mutlos, ängstlich, unentschieden und lar-

moyant (weinerlich) resigniert. Der Bedrängte soll sich **nicht als Opfer** empfinden und etwa Errettung von außen erwarten, sondern rebellieren. Er soll **zum Tätigen**, zum Handelnden **werden** und dem, was sich ihm feindlich entgegenstellt, stolz und entschieden den Kampf ansagen. Nur wer sich selbst behauptet und sich wehrt, kann Freiheit erlangen und seinem Leben eine neue Richtung geben.

Der deutsche Volksmund hat den sehr populären Rat Goethes auf die Formel verkürzt: „Hilf dir selbst, so hilft dir Gott."

Goethes Text beherzigt den **Auftrag der Aufklärung** zum Mut der Selbstemanzipation. Der Mensch kann sein eigener Souverän werden. Die Hindernisse sind nicht gering: Die Kollektivbildung „Gewalten" (V. 7) bedeutet Übermächtiges. Man kann sich darunter Unglück aller Art, Demütigungen, enttäuschte Hoffnungen, Untreue und vieles andere vorstellen, aber auch soziale Zwänge, Ungerechtigkeit, autoritäre Willkür, politische Intrigen oder die bornierte Adelsherrschaft, unter der Goethes Werther (*Die Leiden des jungen Werther;* 1774) litt. Aber jetzt beflügelt den Autor der Zeilen jugendliche Kraft und vitale Lust auf ein in Freiheit gestaltetes Leben. Das Erleiden hat sich in den trotzigen, fast existenzialistischen **Heroismus** dessen gewandelt, der dem Schicksal die Stirn zu bieten gewillt ist.

2. Der junge Mann in Thomas Manns Erzählung *Mario und der Zauberer,* der sich dem Zauberer Cipolla entgegenstellt, könnte geradewegs von Goethes Versen inspiriert sein. Auch er will „[a]llen Gewalten / Zum Trutz sich erhalten" (V. 7 f.) und sich fremdem Willen nicht beugen. Er fordert Cipolla mit der Frage heraus, ob dieser sich wohl zutraue, auch ihn zum Tanzen zu bringen, selbst wenn er es nicht wolle. Er ist stolz (vgl. Z. 4). Es empört ihn, dass Menschen sich widerstandslos dem fremden Willen unterwerfen und sich zu Marionetten erniedrigen lassen. Der Erzähler nennt ihn etwas ironisch den „Brave[n]" (Z. 18), der sich vorgenommen habe, „die Ehre des Menschengeschlechtes heraus[zu]hauen" (Z. 18 f.), doch er erkennt seine „heroische Hartnäckigkeit" (Z. 18) an. Tatsächlich entwickelt sich in einem Dorfsaal des faschistischen Italien vor den Augen der Menge ein exemplarischer **Zweikampf zwischen Diktatur und Freiheitsanspruch**. Es geht um Sieg und Niederlage. Die **Metaphorik des Kampfes** bestimmt die Episode von Beginn an (ab Z. 8 f.): Die Waffen Cipollas sind seine herrischen Befehle, seine unheimliche Willensstärke und die nicht klar zu erklärende Magie seiner bohrenden Blicke. Seine höhnische Menschenverachtung kommt durch die Peitsche zum Ausdruck, mit der er seine Kommandos wie ein **Raubtierbändiger** begleitet (vgl. Z. 11, 22). Der Klauengriff der Peitsche weist zudem auf die vogelartige **Kirke** (Circe) hin, die in Homers *Odyssee* die Gefährten des Odysseus in Schweine verzauberte (vgl. Z. 50 f.). Der junge Römer setzt alledem nichts anderes entgegen als sein „Nein": seinen „vorgefaßte[n] Entschluß zum entschiedenen Widerstande" (Z. 17 f.). Er versteift sich zur „Feste" (Z. 29), wird zur „Willensfeste", die der Feind berennt (Z. 26). Der Kampf ist schwer. Seine Glieder zucken, aber er zwingt sich immer wieder zur Standhaftigkeit.

Aber **Cipolla** hat noch einen Pfeil im Köcher, den Goethe nicht erwähnt. Er **operiert psychologisch**. Er unterhöhlt den Opponenten „seiner Herrschaft“ (Z. 26) psychisch. Der Wille zur Freiheit ist ein **Akt des Geistes** und ein Gebot der Moral. Cipolla dagegen appelliert an den Willen der Glieder (vgl. Z. 38 ff.). Er spricht den jungen Herrn an, nennt dessen Kampf eine Selbstquälerei und Selbstvergewaltigung (Z. 39) und redet ihm mit geheucheltem Mitgefühl gut zu, sich doch endlich das „Vergnügen“ eines Tänzchens zu gönnen. Freiheit entspringt der Idee des vernünftigen Individuums, des Einzelnen, der sich selbst zu verantworten und zu beherrschen bereit ist. Aber es ist anstrengend, sich selbst zu verantworten und ‚nimmer sich zu beugen‘. Der Mensch trägt schwer an seiner Würde, denn sie vereinzelt und trennt. Bequemer ist es, dem **körperlichen Bedürfnis nach Entspannung**, Bewegung und Tanz nachzugeben, nicht zu wollen, sondern sich dem Kollektiv anzupassen wie ein Schwarmfisch im Schwarm und sich führen zu lassen. Cipolla, der raffinierte Rattenfänger, bezwingt also seinen Gegner nicht nur von außen, sondern er **verführt** ihn dazu, den geistigen Kraftakt des Widerstandes zugunsten der eigenen vegetativen Bedürfnisse aufzugeben: Der junge Römer bringt sich also selbst zum Einsturz. In dem Augenblick, in dem er sich endlich dem Tanzen hingibt, lächelt er „breit“ (Z. 46). Das ist ein peinliches Glück für einen Freiheitshelden. Aus dem stolzen Ehrenmann ist ein Hampelmann unter „anderen Hampelmännern“ geworden (Z. 45).

Thomas Mann beschreibt also die **tragische Schwäche des reinen Willens** zum Widerstand. Der Erzähler vermutet, dass man vom ethischen oder intellektuellen Nichtwollen alleine seelisch nicht leben könne (vgl. Z. 32 f.). Man muss wohl nicht nur wissen wogegen, sondern auch wofür man kämpft, und vermutlich muss man auch Halt an Gleichgesinnten finden und von starken Affekten geleitet sein. (Mario, der Kellner, kann Cipolla keine Minute lang widerstehen, ihn aber wohl im Affekt erschießen.)

3. Hat es **Prinz Friedrich von Homburg** leichter oder schwerer als der junge römische Herr? Auch er wird zum Nachgeben verlockt. Aber es lockt ihn kein bösartiger Cavaliere, sondern die geliebte Freundin und die Versuchung im Brief seines kurfürstlichen Herrn, mit einem Federstrich frei sein zu können. Denn Homburg, dem Sieger von Fehrbellin, ist seit Kurzem die Selbstbestimmung genommen, für die der junge Römer eintritt: Er ist ein **Gefangener**. Der Prinz hat eigenmächtig und verfrüht in die Schlacht von Fehrbellin eingegriffen und wurde darum entwaffnet und zum Tode verurteilt. Aber nun empfängt er von Natalie den Brief des Kurfürsten, der an sein Rechstgefühl appelliert: Wenn der Prinz das über ihn verhängte Urteil für ein Unrecht ansehe, so wolle er das Urteil kassieren, schreibt der Kurfürst, so sei Homburg wieder ein freier Mann. Homburgs Motivation zum Handeln ist ungleich elementarer als die des Cipolla-Gegners, denn er kämpft nicht für ein Prinzip, sondern ihn drängt der **Lebenstrieb** dazu, alles zu tun, was ihm das pure Dasein zu retten verspricht. Das Todesurteil hat ihn in kreatürliche **Todesangst** gestürzt. Unwürdig hat er um sein Leben gebettelt. Er ist zynisch und

bitter und daher voller Affekte. Er will im Kurfürsten seinen Gegner sehen und bezichtigt ihn der Willkür und der Flucht aus der Verantwortung.

Aber gerade weil Natalie, die Zeugin seiner Verzweiflung und Todesangst war, jetzt zur Eile treibt, hält er inne und tut, wovon Goethe abrät: Er setzt an zur Unterschrift und zögert, prüft den Briefinhalt, verwirft seine erste Antwort und will sich besser bedenken. Mit kühlerem Blut findet er heraus, dass er – ähnlich wie der römische Herr am Ende, der sich dessen aber nicht bewusst wird – **mit** niemandem als **sich selbst im Widerstreit** liegt. So ringt er sich **zu einer sittlichen Haltung** durch. Der römische Herr hat sein Bedürfnis nach Entspannung mit seinem Stolz bezahlt; Prinz Friedrich von Homburg widersteht der nackten Todesangst als Edelmann. Er richtet sich innerlich wieder auf und erkennt seine Verurteilung als Notwendigkeit eines gerechten Staates und Kriegsrechts an. Und in diesem Punkt hat er es leichter als der junge Römer, denn seine Kampfposition ist nicht die der Negativität, sondern die der konkreten Utopie eines reformierten Staates aus Freien und Gleichen, der den fremden Eroberer aus dem Land treiben wird. Auch die Anwesenheit der Freundin macht es ihm letztlich leichter als dem isolierten jungen Mann in Torre di Venere, denn er weiß sich mit ihr einem Kreis edler Menschen zugehörig, die ihm ein Maßstab sind.

4. Goethes Spruch hat etwas Mitreißendes, Taghelles und Festes. Für ein romantisches Sehnen nach einem höheren Sinn ist darin kein Raum, sondern ihn bestimmt das klare Ja zu einem tätigen Leben in seiner Diesseitigkeit. Wiederzuerkennen ist die Haltung Fausts, der sich zur Erde als Quelle aller seiner Freuden und Leiden bekennt (Vers 1 660 ff.).

   Aber auch der Prinz von Homburg nimmt für sich ein, da er die seelische Achterbahnfahrt, auf die ihn sein Dichter schickt, so menschlich besteht. Eben weil er keine Idealgestalt, sondern ein hochfahrender, ehrgeiziger, schwankender, irrender, lächerlich verwirrter, heftiger und plötzlich ganz zerstörter Held und Träumer ist, der sich dennoch wieder aufzurichten versteht, geht auch von ihm Ermutigung und Kraft aus. Kleists Held hat trotz aller Fragwürdigkeit ein großes Herz; das macht ihn liebenswürdig.

   Ganz anders sieht es bei Thomas Mann aus. Während Kleist im Zusammenhang seines Schauspiels viel differenzierter gestalten kann, gibt Mann mit dem Kampf zwischen Cipolla und dem jungen Römer nur eine Skizze, die erschreckt. Der Erzähler ist skeptisch und steht trotz einiger Sympathie nicht hinter seinem Helden wie Kleist. Seit Cipolla dessen Herausforderung mit seinem „fürchterliche[n]" „Anche se non vuole!" (Z. 7 f.: „Auch wenn du nicht willst!") angenommen hat, glaubt er nicht mehr an die Widerstandskraft des Freiheitsgedankens. Das Fatale an Manns Skizze ist das Erscheinungsjahr 1929: Gegen Ende der schwachen Weimarer Republik also sieht der Schriftsteller nicht nur das Volk dem Nationalsozialismus anheimfallen, sondern auch dessen an sich ehrenwerte Gegner. Mit den Mitteln der Literatur gibt er eine illusionslose Zeitanalyse.

Grundkurs Deutsch (Hessen) – Übungsaufgabe 6: Textinterpretation

Liebe und Liebelei. Beziehungen zwischen Mann und Frau im Vergleich

Textgrundlage:
Arthur Schnitzler, *Liebelei*; Szene aus Akt II (gekürzt)

Hintergrundtext:
Goethe, *Faust I*, Gretchentragödie: besonders die Szene „Abend" (V. 2686–2804)

Aufgaben:

1. Interpretieren Sie Schnitzlers Szene:
   - Charakterisieren Sie Fritz und Christine und ihre Beziehung zueinander aus der szenischen Gestaltung heraus.
   - Beziehen Sie insbesondere die Analyse der Sprache und der Kommunikationsabläufe in Ihre Interpretation mit ein. (45 BE)

2. Erläutern Sie im Vergleich von Fritz und Christine mit Faust und Gretchen an einigen wesentlichen Merkmalen, in welche Richtung Schnitzler das Sturm-und-Drang-Thema abgewandelt hat.
   Vergleichen Sie auch die jeweilige Rolle, die das Zimmer der Protagonistin für Faust beziehungsweise für Fritz spielt (in *Faust*: V. 2685–2728). (40 BE)

3. Erörtern Sie: Ist für Sie Gretchens oder Christines Schicksal ergreifender? (15 BE)

Erlaubte Hilfsmittel: ein Wörterbuch der deutschen Rechtschreibung; Goethe, *Faust*

Arthur Schnitzler (1862–1931)
Liebelei, Szene aus Akt II (gekürzt)

Die Erstaufführung von „Liebelei" 1895 am Burgtheater Wien brachte für Schnitzler den Durchbruch als Bühnenautor.

Kontext: *Fritz Lobheimer, ein eleganter junger Mann der Wiener Gesellschaft, unterhält eine Liebesbeziehung zu einer verheirateten Dame. Um ihn davon abzubringen, hat ihn sein Freund Theodor mit Christine bekannt gemacht, einem „süßen Mädel" aus der Vorstadt, der Tochter eines Orchestergeigers.*
Das Verhältnis zu der Dame wird entdeckt; ihr Ehemann fordert Fritz zum Duell. Fritz ahnt, dass er fallen wird. Am Abend vor dem Duell vereinbart er mit Christine, die von alledem nichts erfahren soll, ein Treffen. Da er nicht kommt, kehrt Christine traurig in ihr Zimmer zurück. Die hier anschließende (gekürzt gegebene) Szene ist der Höhepunkt des Stückes.

FRITZ *ist eingetreten.*
FRITZ Guten Abend!
CHRISTINE *aufjubelnd* Fritz, Fritz! *Ihm entgegen, in seine Arme.*
[…]
FRITZ *sich losmachend* Aber –
CHRISTINE Alle sagen, daß du mich verlassen wirst! Nicht wahr, du tust es nicht – jetzt noch nicht – jetzt noch nicht …
FRITZ. Wer sagt denn das? … Was hast du denn … *Sie streichelnd* Aber Schatz … Ich hab' mir eigentlich gedacht, daß du recht erschrecken wirst, wenn ich plötzlich da hereinkomme. –
CHRISTINE Oh – daß du nur da bist!
FRITZ Geh, so beruhig' dich doch – hast du lang auf mich gewartet?
CHRISTINE Warum bist du denn nicht gekommen?
FRITZ Ich bin aufgehalten worden, hab' mich verspätet. Jetzt bin ich im Garten gewesen und hab' dich nicht gefunden – und hab' wieder nach Haus gehen wollen. Aber plötzlich hat mich eine solche Sehnsucht gepackt, eine solche Sehnsucht nach diesem lieben süßen Gesichtel …
CHRISTINE *glücklich* Is' wahr?
FRITZ Und dann hab' ich auch plötzlich eine so unbeschreibliche Lust bekommen zu sehen, wo du eigentlich wohnst – ja im Ernst – ich hab' das einmal sehen müssen – und da hab' ich's nicht ausgehalten und bin da herauf … es ist dir also nicht unangenehm?
CHRISTINE O Gott!
FRITZ Es hat mich niemand gesehn – und daß dein Vater im Theater ist, hab' ich ja gewußt.
CHRISTINE Was liegt mir an den Leuten!
FRITZ Also da –? *Sieht sich im Zimmer um* Das also ist dein Zimmer? Sehr hübsch …
CHRISTINE Du siehst ja gar nichts. *Will den Schirm von der Lampe nehmen.*

FRITZ Nein, laß nur, das blendet mich, ist besser so … Also da? Das ist das Fenster, von dem du mir erzählt hast, an dem du immer arbeitest, was? – Und die schöne Aussicht! *Lächelnd* Über wieviel Dächer man da sieht … Und da drüben – ja, was ist denn das, das Schwarze, das man da drüben sieht?

CHRISTINE Das ist der Kahlenberg!

FRITZ Richtig! Du hast's eigentlich schöner als ich.

CHRISTINE Oh!

FRITZ Ich möchte gern so hoch wohnen, über alle Dächer sehn, ich finde das sehr schön. Und auch still muß es in der Gasse sein?

CHRISTINE Ach, bei Tag ist Lärm genug.

FRITZ Fährt denn da je ein Wagen vorbei?

CHRISTINE Selten, aber gleich im Haus drüben ist eine Schlosserei.

FRITZ O, das ist sehr unangenehm. *Er hat sich niedergesetzt.*

CHRISTINE Das gewöhnt man! Man hört's gar nicht mehr.

[…]

FRITZ So … *Stellt die Lampe hin* Ah, und da ist deine Bibliothek. *Setzt sich neben die kleine Bücherstellage.*

CHRISTINE Die schau' dir lieber nicht an –

FRITZ Warum denn? Ah! Schiller … Hauff … Das Konversationslexikon … Donnerwetter! –

CHRISTINE Geht nur bis zum G …

FRITZ *lächelnd* Ach so … Das Buch für Alle … Da schaust du dir die Bilder drin an, was?

CHRISTINE Natürlich hab' ich mir die Bilder angeschaut.

[…]

FRITZ *setzt sich* So gemütlich ist es da! –

CHRISTINE Gefällt's dir wirklich?

FRITZ Sehr … Was ist denn das? *Nimmt eine Vase mit Kunstblumen, die auf dem Tisch steht.*

CHRISTINE Er hat schon wieder was gefunden! …

FRITZ Nein, Kind, das gehört nicht da herein … das sieht verstaubt aus.

CHRISTINE Die sind aber gewiß nicht verstaubt.

FRITZ Künstliche Blumen sehen immer verstaubt aus … In deinem Zimmer müssen wirkliche Blumen stehn, die duften und frisch sind. Von jetzt an werde ich dir … *Unterbricht sich, wendet sich ab, um seine Bewegung zu verbergen.*

CHRISTINE Was denn? … Was wolltest du denn sagen?

FRITZ Nichts, nichts …

CHRISTINE *steht auf, zärtlich* Was? –

FRITZ Daß ich dir morgen frische Blumen schicken werde, hab' ich sagen wollen …

CHRISTINE Na, und reut's dich schon? – Natürlich! Morgen denkst du ja nicht mehr an mich.

FRITZ *abwehrende Bewegung.*

CHRISTINE Gewiß, wenn du mich nicht siehst, denkst du nicht an mich.

FRITZ Aber was red'st du denn?

CHRISTINE O ja, ich weiß es. Ich spür's ja.

FRITZ Wie kannst du dir das nur einbilden.

CHRISTINE Du selbst bist schuld daran. Weil du immer Geheimnisse vor mir hast! … Weil du mir gar nichts von dir erzählst. – Was tust du so den ganzen Tag?

FRITZ Aber Schatz, das ist ja sehr einfach. Ich geh' in Vorlesungen – zuweilen – dann geh' ich ins Kaffeehaus … dann les' ich … manchmal spiel' ich auch Klavier – dann plauder' ich mit dem oder jenem – dann mach' ich Besuche … das ist doch alles ganz belanglos. Es ist ja langweilig, davon zu reden. – Jetzt muß ich übrigens gehn, Kind …

CHRISTINE Jetzt schon –

FRITZ Dein Vater wird ja bald da sein.

CHRISTINE Noch lange nicht, Fritz. – Bleib noch – eine Minute – bleib noch –

FRITZ Und dann hab' ich … der Theodor erwartet mich … ich hab' mit ihm noch was zu sprechen.

CHRISTINE Heut?

FRITZ Gewiß heut.

CHRISTINE Wirst ihn morgen auch sehn!

FRITZ Ich bin morgen vielleicht gar nicht in Wien.

CHRISTINE Nicht in Wien? –

FRITZ *ihre Ängstlichkeit bemerkend, ruhig – heiter* Nun ja, das kommt ja vor! Ich fahr' übern Tag weg – oder auch über zwei, du Kind. –

CHRISTINE Wohin?

FRITZ Wohin? … Irgendwohin – Ach Gott, so mach' doch kein solches Gesicht … Aufs Gut fahr' ich zu meinen Eltern … na … ist das auch unheimlich?

CHRISTINE Auch von denen, schau, erzählst du mir nie!

FRITZ Nein, was du für ein Kind bist … Du verstehst gar nicht, wie schön das ist, daß wir so vollkommen mit uns allein sind. Sag, spürst du denn das nicht?

CHRISTINE Nein, es ist gar nicht schön, daß du mir nie was von dir erzählst … Schau, mich interessiert ja alles, was dich angeht, ach ja … alles – ich möcht' mehr von dir haben als die eine Stunde am Abend, die wir manchmal beisammen sind. Dann bist du ja wieder fort, und ich weiß gar nichts … Da geht dann die ganze Nacht vorüber und ein ganzer Tag mit den vielen Stunden – und nichts weiß ich. Darüber bin ich oft so traurig.

FRITZ Warum bist du denn da traurig?

CHRISTINE Ja, weil ich dann so eine Sehnsucht nach dir hab', als wenn du gar nicht in derselben Stadt, als wenn du ganz woanders wärst! Wie verschwunden bist du da für mich, so weit weg …

FRITZ *etwas ungeduldig* Aber …

CHRISTINE Na schau, es ist ja wahr!

FRITZ Komm daher, zu mir *Sie ist bei ihm* Du weißt ja doch nur eins, wie ich – daß du mich in d i e s e m Augenblicke liebst … *Wie sie reden will* Sprich nicht von Ewigkeit. *Mehr für sich* Es gibt ja vielleicht Augenblicke, die einen Duft von Ewigkeit um sich sprühen. – … Das ist die einzige, die wir verstehen können, die einzige, die uns gehört … *Er küßt sie. – Pause. – Er steht auf. – Ausbrechend* O, wie schön ist es bei dir, wie schön! … *Er steht beim Fenster* So weltfern ist man da, mitten unter den vielen Häusern … so einsam komm' ich mir vor, so mit dir allein … *Leise* so geborgen …

CHRISTINE Wenn du immer so sprächst … da könnt' ich fast glauben …

FRITZ Was denn, Kind?

CHRISTINE Daß du mich so lieb hast, wie ich's mir geträumt hab' – an dem Tag, wo du mir den ersten Kuß gegeben hast … erinnerst du dich daran?

FRITZ *leidenschaftlich* Ich hab' dich lieb! – *Er umarmt sie; reißt sich los* Aber jetzt laß mich fort –

CHRISTINE Reut's dich denn schon wieder, daß du mir's gesagt hast? Du bist ja frei, du bist ja frei – du kannst mich ja sitzen lassen, wann du willst … Du hast mir nichts versprochen – und ich hab' nichts von dir verlangt … Was dann aus mir wird – es ist ja ganz einerlei – ich bin doch einmal glücklich gewesen, mehr will ich ja vom Leben nicht. Ich möchte nur, daß du das weißt und mir glaubst: Daß ich keinen lieb gehabt vor dir, und daß ich keinen lieb haben werde – wenn du mich einmal nimmer willst –

FRITZ *mehr für sich* Sag's nicht, sag's nicht – es klingt … zu schön …

Es klopft.

FRITZ *schrickt zusammen* Es wird Theodor sein …

CHRISTINE *betroffen* Er weiß, daß du bei mir bist –?

In: Arthur Schnitzler: Freiwild. Dramen 1892–1896 (Band 2 von: Arthur Schnitzler: Das dramatische Werk. In chronologischer Ordnung). Frankfurt am Main: Fischer Taschenbuch Verlag 1994, S. 161–166 (Fischer Taschenbuch Band 11502)

Hinweise und Tipps

1. ***Aufgabenart:*** *Textinterpretation*
2. ***Voraussetzungen gemäß Lehrplan:*** *Klassische Dramatik (12.1) und die Beschäftigung mit einem Drama des Naturalismus oder der Jahrhundertwende (12.2) sind verbindlich zu behandeln. „Faust" ist Pflichtlektüre. Kommunikationsanalyse ist während der Qualifikationsphase insgesamt Unterrichtsgegenstand. – Die Gretchenszenen können als bekannt vorausgesetzt werden. Schnitzlers Szene wird als unbekannter Text gegeben.*
3. ***Tipps:*** *Die Aufgabe hat zwei fast gleichgewichtige Teile: die Interpretation der (vermutlich) unbekannten Szene (Teilaufgabe 1) ist, als Grundlage für den anschließenden Vergleich (Teilaufgabe 2), noch etwas gewichtiger als der weiterführende Gesichtspunkt. Angesichts der Länge der Szene sollten Sie sehr ökonomisch arbeiten, indem Sie sich zum Beispiel eine Gliederung machen. Dabei hilft, was bei jeder dramatischen Szene von Belang ist: nach ihrer Spannung, ihrem Aufbau und dem Wendepunkt zu suchen. Da die Untersuchung und Interpretation des Schauplatzes eine gesonderte Aufgabe ist (Teilaufgabe 2, zweiter Satz), sollte man diesen Punkt während der Interpretation der Szene so weit wie möglich aussparen; Teilaufgabe 2 legt die Vermutung nahe, dass der Schauplatz zur Charakterisierung der Figuren und ihrer Beziehung zueinander beiträgt. Gesichtspunkte für die kleine Schlusserörterung (Teilaufgabe 3) stellen sich meistens während der Interpretation und des Vergleichs ein: Sie sollten sie sich während der Arbeit an den ersten beiden Teilaufgaben auf einem gesonderten Blatt notieren.*
   In Teilaufgabe 3 ist Platz für Geschmacksurteile und subjektives Dafürhalten. Abwägend sollte etwa zwischen der persönlichen Zuneigung zu den großen exemplarischen Menschenbildern des Idealismus und des klassischen Dramas oder der Bevorzugung der realistischen, psychologisch genau erfassten Alltagsmenschen Schnitzlers entschieden werden. Abzuwägen wäre eventuell zwischen dem, was tragisch ist und in seiner Tragik erhebt, und dem, was unter dieser Schwelle ohne Fallhöhe und Katharsis im Stimmungshaft-Untragischen bleibt und den Leser lediglich mitleidig stimmt.

Lösungsvorschlag

1. In einer langen Szene in Arthur Schnitzlers Theaterstück *Liebelei* nimmt der Protagonist Fritz Lobheimer von seiner Freundin Christine Abschied. Das Stück spielt im Wien des Fin de siècle kurz vor der Jahrhundertwende. Fritz hat eine Affäre mit einer Dame der Gesellschaft. Ihr Gatte hat ihn deswegen zum Duell gefordert. Das Vorstadtmädchen Christine weiß nichts von der anderen Frau und dem am nächsten Tag bevorstehenden Duell; sie weiß nicht, dass Fritz Abschied von ihr nimmt. Sie freut sich nur unbändig, dass er zu ihr gekommen ist und sie sehen will. Sie glaubt, sich freuen zu dürfen, obgleich es der Abschied für immer ist; das ist die Ironie, die über der ganzen Szene schwebt.
   Fritz und Christine gehören nicht nur unterschiedlichen gesellschaftlichen Schichten Wiens an, sondern haben auch **ganz unterschiedliche Gesprächsvorausset-**

zungen und Nebengedanken. Im Dialog wird deutlich, wie sehr sie aneinander vorbeireden und -denken.

Christine liebt Fritz seit ihrem ersten Kuss von ganzem Herzen (Z. 124). Sie hat immer Sehnsucht nach ihm, sobald er weg ist (Z. 108). *[A]ufjubelnd* (Z. 3) stürzt sie sich in seine Arme, als er eintritt. Zugleich weiß sie, dass sie nicht verlobt sind, dass Fritz frei ist und sie sitzen lassen kann, wann immer es ihm passt (Z. 127 f.). Am Anfang und am Ende der Szene bringt sie diese Befürchtung zum Ausdruck, die an ihr nagt, weil auch die Leute – *alle* – diese Beziehung als nicht von Dauer einschätzen (Z. 6 f.). Sie ahnt, dass sie, wie der Titel sagt, nur eine *Liebelei* und nichts Ernstes für Fritz ist, und würde so gern das Gegenteil hören. Sie ahnt auch, dass er eine Art Doppelleben führt und *immer Geheimnisse* vor ihr hat (Z. 76), und bittet ihn, mehr von seinem Leben zu erzählen. Weil sie ahnt, dass er gefühlsmäßig ganz anders zu ihr steht als sie zu ihm, ist sie unsicher, ängstlich und von seinen Liebesbeteuerungen abhängig. Als er am Anfang versichert, es vor Sehnsucht nach ihr nicht mehr ausgehalten zu haben (Z. 16 f., 21 f.), kann sie ihr Glück kaum fassen (Z. 18 und 23: *O Gott!*). Als er sie gegen Ende plötzlich von sich aus umarmt und nachdenklicher als sonst wird, ist ihr *fast* (Z. 121), als liebte er sie wirklich. Aber dann klopft Fritz' Freund Theodor an – vermutlich um Einzelheiten des Duells mit ihm zu besprechen. Die in seiner Person hereinbrechende Außenwelt zerstört die Intimität und Christines Illusion von Glück; sie steht *betroffen* (Z. 137), weil sie begreift, dass der Freund mehr weiß als sie, dass ‚draußen' etwas wichtiger ist als sie und dass es nicht spontanes Verlangen von Fritz, sondern eine Absprache zwischen ihm und dem Freund war, sie kurz zu besuchen.

Wie **Fritz** wirklich zu Christine steht, wird nicht ganz klar. Er schwankt gefühlsmäßig, macht sich aus ihrer ersten Umarmung gleich wieder los (Z. 5), weiht sie in nichts ein, was ihn innerlich bewegt, sondern speist sie mit Gleichgültigem ab (Z. 78 f.); aber am Ende wird er ganz leidenschaftlich (Z. 113 ff.). Zwischendurch wird ihm das bevorstehende Duell bewusst. Das Stichwort heißt: *morgen*. Als er beschließt, ihr morgen und in Zukunft frische Blumen zu schicken (Z. 62 ff.), unterbricht er seinen Satz (Z. 64) und widerruft sein Versprechen (Z. 69), weil ihm einfällt, dass er morgen vielleicht schon tot ist. Ihm fällt die Verabredung mit Theodor ein; er weiß: *Jetzt muß ich [...] gehn* (Z. 81 f.). Seine Todesahnung spricht aus allen folgenden Sätzen: *Ich bin morgen vielleicht gar nicht in Wien* (Z. 91), *Ich fahr' [...] weg* (Z. 94 f.), *Irgendwohin* (96).

Das sind eigentlich triviale Sätze. Aber Christine hat ein Gespür dafür, dass da etwas unheimlich ist (Z. 93 ff.), sie kennt nur keinerlei Zusammenhang. Um so merkwürdiger ist, dass sie mit ihrer Angst, verlassen zu werden, genau die Wahrheit trifft. Schnitzler legt den Dialog so an, dass Fritz und der Leser den Doppelsinn ihrer Worte verstehen, von denen sie selber nur die eine Bedeutung, die des um einer anderen willen verlassenen Liebchens kennt und fürchtet. Wenn sie nichts von ihm erfährt, komme es ihr so vor, sagt sie, als ob er *[w]ie verschwunden* sei, *so weit weg* (Z. 109 f.). Damit spricht sie wie von einem Toten und weiß es nur noch nicht.

Schnitzler gestaltet den Dialog also so, dass die Missverständnisse und Doppeldeutigkeiten ihn spannend machen und gleichzeitig die soziale Kluft und Fremdheit zwischen Mann und Frau charakterisieren.

2. Manches in der Beziehung zwischen Fritz und Christine erinnert an die Beziehung zwischen **Faust und Gretchen**. In beiden Fällen sind es Beziehungen zwischen sozial und intellektuell ungleichen Partnern: Es sind asymmetrische Beziehungen. In beiden Fällen hat ein gebildeter, überlegener Mann sich ein einfaches Mädchen als Freundin ausgesucht. Die Mädchen lieben und bewundern diese Männer und werden durch ihr Hingabe sehr unglücklich.
Auch für Faust ist die Liebe zu Margarete nur eine Episode, dennoch liebt er sie aufrichtig und entschieden. Er verehrt sie in ihrer Einfacheit und Unschuld, er achtet sie. Weil er sie leidenschaftlich liebt, flüchtet er zwischendurch in Wald und Höhle, um nicht ihr Leben zu zerbrechen. Weil aber Mephisto dahintersteht, nimmt die Tragödie Gretchens ihren Lauf. Am Ende greift Gott ein, eine Stimme von oben, die Gretchen für gerettet erklärt. Goethe zeigt also seine Menschen zwischen himmlischen und höllischen Mächten. Er zeigt auch, wie sehr die enge Moral und üble Nachrede der Gesellschaft die unehelich schwangere Frau ins Verderben treibt, denn ohne die panische Angst vor der Gesellschaft hätte Gretchen ihr Kind nicht umgebracht. Der junge Goethe der Sturm und Drang-Zeit und des *Urfaust* ergreift also Partei für Gretchen und klagt die Gesellschaft seiner Zeit an.

Christine ist nicht schwanger und fürchtet den Verlust des guten Rufes durch das Gerede der Leute nicht. *Was liegt mir an den Leuten!,* sagt sie ziemlich wegwerfend (Z. 26). Auch ein Gott oder ein Teufel nehmen keinen Einfluss. Schnitzlers Menschen scheinen ohne Oben und Unten allein für sich einstehen zu müssen. Sie wirken deshalb etwas flacher als Goethes Figuren. Die Szene aus *Liebelei* wirkt nicht so dramatisch und tragisch wie die sich entwickelnde Gretchenhandlung. Die Gesellschaft um 1900 herum scheint so beschaffen zu sein, dass unstandesgemäße Beziehungen ohne Schuldgefühle und ohne soziale Ächtung lebbar geworden sind. Aber es gibt leider auch keine echte Liebe. Christine ist nicht tragisch; aber sie ist *traurig,* wie Fritz bemerkt (Z. 107). Nach außen geschieht nichts Großes. Aber dass Fritz Christine gar nicht liebt, dass er wegen einer anderen sterben wird und nicht einmal davon reden kann, – dass Christine in ihrer Liebe einsam und irgendwie missbraucht und getäuscht zurückbleiben wird, das ist vielleicht noch viel schlimmer – und eben trauriger, deprimierender – als das Schicksal Gretchens im *Faust.* Christine wird nicht *gerettet* und auch nicht verdammt; sie bleibt nur irgendwie unbeachtet am Weg liegen. Sie ist nur das *Kind,* der *Schatz* auf Zeit, das Mädchen mit dem *süßen Gesichtel* (Z. 60, 94, 122 sowie 8 und 17), während Gretchen von Faust in ihrer eigenen Würde anerkannt wird. Der Vergleich, **wie beide Männer auf die einfachen kleinbürgerlichen Zimmer der Mädchen reagieren**, zeigt den Unterschied. Goethe gestaltet zu diesem Zweck eine in sich abgeschlossene Szene. Bei Schnitzler ist die Musterung des Zimmers (Zeilen 27 bis 64) wie eine eigene Szene in die Szene eingelassen.

Fritz scheint gar nicht richtig hinzuschauen. Er will nicht zuviel Licht (Z. 29 f.), lobt in die Dunkelheit hinein, was nicht zu sehen ist – *Und die schöne Aussicht!* (Z. 31 f.); *ja, was ist denn das, das Schwarze, das man da drüben sieht?* (Z. 32 f.) –, macht also leere Komplimente und romantisiert das Dachzimmer, das tatsächlich über einer Gasse mit lauten Werkstätten liegt (Z. 38 ff.). Er mustert die Bücher und unterstellt Christine, sich im fragmentarisch vorhandenen Lexikon nur für die Abbildungen zu interessieren. Er findet schrecklich spießig, dass sie Kunstblumen in der Vase hat, nennt das Zimmer aber „gemütlich" (Z. 55). Das hört sich alles so widersprüchlich und achtlos an, dass sein Interesse geheuchelt erscheint. Wenn das Zimmer Ausdruck der Besitzerin und Symbol für ihr Wesen ist, dann ist ihm Christine ebenso wenig Aufmerksamkeit wert wie ihr Raum. – Dramaturgisch leiten die Kommentare von Fritz über das Zimmer (besonders über die Kunstblumen) zum eigentlichen Thema der Gesamtszene über, indem deutlich wird, wie sehr Fritz im Grunde mit seinen Gedanken bei sich und dem Duell ist.

Faust wollte unbedingt in Gretchens Zimmer, um im Vorgenuss des Liebesabenteuers schwelgen zu können. Weil Goethe ihn aber mit feinen Sinnen ausgestattet hat, nimmt er in ihrer kleinen reinlichen Stube Gretchens Atmosphäre wahr. Er ist gebannt und – nicht nur zum Schein, sondern glaubwürdig bis ins Innerste – angerührt von der Schlichtheit und Stille des Raumes. Er nimmt sich die Zeit, sich vorzustellen, wie Gretchen hier aufgewachsen ist. Er sieht den Sand auf dem Fußboden, die Decke auf dem Tisch, den alten Ledersessel und Gretchens Bett und ist so ergriffen, dass er von *Heiligtum* und *Himmelreich* spricht. In Gretchens Zimmer ist nichts Dekoratives, Künstliches oder Zufälliges wie bei Christine; alles scheint wesentlich und Ausdruck ihrer selbst zu sein. Schon allein Gretchens Zimmer durchkreuzt Mephistos Pläne. Faust kam, *um so gerade zu genießen;* aber jetzt spürt er Innigkeit und Verehrung und möchte Reißaus nehmen.

3. In gewissem Sinne verherrlicht Goethe – wie Faust – das einfache Mädchen. Ich sehe auch in dieser Zuneigung zum ‚Kind aus dem Volke' ein Kennzeichen der Sturm und Drang-Epoche, in der man Volkslieder zu sammeln begann und mit Rousseau von der Unschuld der Kinder und der einfachen Menschen schwärmte, die dem Ursprung näher seien als die Gebildeten, die man als Verbildete betrachtete, die zudem ihre moralische Unschuld verloren hätten.

   Gretchens (Margaretes) Schicksal ist mir aus dem Zusammenhang der gesamten Gretchentragödie bekannt. Die Gestalt Gretchens konnte dadurch lebendig werden, sodass ich ihre Verlegenheit und Schüchternheit am Anfang und dann ihre Fröhlichkeit gut nachvollziehen konnte. Man konnte den Moment nachvollziehen, in dem Faust für sie unwiderstehlich wurde und sie sagt: *Mich überläuft's!* Danach musste alles, wie in jeder Tragödie, notwendig in die Katastrophe führen. Am meisten haben mich die Szenen *Dom* und *Zwinger* beeindruckt, weil darin Verzweiflung und Einsamkeit Gretchens voll zum Ausdruck kommen. Sie musste allein und gegen alle anderen mit ihrem Schicksal fertig werden. Ich habe verstanden, wie grausam und unbarmherzig die Gesellschaft zu den so genannten gefalle-

nen Mädchen war. Aber was Goethe anprangert, ist mehr oder weniger historisch geworden, während die von Schnitzler beschriebene Situation nach wie vor gültig ist. Schnitzler zeigt ein vermeintliches Liebespaar eng beieinander und meilenweit voneinander entfernt. Sie sind zusammen und verstehen nichts voneinander. Diese Täuschung und Selbsttäuschung finde ich schlimmer als das große Schicksal von Faust und Margarete.
Ich überschaue nicht, wie sich die Beziehung zwischen Fritz und Christine angebahnt hat. Aber man bekommt mit, dass das Mädchen mit ihrem ganzen Wesen auf diesen Mann eingestellt ist und sogar herausspürt, dass etwas nicht in Ordnung ist. Sie liebt Fritz, während sie für ihn nur eine Ablenkung ist. Er möchte wohl vor dem Sterben noch einmal warmes Leben spüren, so wie einem vor der Hinrichtung das Henkersmahl oder die letzte Zigarette zusteht.
Im Ungleichgewicht zwischen Fritz und Christine sitzt etwas, was mich empört. Fritz kann ihr die wahren Hintergründe seines Stockens und seiner dunklen Rede nicht sagen, weil er sie ja betrogen hat. Äußerlich passiert fast nichts. Innerlich passiert viel, aber es gibt dafür keine Lösungen. Christine wird emotional hin- und hergeworfen. Ihr Hoffen, Resignieren und wieder Hoffen, das sie dann doch und schmerzlicher in die Irre führt als am Anfang, macht mich mitleidig und zugleich wütend. Schnitzler war ja Arzt. Man merkt, wie gut er ein Gewirr von Gefühlen – auch in Fritz – im Dialog vermitteln kann. Das ist moderner und ergreift mich – gerade deshalb, weil es nicht groß und heroisch, sondern irgendwie nur elend und schrecklich und realistisch ist – letztlich doch noch mehr als Goethes Gretchentragödie.

Grundkurs Deutsch (Hessen) – Übungsaufgabe 7: Literarische Erörterung

Normalität – Genialität – Wahn

Textgrundlage:

1. Hermann Kurzke über das Erzählfragment *Lenz* von Georg Büchner
2. Georg Büchner, *Lenz* (der letzte Abschnitt der Wanderung des Protagonisten nach Waldbach)

Aufgaben:

1. Stellen Sie dar, wie Kurzke (M 1) Normalität und Wahn erklärt und auffasst. (20 BE)
2. a) Erörtern Sie, bezogen auf M 2 und Büchners Erzählung insgesamt, ob Lenz eher wahnsinnig oder eher genial zu nennen ist. (30 BE)

   b) Beziehen Sie *Die Verwandlung* in Ihre Erörterung mit ein und vergleichen Sie Gregor Samsas Befinden und seine Problematik mit der von Lenz. (35 BE)
3. Begründen Sie: Sind Sie mit Kurzkes Verständnis von Normalität und Wahn einverstanden? Mit welcher Empfehlung würden Sie einem guten Freund eher Literatur von der Art des *Lenz* oder der *Frau Jenny Treibel* zu lesen geben? (15 BE)

Erlaubte Hilfsmittel:
Wörterbuch zur deutschen Rechtschreibung
Georg Büchner, *Lenz*, in: Georg Büchner: Werke und Briefe. Dtv 1999
Franz Kafka, *Die Verwandlung*. Reclam 1995

Material 1
Hermann Kurzke: Georg Büchner – Geschichte eines Genies

„Bald ging er langsam […], dann ging er mit verzweifelnder Schnelligkeit." Die Normalität ist ein mittelmäßiger Zustand, instabil, zum Wahn nur unscharf abgegrenzt, schwebend zwischen Himmel und Erde wie der Sarg Mohammeds. Es ist nicht weit her mit ihr. Es gibt deshalb ein metaphysisches Recht des Wahns. „Die allgemeinen fixen Ideen, welche man die gesunde Vernunft tauft, sind unerträglich langweilig."[1]

Der Realismus ist eine leistungsfähige Konvention für den Normalfall, aber versagt außerhalb dieser Grenzen rasch. Schon einsam zu sein, schafft im Kopf Sonderwelten und prädestiniert für Wahn. Normalität braucht Gesellschaft. Man nehme irgendeine Komponente des Normalfalls weg, die Gesellschaft, die Gesundheit, die Nahrung, die Freiheit, die körperliche Unversehrtheit, und schon reißt der dünne Faden der Vernunft. […]

Das Irresein kommt, wenn der Widerstand aufhört – wenn der Einsame, der Kranke, der Hungernde, der Gefangene, der Gefolterte sich gefügt haben in die süße Ausflucht des Wahns. Der Wahn ist für sie Wahrheit. Er macht ihre Welt wieder heil und rund, wenn das der sogenannten Vernunft nicht mehr gelingt.

Der Wahn ist die dunkle Seite des Monds, die immer vorhanden ist, auch wenn man mit den Tag-Augen nur die helle Seite sieht. Er ist die Rückseite der Vernunft und erinnert an all das, was vor der Vernunft nicht bestehen kann, aber trotzdem da ist und nur verdrängt wird. […]

Solange Lenz den Wahnsinn noch identifiziert, ist er nicht wahnsinnig. Vielleicht ist er nur genial. Jedenfalls stellt Büchner ihn auf den von ihm selbst formulierten, nicht aus Quellen übernommenen Strecken so dar.

Aus: Hermann Kurzke: Georg Büchner – Geschichte eines Genies. München: C. H. Beck 2013, Auszug aus dem Kapitel zu Lenz, S. 279 und 289.

1 Georg Büchner: *Dantons Tod*, IV. 5. Der Kontext zu dem Zitat: Camille, inhaftiert, hat die Verzweiflung in den Augen seiner Braut gesehen und sagt zu sich selbst: „Der Himmel verhelf' ihr zu einer behaglichen fixen Idee." Daran schließt sich der gegebene Satz an.

Material 2
Georg Büchner: Lenz auf dem Weg nach Waldbach

[…] Gegen Abend kam er auf die Höhe des Gebirgs, auf das Schneefeld, von wo man wieder hinabstieg in die Ebene nach Westen, er setzte sich oben nieder. Es war gegen Abend ruhiger geworden; das Gewölk lag fest und unbeweglich am Himmel, so weit der Blick reichte, nichts als Gipfel, von denen sich breite Flächen hinabzogen, und alles so still, grau, dämmernd; es wurde ihm entsetzlich einsam, er war allein, ganz allein, er wollte mit sich sprechen, aber er konnte, er wagte kaum zu atmen, das Biegen seines Fußes tönte wie Donner unter ihm, er mußte sich niedersetzen; es faßte ihn eine namenlose Angst in diesem Nichts, er war im Leeren, er riß sich auf und flog den Abhang hinunter. Es war finster geworden, Himmel und Erde verschmolzen in Eins. Es war als ginge ihm was nach, und als müsse ihn was Entsetzliches erreichen, etwas das Menschen nicht ertragen können, als jage der Wahnsinn auf Rossen hinter ihm. Endlich hörte er Stimmen, er sah Lichter, es wurde ihm leichter, man sagte ihm, er hätte noch eine halbe Stunde nach *Waldbach*. Er ging durch das Dorf, die Lichter schienen durch die Fenster, er sah hinein im Vorbeigehen, Kinder am Tische, alte Weiber, Mädchen, Alles ruhige, stille Gesichter, es war ihm als müsse das Licht von ihnen ausstrahlen, es ward ihm leicht, er war bald in Waldbach im Pfarrhause. [...]

Aus: Georg Büchner: Werke und Briefe. Dtv 1999, S. 139.

Hinweise und Tipps

Sie kennen die „Verwandlung" von Franz Kafka und Büchners „Lenz" aus dem Unterricht, den vorliegenden Textauszug werden Sie bereits eingehend besprochen haben. Sie werden also nicht mit Unbekanntem überrascht, und beide Materialien sind kürzer als sonst üblich. Unterschätzen Sie aber das Thema nicht, denn zu seiner Bearbeitung haben Sie sich auf beide Erzählungen insgesamt zu beziehen.
Kurzkes Ausführungen (M 1) sind nicht nur inhaltlich wiederzugeben. Sie haben darzustellen, auf welche Weise darin Normalität und Wahn erklärt und gewertet werden. Kurzke schreibt verkürzt. Setzen Sie Fragezeichen, übergehen Sie Ihnen unklare Aussagen nicht, sondern machen Sie sich diese verständlich, so gut Sie können. Es wird nicht erwartet, dass Sie den Geniebegriff und das zugehörige Adjektiv „genial" (M 1, Z. 22) aus der Zeit des Sturm und Drang herleiten; es reicht, ihn so zu nehmen, wie es der Text Ihnen nahelegt. Machen Sie sich Kurzkes Tendenz klar, damit Sie einen Ansatz für Aufgabe 3 haben.
Hüten Sie sich davor, im Umgang mit Material 2 eine textimmanente Interpretation um ihrer selbst willen zu schreiben. Sie kommen ohne Interpretation nicht aus, aber sie ist auf die spezifischen Aufgaben und Fragen des Themas zu beziehen. Ihre Aufgabe besteht also vor allem darin, an sich Bekanntes im Horizont der Themenstellung neu zu durchdenken (den Transfer zu leisten). M 2 fungiert, damit Sie nicht im Luftleeren argumentieren, als Anker und konkreter Ausgangspunkt für die über ihn hinausgehende Erörterung. Zitieren Sie sparsam aus den Lektüren, suchen und blättern Sie also nicht zu viel. (Wenn Sie die Erzählungen hauptsächlich aus zweiter Hand kennen, können Sie die mit 65 BE veranschlagte Aufgabe 2 nicht lösen.)
Der Vergleich (Aufgabe 2b) erfordert Vorarbeit und Zeit. Machen Sie sich auf einem Konzeptblatt zwei Spalten, eine für Lenz, eine für Gregor Samsa; überlegen und notieren Sie, welche Motive in beiden Erzählungen vorkommen und welche Erfahrungen diese ungleichen Helden miteinander teilen. Der wichtigste Vergleichspunkt sollte Ihre Ausführungen eröffnen oder beschließen. (Im Lösungsvorschlag ist er für den Schluss aufgespart.)
Vielleicht finden Sie es unfair, in Aufgabe 3 mit einer dritten Pflichtlektüre konfrontiert zu werden. Aber die Rückbeziehung auf Kurzkes Stichwort „Realismus" und sein Büchner-Zitat werden Sie anregen. Im Urteil sind Sie frei. Wichtig ist die Qualität Ihrer Begründung.

Lösungshinweise

1. Der Literaturwissenschaftler Hermann Kurzke hat – zum 200. Geburtstag des Dichters – eine Büchner-Biografie vorgelegt. Im Kapitel über *Lenz* führt er aus, was für ihn „**Wahn**" heißt und was „**Normalität**". Er definiert diese Gemütszustände nicht wissenschaftlich, weil er davon überzeugt ist, dass sie nicht scharf zu erfassen sind. Er erläutert sie essayistisch und bildhaft.

   Wahn beginnt für Kurzke dort, wo die „gesunde Vernunft" (der gesunde Menschenverstand und Common sense) ihre Herrschaft verliert und das Zuviel oder Zuwenig beginnt (vgl. Z. 1). Denn die Vernunft herrsche, von zwei Seiten her gefährdet, nur in einem kleinen mittleren Bereich des Lebensmöglichen. Kurzke legt Wert darauf zu betonen, wie unsicher dieses Reich der Vernunft und des sogenannten Normalen sei. Indirekt gibt er zu verstehen, dass wir es überschätzen. Was als vernünftig und normal zu gelten hat, bestimme eine „leistungsfähige Konvention" (Z. 7). Kurzke nennt sie mit einem literaturwissenschaftlichen Begriff „Realismus" (Z. 7). Zum Normalfall gehört die gesellschaftliche Einbindung (und damit die Bejahung der Konvention). Schon wer einsam oder isoliert sei, werde anfällig für Wahnhaftes. Wenn Leid oder Zumutung die Vernunft unerträglich überfordern, bietet der Wahn sich als Zuflucht an. Der Wahn erlöst vom Leid. Was jenseits der erwähnten diffusen Grenzen des Normalen beginnt, muss man sich als die Extreme des Lebendigen vorstellen, zum Beispiel als Apathie und Stumpfsinn einerseits und geistige Übererregung oder Exaltation andererseits. Mit dem „metaphysische[n] Recht des Wahns" (Z. 4) meint Kurzke wahrscheinlich, dass zum Menschen das Recht gehört, die Grenzen zu überschreiten, verrückte Ideen zu haben, über das physisch Gegebene hinaus durch unbeweisbare metaphysische Bereiche zu schweifen, Fantasien zu entwickeln und unvernünftig zu sein. Im eingeflochtenen Zitat aus *Dantons Tod* sind die Vorzeichen vertauscht: Gerade die gesunde Vernunft wird darin als fixe Idee (zu verstehen als geistige Beschränktheit), das Vernünftige als „unerträglich langweilig" verspottet.

   Nach dem Bild vom mittleren Zustand und seinen Grenzen setzt Kurzke neu an mit dem Bild von der hellen und dunklen Seite des Mondes, dem die romantische Vorstellung von der Tag- und Nachtseite des Lebens entspricht. Kritisch verwendet er die Lichtmetaphorik der Aufklärung. Die vorhandene Triebstruktur und das Unterbewusste des Menschen, seine irrationalen Träume und Ängste und was die helle Vernunft sonst ins Dunkel abdränge und in ihr Menschenbild nicht integrieren mag, werde für wahnhaft und krank erklärt.

2. a) Georg Büchners *Lenz* ist pathologische Studie und Künstlernovelle. Man kann sie als eine Geschichte über die Gefährdung des Genies lesen, in die auch eigene Erfahrungen des Dichters eingegangen sind. Unter **Genie** muss man sich schlicht das Außerordentliche und außerordentlich Kreative vorstellen. (Büchner ist, laut Untertitel, für Kurzke ein Genie.) Von der ersten Seite von Büchners Erzählung an vermitteln sich die genialischen Züge des Protagonisten, aber die Stärke seines Erlebens wirkt auch beängstigend. Ist Lenz irrsin-

nig? Als Büchner die Aufzeichnungen Oberlins fand, berichtete er von einem Poeten, der „halb verrückt wurde" (Brief Nr. 50). Halb also nur. Die andere Hälfte ist vielleicht sein Genie.

Die Novelle beginnt mit der berühmten Schilderung von Lenz' Gang durchs Gebirge. Lenz ist auf dem Weg zu Pfarrer Oberlin in Waldbach. Er erlebt die Natur in ihren riesigen Dimensionen und ihrer dämonischen Lebendigkeit abwechselnd gelassen und dann wieder tief verstört und aufgewühlt. Gegen Abend beruhigt sich das Wetter. Lenz hat die Passhöhe erreicht. Aber angesichts der Dämmerung und des weiten Blicks, der sich ihm hier auftut, fasst ihn das Grauen. Ihm wird **„entsetzlich einsam"**. „[A]llein, ganz allein" (Z. 6) fühlt er sich in der Unendlichkeit dieser Landschaft. Mit zunehmender Dunkelheit, als alle Konturen zerfließen, steigert sich sein Verlorenheitsgefühl zu panischer **Angst**. Er hat den Eindruck, dass nichts mehr da ist außer ihm. Er erschrickt sich vor seinem plötzlich ohrenbetäubend klingenden Atem und Schritt. Er sieht sich im „Nichts", „im Leeren" (Z. 8) und flieht den Gebirgshang hinunter vor etwas Entsetzlichem hinter ihm, dem er den Namen „Wahnsinn" gibt (vgl. Z. 10 ff.). Lenz fasst die Umgebung und sich darin mit den feinen und reizbaren Nerven des Dichters auf. Er verschmilzt mit den äußeren Vorgängen. Da die äußere Welt in Finsternis versinkt, packt ihn der Horror vor der seelischen und metaphysischen Leere in ihm. Er ist gleichsam durchlässig und schwingt mit wie eine hochsensible Membran. Wahnsinnig ist er, Kurzke zufolge, hier noch nicht, denn **er „identifiziert" den Wahnsinn** (M 1, Z. 21) und will ihm mit Macht entkommen. Abhandengekommen ist ihm aber die Fähigkeit, die ihn bedrängenden Eindrücke als Dichter künstlerisch zu gestalten und zu bannen, und so sucht er Zuflucht bei guten Menschen.

Durch die ganze Erzählung zieht sich die bereits hier sich entfaltende Spannung zwischen **Dunkelheit und Licht**, Unruhe und Beruhigung (Ruhe), Bedrängnis und Erleichterung und, zugespitzt, zwischen Hölle und Himmel. Eine mittlere, ausbalancierte Gemütslage ist Lenz versagt. Mit der hereinbrechenden Nacht (Z. 1 u. 3: „Gegen Abend"; Z. 5: „dämmernd"; Z. 9: „Es war finster geworden") setzt die **Gemütsverfinsterung** ein. Mit dem ersten Aufscheinen der Lichter von Waldbach (ab Z. 12 dreimal „Lichter", „Licht") wird ihm leichter, dann leicht. Dieser durch Wiederholungen eindringliche Stil bringt zum Ausdruck, wie ungeheuer der Alpdruck auf Lenz lastete und wie erlöst er endlich ist. Die innere Festigkeit Oberlins wird ihm künftig zum Halt. Aber in den Nächten (in der Umnachtung!) kehrt die „namenlose Angst" wieder. Sie steigert sich nach dem Besuch Kaufmanns und dem vergeblichen Versuch, ein totes Mädchen zum Leben zu erwecken.

Lenz ist faszinierend und unheimlich in seiner alle Norm sprengenden **Gefühlsintensität** und Vielschichtigkeit. Er spricht mit Oberlin über sanfte, trancehafte Zustände, in denen der Mensch dem innersten Wesen der Natur nahe sein könne. Er sehnt sich nach einer Art pantheistischer Allverbundenheit. Dem soliden Pfarrer geht das Gespräch irgendwann zu weit, und er bricht es ab (vgl.

S. 143). In allem geht Lenz zu weit. Im Kunstgespräch setzt er sich klug und enthusiastisch für eine neue (für Büchners) Poetik ein, aber in den Nächten schluchzt er wie ein Kind. So, wie er sich in die Natur versenken kann, versenkt er sich in Leid und Schmerz der Menschen und macht das **Mitleid** zum Zentrum seines Künstlerevangeliums. Wäre er allmächtig, sagt er Oberlin, würde er „retten, retten, retten" (S. 156). Allmachtsgefühle und Gefühle der Ohnmacht, Schuld und Nichtigkeit werfen ihn hin und her; **die Mitte des Normalen fehlt**. Er ist ein verzweifelter Gottsucher. Da es ihm nicht gelingt, das tote Mädchen zu erwecken, wird er zum Rasenden. Wie ein Prometheus höhnend sagt er sich von seinem Gott los. Etwas Faustisches ist in seiner Verzweiflung; er vernimmt den „Triumph-Gesang der Hölle"; er steht **am Abgrund** des Nihilismus und spürt dennoch in sich die **selbstzerstörerische Lust**, immer wieder in diesen Abgrund zu schauen (vgl. S. 151).

Wenn Lenz sich – wie meistens – seiner prekären psychischen Verfassung bewusst ist, fürchtet er sich vor sich selbst. Er droht sich zu verlieren und fügt sich Schmerzen zu, um wieder zu sich zu kommen. **Er kämpft** mit so krassen Mitteln dagegen an, den Verstand zu verlieren, dass Oberlins Mägde ihn für einen Besessenen halten. Man kann sagen, dass der ungeheure oder unheimliche Reichtum seiner Seele ihn zerreißt und zerstört. Die beiden Attribute ‚ungeheuer' und ‚unheimlich' weisen ebenso in die Richtung des Genialen wie in die des Wahnsinns.

Wiederholte Selbstmordversuche veranlassen Oberlin, Lenz in die Psychiatrie nach Straßburg zu bringen. Am Ende der Novelle scheint es so zu sein, dass die Krankheit Lenz besiegt oder dass er sich ihr gefügt hat (M 1, Z. 14 f.), denn er fühlt jetzt keine Angst mehr und kein Verlangen. In der genialischen Maßlosigkeit war er lebendig. Nun ist sein Geist wie abgestorben.

b) Einen Sturm-und-Drang-Dichter ohne Familienbindung und Einkommen mit einem fleißigen Handlungsreisenden vergleichen zu wollen, klingt selbst wie Aberwitz. Aber es gibt gar nicht so wenige Parallelen zwischen beiden.

Zur Grundirritation des Lenz gehört es, zwischen **Traum und Wirklichkeit** oft nicht unterscheiden zu können. Es macht ihm große Angst, dass irreal und nur ein Traum sein könnte, was gerade vor sich geht. „Er wird sich selbst ein Traum", heißt es gleich anfangs (S. 139), und in der ersten Nacht wird ihm „Alles so traumartig", er klammert sich an die Gegenstände und ihm ist, als sei er **blind**. Als Gregor Samsa, der sonderbare Held in Franz Kafkas Erzählung *Die Verwandlung,* eines Morgens erwacht und erkennt, dass er sich in einen Käfer verwandelt hat, ist gleich mit diesem ersten Satz das **Motiv des Traumes** angeschlagen. Gregor erwacht aus unruhigen Träumen. Er weiß aber sofort, dass es kein Traum ist, was er vorfindet, vergewissert sich, wie Lenz, der realen Gegenstände seines Zimmers und schiebt dann als „Narrheiten" von sich weg, was ihn beunruhigt. Wie für Lenz geraten für Samsa die Kategorien „wirklich" und „unwirklich" in Verwirrung. Auch dem Leser ist die Entscheidung darüber genommen, ob von Wirklichem oder Eingebildetem die Rede ist, denn erzählt wird aus der Perspektive des Helden. Samsa bäumt sich – körperlich und wortwörtlich – dagegen auf, nun ein Käfer zu sein, er will zum Zug und zur Arbeit und ‚normal' sein wie bisher und zwingt seinen Käferkörper unter Qualen in die Senkrechte, um die Tür seines Zimmers zu öffnen.

Und wie Lenz sich fürchtet, blind zu werden und die Fähigkeit zur Kommunikation zu verlieren (er bringt seine Sätze nicht mehr zu Ende; in Selbstgesprächen ist ihm, als hätte eine fremde Stimme mit ihm gesprochen: S. 155), büßt auch Samsa zunehmend sein **Augenlicht und** seine **Sprache** ein: Seine Stimme wird fremd, wird zur „Tierstimme" (S. 29), und er kann sich nicht mehr mit den Seinen verständigen. Lenz ist klaustrophobisch. Er fürchtet sich davor, allein zu sein. Manchmal lastet sogar die Luft schwer auf ihm und ihm wird so eng, dass er ins Freie muss. Samsas **Welt verengt** sich bald ganz auf sein Zimmer, und jeder Ausbruchsversuch wird hart geahndet. **Beide**, Lenz wie Samsa, sind **entsetzlich einsam** und verlieren sich in sich selbst. Keine **Liebesbeziehung** erfüllt sie. Lenz bildet sich ein, seine Freundin ermordet zu haben; Samsa verteidigt als seinen größten Schatz ein von ihm gerahmtes Illustrierten-Foto von einer Frau. Dass auch Samsa, als Käfer, **empfindsam** wird, zeigt sich in der Musikszene. Unwiderstehlich zieht ihn jetzt das Violinspiel der Schwester an, das er früher lediglich finanziert hat.

Der springende Punkt, in dem Lenz und Samsa sich besonders ähnlich sind, dürfte in ihrem **Verhältnis zum Vater** liegen. Die Väter repräsentieren für die Söhne die bürgerliche Ordnung. Es sind starke, die Söhne bedrängende, übermächtige Väter. Sie verlangen von den Söhnen, sich als tüchtige und nützliche Mitglieder der menschlichen Gesellschaft und Arbeitswelt zu bewähren, also den Konventionen (Kurzke) zu entsprechen und normal zu sein. Lenz hat sich von der Familie entfernt und sich irgendwie durchs Leben geschlagen. Da der Arm des Vaters aber bis ins Steintal reicht, Kaufmann ihm Briefe des Vaters überbringt und dann auch Oberlin in ihn dringt, sich dem Wunsch des Vaters zu fügen, heimzukehren und ein Amt anzunehmen, bricht Lenz innerlich zusammen. Die Intervention des Vaters erklärt ihn zum Versager. Ab hier neigt sich alles zur Katastrophe hin. Auch Gregor Samsa bekommt die väterliche Macht zu spüren. Er wird, verfolgt vom Vater, zur Unperson: zum Es.

Gregors Käfersein kann man so deuten, dass er sich auf diese traurige und ihn doch rettende Weise den Forderungen der Vaterwelt einschließlich Chef, Firma und Prokurist eines Tages entzieht. Der Körper hätte dann, psychosomatisch, den Ausweg für die bedrängte Seele geschaffen. Das Schicksal von beiden, von Lenz und Samsa, ist tragisch. Lenz will die Fron der Arbeit nicht auf sich nehmen, Samsa hat sie bis zur Entfremdung von sich selbst getragen. Indem sie sich aber dagegen wehren (indem sich etwas in ihnen dagegen wehrt), werden sie zu **Außenseitern**, die an ihrer Isolation zugrunde gehen. Lenz kämpft und widersteht lange; Samsa überlässt sich früher den neuen Anforderungen seines Käferseins oder ‚der süßen Ausflucht des Wahns' (Kurzke).

Hätte Lenz, der gebildete und komplexe Geist und Dichter, hochmütig auf den schlichten Handlungsreisenden Samsa herabgeschaut? Oder hätte er sich in das Sein auch dieses Geringsten hineinfühlen und ihn als seinen Bruder erkennen können? Kafka und Büchner ergriffen – als Arzt und Jurist – akademische Berufe und konnten ihrer inneren Gefährdung schreibend Herr werden. Sie sind kongenial. Ihre Figuren tragen ihre Gefährdung in sich, aber sie zerbrechen daran.

3. Die meisten Menschen bleiben, denke ich, ihr Leben lang das, was man „normal" nennt. Sie gehen durch Krisen, rasten gelegentlich aus, wissen, was Verzweiflung ist und was Leidenschaft, suchen Therapeuten auf, haben wohl auch den einen oder anderen Knall oder Spleen, aber sie fallen nicht dem Wahnsinn im klinischen Sinne anheim. Sie leben ihr durchschnittliches Leben mit mittelgebirgsartigen Höhen und Tiefen und bleiben insgesamt stabil. Sie meistern es. Normalität halte ich für die Regel, Schizophrenie (Lenz) und andere Formen des Irreseins für die Ausnahme. Es verwundert daher, dass Kurzke den Zustand der Normalität für „instabil" und labil erklärt und sagen kann, dass es „nicht weit her" sei mit ihm. Offensichtlich hat sein Gegenstand (Georg Büchner und *Lenz*) ihn so für sich eingenommen, dass er das Vernünftige als (unsinnige) „Konvention" abwertet und sich die Sichtweise einer literarischen Figur zu eigen macht, die in einer fürchterlichen Ausnahmesituation sarkastisch und bitter (und nicht wirklich ernst gemeint) den Trost des Wahnsinns herbeiwünscht (M 1, Z. 4 ff.). Kurzke scheint Dichtung und Literatur gleichzusetzen, denn was Dichtung bis in die Dimensionen des Absurden hin *(Die Verwandlung)* auslotet, lässt sich nicht wirklich anstreben.

   Kurzke mag die Aufklärung nicht. Die Herrschaft der Vernunft hält er für eine schlimme Diktatur, die das Unvernünftige im Menschen in dunkle Verliese unter Tage wegsperrt. Aber das Unvernünftige in uns, unser Unterbewusstsein, muss gar nicht erst weggesperrt werden. Es ist ja das Dunkle, eben das Unbewusste, das nie aufhören wird, der Vernunft dreinzureden. Zuzugeben ist allerdings, dass die dunklen Quellen, aus denen sich zum Beispiel Kreativität speist, gewaltsam verstopft werden können, wenn zum Beispiel eine zu rigide Erziehung alle Spontaneität verbietet.

   Im Leben bevorzuge ich die nicht zu eng auszulegende Normalität, in der Literatur aber das Außergewöhnliche. Die Höhen und Tiefen, die Lenz durchmisst, sind alpin, obwohl es sich real nur um die Vogesen handelt. Er ist ein Gigant des Empfindens und stößt mit der Stirn an die Sterne. Solche Ausnahmefiguren weiten meinen Blick. Ich fühle mit ihnen und wachse durch sie. Büchner war 22, als er das *Lenz*-Fragment schrieb, und auch die Heftigkeit seiner Figur ist die eines jungen Menschen. Büchner schreibt realistisch und mitreißend. Fontane dagegen war uralt (73), als er *Frau Jenny Treibel* schrieb. Immer bleibt er moderat. Ich mag auch ihn, mag auch seine altersweise und mild ironische Darstellung der Gesellschaft um 1890. Anfangs fand ich die Lektüre allerdings todlangweilig, aber dann hat mich fasziniert, dass nicht Fontane, sondern die dargestellte Gesellschaft todlangweilig ist. Du musst Geduld haben, dich einzulesen, es lohnt sich, würde ich dem sagen, dem ich den Roman hinschöbe. Du wirst darin unsere stumpfe, läppische, arme Welt ohne Himmel und Hölle und wirkliche Liebe wiedererkennen. Du kannst sehen, was aus uns wird, wenn das einzige Ideal die Karriereleiter ist. Aber verschenken würde ich die zwanzig Seiten *Lenz* in einer schönen Extraausgabe und einfach sagen: Lies das mal bitte!

Grundkurs Deutsch (Hessen) – Übungsaufgabe 8: Textanalyse

Generation Golf – Eine Abiturrede

Textgrundlage:
Raoul Schrott, *Der wölfische Hunger – Über das Alter der Jugend*
(Auszug aus der Saarbrücker Rede vom 30. Juni 2004 an die Abiturienten dieses Jahrgangs)

Aufgaben:

1. Fassen Sie den gegebenen Redeauszug in seinen Themen und Kernthesen in eigenen Worten knapp zusammen und analysieren Sie den Text hinsichtlich seiner Struktur, Rhetorik und Intention. (50 BE)

2. Setzen Sie sich kritisch mit einer Sie besonders interessierenden Kernthese Raoul Schrotts auseinander. Beziehen Sie dabei in Ihre Argumentation Fragen nach der geistigen Tradition mit ein, in der Schrott steht – ist er ein Aufklärungsgegner wie …?, ein Romantiker wie …?, doch ein Aufklärer? –, und finden Sie zu einer persönlichen Antwort und Schlussfolgerung. (50 BE)

Erlaubte Hilfsmittel: ein Wörterbuch der deutschen Rechtschreibung

Raoul Schrott
Der wölfische Hunger

Liebe Abiturienten,
viel halte ich nicht von Euch. Und beneide Euch auch nicht. Wenn ich nach einem Schlagwort suchen müßte, um Eure Generation auf einen Nenner zu bringen, würde ich Euch Konformisten schimpfen. Ein paar Jahre älter, und ich sehe Euch schon vollkommen eingegliedert in diese neue Gesellschaftsschicht, die einem überall in den deutschen Fußgängerzonen begegnet: Gel im Haar, Sonnenbrillen auch im Winter, ledrig braun vom wöchentlichen Solarium, Silikonsäcke in der Brust der Frauen, die Männer hart am Waschbrettbauch arbeitend, aber allesamt geistige Bügelbretter. Metrosexuelle in der Nachfolge von in die Jahre gekommenen Yuppies und Singles, androgyn zwischen Anämie und Bulimie, nur den Job im Kopf, den nächsten all-inclusive-Urlaub, Amerika als Traumziel, kulturell zwischen Hollywood und Viva, Schamrasur und Pay-TV als Kick, Naturschutz als Konfessionsbekenntnis, und die politische Haltung von reinen Konsumenten. Eine Generation Golf im Faserland.
[...] Ihr könnt nichts dafür, daß Ihr in einer Ersten Welt aufwachst, die parasitär vom Rest des Globus profitiert; in einem Europa, das von einem so Nahen Osten nicht nur durch ein Mittelmeer getrennt ist; einem Deutschland als Bundesland der USA. Die eigentliche Welt aber beginnt zwei Flugstunden von Frankfurt, mit ihren Milliarden von Menschen, die unter Umständen leben, die Ihr sicherlich zur Genüge in den von Euren aufgeklärten Deutschlehrern gestellten Problemaufsätzen abgehandelt habt. Uns allen aber scheint kaum je bewusst zu sein, daß sich von dort aus betrachtet unsere Zivilisation als reines Artifizium entpuppt. Von einer Reise zurück sieht ganz Europa aus wie ein Vorort von Las Vegas; [...]
Gleich ob durch hausgemachte Klimaerwärmungen oder naturgegebene Eiszeiten, Kriege oder Erdbeben: Existenznot ist der Regelfall. Und der Mensch schon von der Evolution so angelegt, jeder Bedrohung zu trotzen. Auch dann noch, wenn sie einem in der eigenen Spezies begegnet: *homo homini lupus*. Dieses Wölfische ist es, das uns ausmacht. Und sein Hungern in uns – nach allem, Realem und Symbolischem, einem Paradies auf Erden ebenso wie nach Gott im Himmel. Es ist die Ursache aller Aggression, aber auch allen Glücks. Doch weil diesem Glück, unseren Bedürfnissen, Wünschen und Sehnsüchten soviel entgegensteht, sind wir so gebaut, daß wir erst unter widrigen Umständen richtig funktionieren; im Aufbegehren mobilisieren wir all unsere Fähigkeiten, realisieren wir unser ganzes instinktives Potential. Der Erfindungsreichtum, den wir dabei zeigen, nennt sich Kultur: dieses Fell, mit dem wir das Rote an Zähnen und Klauen überdecken und das Wölfische im Bann halten. Es ist eine dünne Haut, ja, wie die Geschichte lehrt, verletzlich und voller Narben, aber auch immer wieder nachwachsend. Doch was, wenn dieses Bindegewebe zu dick wird, die Epidermis unförmig, ledrig hart wird, sich zur Elefantiasis auswächst? Dann sitzen wir als die Dickhäuter, Primaten und Raubtiere, die wir sind, im Zoo, fett und faul hinter Glaswänden, ein Schatten unserer selbst.
Wir leben in einer Zivilisation, in der die Kultur überhand genommen hat und uns mehr, als uns gut tut, vereinnahmt. Die die Natur darunter verdrängt, im Glauben, sie anästhesieren und immunisieren zu können. Sie fabriziert uns jedwede Wirklichkeit industriell vor, normiert und austauschbar wie die Werbetafeln, virtuell und compu-

tergeneriert. Bilder, Bilder, Bilder, in immer schnellerem Schnitt ersetzen uns die Welt, bloße Reizmuster, in unaufhörlicher Abwechslung, die uns Länge mal Breite die Sicht verstellen, Kulissen, bei denen wir vergessen, daß sich hinter ihnen immer nur ein Abgrund öffnet. Diese Art der visuellen Intelligenz hat uns längst zu Analphabeten der eigentlichen Realität werden lassen. Verstädtert, sind wir zu fußmaroden Halbschuhtouristen geworden, die Allrad und GPS brauchen, um am Trottoir zu parken. Zu überleben aber haben wir verlernt. [...] Schmerz ist kein Warnsignal mehr und keine natürliche Gegebenheit, sondern Anlaß zum Aspirin. Alt etwas, das man nicht werden will; und gestorben wird auf der Intensivstation. Sosehr hat sich das Verhältnis von Kultur und Natur verkehrt, daß heute das Unzivilisierte als Luxus gilt – doch selbst das noch ist so gefährdet, daß es in Reservaten und Naturparks eingegrenzt werden muß. Wir brauchen dabei gar nicht einmal an die Steinzeitmenschen Neuguineas zu denken, harmlosere Beispiele dieses Unzivilisierten genügen auch. Stille etwa ist ein höheres Gut geworden als jeder Breitwandfernseher. Dunkelheit ebenso. Noch auf den höchsten Alpengipfeln hört man die Autobahn; und nachts sind vor lauter Lichtverschmutzung kaum mehr Sterne zu sehen. Wozu auch, werdet Ihr vielleicht insgeheim denken; was bringt's? Ein Raumgefühl. Das Bewußtsein, daß hinter allen Pixeln und Symbolleisten etwas steckt, was unauslotbar, unsagbar und unzeigbar ist. Unkontrollierbar. Unheimlich. Angst einjagend, sobald man zweimal hinsieht. Weil da etwas über uns hinausgeht. In eine Leere, in der man sich bloß verlieren kann, um zu einer eigenen Identität zu finden. Mit dem man zu Rande kommen muß, ganz für sich, um Individualität zu erlangen. Benennen kann man diese Leere mit verschiedenen Begriffen: das Heilige, Ewigkeit und Unendlichkeit, Tod, Gewalt und Natur, Pathos, Liebe. Mann, oh Mann! hör ich Euch schon sagen. Und weiß, daß ich nur die Worte auszutauschen brauche: statt dem Heiligen *Madonna* sagen; statt Ewigkeit und Unendlichkeit *Ecstasy* und *200 auf der Autobahn*; statt Gewalt *Arnold Schwarzenegger;* statt Pathos *Ironie;* statt Liebe *Sex* – und schon habe ich wieder Eure Aufmerksamkeit. Im Zweidimensionalen. Im Plakativen. Dem, was sofortige gedankenlose Befriedigung verspricht. Unmittelbaren Lustgewinn. Nichts schlimmeres für Euch als Langeweile. Und nichts Tabuisierteres als das, was in die Tiefe geht: Tod; Gewalt; Gefühle, sobald sie pathetisch werden; sogar Humor, wenn er abgründig wird. Stattdessen habt ihr einen untrüglichen Sinn für das entwickelt, was zeitgeistig ist. Welche Themen diskutierbar, welche Vokabeln zulässig sind und welche nicht. Damit aber habt Ihr auch Eure freiwillige Unmündigkeit erklärt. [...]

In: Raoul Schrott: Der wölfische Hunger – Über das Alter der Jugend.
Blieskastel: Verlag Gollenstein 2004, S. 5–6 und 13–18

Anmerkung:
Raoul Schrott, geboren 1964, wuchs auf in Tunis, Zürich und Landeck. Promotion und Habilitation. Österreichischer Schriftsteller, Universitätslehrer und Weltreisender. Herausgeber unter anderem von arabischer Lyrik und altbabylonischen Epen. – Eingeladen zu Festveranstaltung und Rede waren die besten saarländischen Abiturienten des Jahres 2004.

Worterklärung:
Zeile 10 *androgyn:* männlich-weiblich ineins: knabenhafte Frauen, feminine Männer
Zeile 26 Das Zitat (deutsch: *Ein Wolf ist der Mensch dem Menschen*) stammt von Thomas Hobbes (1588–1679) einem englischen Philosophen, Staats- und Gesellschaftslehrer

Hinweise und Tipps

1. ***Aufgabenart**: Textanalyse*
2. ***Voraussetzungen gemäß Lehrplan**: „Aspekte rhetorischer Praxis“ und „Kategorien der Redeanalyse“ sind in 12. 1 und 13. 1 verbindlich zu behandeln, die schriftliche Textanalyse und die Erörterung sind zu üben. Inhaltlich lässt sich Schrotts Zivilisationskritik zum Beispiel mit Aspekten des „Homo faber“ verknüpfen oder aber mit Dürrenmatts Gesellschaftsdiagnose („Theaterprobleme“). Bezüge zum Menschenbild der deutschen Klassik und Romantik (12. 1) liegen nahe.*
3. ***Tipps**: Wichtig ist, dass bei der Wiedergabe des Textes beziehungsweise der Rede nicht wörtlich zitiert wird, sondern dass die einzelnen Punkte in eigenen Worten so formuliert sind, dass zu erkennen ist, ob der Autor inhaltlich verstanden wurde. – Während der Textanalyse (Teilaufgabe 1) sollte man darauf achten, dass man die Kriterien zwar nacheinander herausarbeitet, sich aber inhaltlich nicht zu viel wiederholt. Die Analyse verlangt Sachlichkeit. Urteile und die subjektive Reflexion des Beobachteten haben hier keinen Platz, beginnen hier aber zu keimen. – Analyse, Interpretation und Auseinandersetzung entwickeln sich in der Regel miteinander und eins aus dem anderen; sie lassen sich nicht wirklich scharf voneinander trennen. Es kann also sein, dass während der Auseinandersetzung (Teilaufgabe 2) weitere analytische Details ins Bewusstsein treten. Die Erörterung soll von einer der Kernthesen Schrotts ausgehen und ist durch eine zusätzliche Anweisung thematisch eingegrenzt. Dennoch kommt man nicht umhin, sich selbstständig für eine argumentative Linie zu entscheiden. In den „Lösungshinweisen“ finden sich drei Beispiele dazu.*
   *In der selbstständigen gedanklichen **Auseinandersetzung mit der Rede** wären etwa folgende Rückbezüge und Ansätze möglich:*
   Man könnte Schrott vorwerfen, dass er zu journalistisch und pauschal den ganzen Kreis gängiger Zeitkritik miteinander verbackt und der Jugend vorwirft: politische Probleme der Globalisierung und des Raubtierkapitalismus im Bezug zur Zweiten und Dritten Welt, die Amerikaabhängigkeit Europas, Fragen der Jugendkultur und des Lebensstils, Medienkritik und Kritik an der zunehmenden Visualisierung und Medienabhängigkeit der Informationsgesellschaft. Die Frage wäre, warum die Vorwürfe nicht eher an die eigene Generation gerichtet sind, die schließlich diesen Zustand der Welt verursacht hat. Im Lösungsteil werden drei alternative Vorgehensweisen skizziert.

Lösungshinweise

1. Statt – dem Anlass gemäß – eine Festrede zu halten, gibt Schrott mit seiner Rede eine **Publikumsbeschimpfung**, die er **zur generellen Zivilisations- und Gesellschaftskritik erweitert**. Schrott greift in seinen Zuhörern die gesamte westliche (europäische und US-amerikanische) Jugend an und beschimpft sie als denaturiert, überangepasst, ahnungslos und geistig flach. Am Ende führt er aus, was seiner Meinung nach zu einem erfüllten menschlichen Leben gehört.

Der **Titel** *Der wölfische Hunger* verweist auf das gedankliche Zentrum der Rede. Im Rückgriff auf den englischen Staatslehrer Thomas Hobbes vertritt Schrott die Überzeugung, dass die Natur des Menschen wölfisch beziehungsweise raubtierhaft sei. Unter der Last der Überzivilisiertheit sei dieser vitale Kern aber fast verschüttet.

Obgleich nur Fragmente der Rede vorliegen, lässt sich eine Art **Dreischritt im Aufbau** des Textes erkennen:
Gleich mit der Anrede beginnt Schrott die scharfe Beschimpfung der anwesenden Abiturienten als Vertreter ihrer Generation. Die grammatische Form des ersten Absatzes und des beginnenden zweiten ist die zweite Person Plural *(Ihr, Euch).* Später wird sich der Redner selbst mit einbegreifen und zur ersten Person Plural übergehen (ab Z. 20: *uns, wir*). Der Schluss (ab Z. 67) kehrt zur unmittelbaren Anrede zurück und steigert die Attacke.
Gedanklich sind die vorliegenden vier Absätze so miteinander verbunden, dass auf die Provokation und Beschimpfung der Jugend als *Konformisten* und *Konsumenten* (Z. 4 und 13) im zweiten Absatz Gründe für solches Urteil genannt werden: Die Jugend wisse nicht, wie sie sich von außen gesehen ausnimmt. Von außen gesehen nämlich erkenne man die – insgesamt winzige – westliche Welt, die sich ihren Lebensstandard auf Kosten der gesamten übrigen Welt leiste, als *Artifizium* (Z. 21), als zivilisatorische Kunstblüte gleichsam, die durch Ausbeutung der restlichen Welt hervorgetrieben wird.

Die Begründung dieser These wird im dritten Absatz (Z. 23–39) vorbereitet, in dem Schrott zunächst – in Anknüpfung an das Leben der Milliarden von Menschen außerhalb der kleinen westlichen Welt – sein **Menschenbild** vorstellt: Früher wie heute habe Existenznot die Menschheit getrieben. *Existenznot* sei *der Regelfall* (These, Z. 24), westlicher Luxus die Ausnahme. Aggressivität und Gewalt gehörten zur Natur des Menschen und machten ihn fähig, Gefahren zu trotzen, zu überleben und an Herausforderungen zu wachsen. Schrotts **Grundthese** und Grundüberzeugung äußert sich hier: Der Mensch ist, wie Hobbes es ausgedrückt hat, ein Wolf (Z. 26). Der Mensch der westlichen Welt aber sei ein fett und faul gewordener Wolf im Zoo, da – und mit dieser These leitet Schrott in den langen vierten Absatz über – die Kultur die vitale Natur in uns erstickt habe (Z. 40 ff.).

Der umfangreiche Schlussabsatz ist eigentlich abermals dreiteilig. Ab Zeile 40 begründet der Redner die These von der Zoo- oder Haustierhaftigkeit der Europäer und Amerikaner. Zwischen Zeile 57 und Zeile 67 spricht er von Erlebnisräumen und Werten eines erfüllten Lebens, um ab Zeile 69 in verschärfter Gangart neu zu attackieren. Der Anfang nahm vor allem das gestylte Äußere der jungen Generation aufs Korn. Am Ende verspottet der Redner sie als geistig zweidimensional (Z. 71) und spricht ihr nicht nur ihre Mündigkeit ab, sondern behauptet darüber hinaus, dass sie freiwillig unmündig sei (**Schlussthese und Conclusio**, Z. 77 f.).

Die **Grundstruktur** der Rede ist **antithetisch**. Schrott polarisiert und treibt die Gegensätze rhetorisch hervor.
Als ersten Gegensatz stellt er die Erste Welt gegen alles andere, was auf dem Globus lebt: Der Westen fällt geografisch kaum ins Gewicht, der Rest der Welt ist überwältigend groß. Der kleine Westen saugt die anderen Teile der Welt parasitär aus. Im Westen herrscht Luxus, während die Milliarden von Menschen der Zweiten und Dritten Welt von Existenznot beherrscht sind (These: *Existenznot ist die Regel*).
Der zweite Gegensatz ist philosophischer Natur. Schrott kontrastiert Natur und Kultur – beziehungsweise Triebhaftigkeit einerseits, Geist und Gesittung andererseits – als Bedingungen des Menschen. Kultur bändige die angeborene wölfische Wildheit des Menschen, habe bei uns aber überhand genommen.
Neben der inneren Natur des Menschen stellt Schrott dann die äußere Natur oder Realität unserer Welt und setzt die Medienwelt dagegen (Z. 42 ff.). Die Fülle der zweidimensionalen Bilder schirme uns vor *der eigentlichen Realität* ab (Z. 48). Wir seien *Analphabeten* dieser eigentlichen Welt geworden (These; Z. 48).
Der schwerwiegendste Gegensatz wird am Schluss entwickelt, indem Schrott aufführt, was ihm lebenswichtig und lebenswert ist. Der von ihm bejahte Erlebnis- und Lebensraum ist gleichsam dreidimensional, er gibt *Raumgefühl* (Z. 60) und *Tiefe* (Z. 74). Ihm steht all das als zweidimensional (Z. 71) entgegen, was zuvor als westliche Dekadenz beklagt worden ist.
Eine regelrechte Engführung erfährt die **Technik der Polarisierung** in den Zeilen 69 f., indem Schrott Wort für Wort die für ihn flachen, trendabhängigen Werte und Medien-Ikonen – *Madonna, Schwarzenegger, Ecstasy, Sex, Ironie* (gemeint ist damit wohl ein unverbindliches Gewitzel) – gegen die von ihm befürworteten großen alten Werte stellt.

Rhetorisch liebt Schrott die **Zuspitzung**, die pointierte Verknappung, das starke Bild. Formulierungen wie *Deutschland als Bundesland der USA* (Z. 16) oder *ganz Europa […] wie ein Vorort von Las Vegas* (Z. 21 f.) oder *Allrad und GPS […], um am Trottoir zu parken* (Z. 49 f.) gehören hierher und verraten in der Kritik die Lust am satirischen Zugriff und an der **Polemik**. Provozierend ist das Bild vom verfetteten Zoobewohner und der Haustierhaftigkeit des westlichen Menschen (Z. 38 f.). Ein besonders schlimmes Urteil nennt die Jugend – wenn auch nicht *nur* sie – *Analphabeten der eigentlichen Realität* (Z. 47 f.). Noch vernichtender ist die Behauptung ihrer *freiwillige[n] Unmündigkeit* (Schluss).
Die Rede ist reich an **Sentenzen**, also an geschliffenen Aussagen, die eine Wahrheit behaupten. Schrott setzt gern knappe Hiebe wie mit dem ersten sehr kurzen Satz. Aber er liebt auch die Bilderflut und -fülle, mit der er im ersten Absatz etwa die Yuppiewelt in opulenten Sätzen vorführt. Natürlich weiß er, dass das Schlagworte und Stereotypen sind (vgl. Z. 2), aber seine anschauungsgesättigte Verdichtung hat auch Unterhaltungswert. Er beschimpft und vergnügt also zugleich.

Leitvokabeln der von Schrott vertretenen Daseinsweise und Welt sind *Tiefe, Abgrund* und *abgründig* (Z. 74, 47, 75), in deren Kontext aber auch *Stille* und *Dunkelheit* (Z. 57 f.), *Unendlichkeit* und *Tod* (Z. 62 f., 66 f., 69), *das Unheimliche* *und die Leere* (Z. 62 f., 66) gehören. Leere sei auszuhalten, sofern man sich zum mündigen Menschen entwickeln wolle. Indem Schrott das Leere und Abgründige zusammenfasst, kommt er zu einem Kreis von Begriffen, die religiöse Erfahrung einschließen (*Gott,* Z. 28), Grenzerfahrungen *(Tod),* höchste Gefühle (*Glück, Pathos*, Z. 29 und 67) und – ganz unerhört aus dem Mund eines heutigen Schriftstellers –: *Aggression* und *Gewalt* (Z. 29 und 67). Schrott anerkennt Aggressivität als Elementarkraft im Menschen.

Offensichtlich hat der Autor eine **Intention**. Indem er seine Zuhörer beschimpft, fordert er sie dazu heraus, über die von ihm zugespitzten Gegensätze nachzudenken. Seine Botschaft heißt etwa: Bleibt nicht alberne Modeaffen, lauft nicht dem nach, was als *trendy* ausgegeben wird, wendet euch ab vom Markt und öffnet euch unzimperlich und ernsthaft den wirklich großen Themen, Bedürfnissen und Bedingungen des Menschenlebens. Begreift, dass ihr Bedürfnisse und Gefühle habt wie alle Menschen auf der Welt. Setzt euch den Höhen und Tiefen des Lebens aus, um durch Schmerz und Glück zu euch zu finden und mündige Individuen zu werden.

Die Wahl der Publikumsbeschimpfung als **Redeform** ist ein rhetorischer Kunstgriff, der reizt und Aufmerksamkeit erzeugt, weil (a) Erwartetes (die Festrede) persifliert erscheint und (b) die Provokation geistreicher ist als die darin verborgene Predigt. Streit belebt. Schrott wirft gleichsam den Fehdehandschuh.

2. **Weg A:** Als der Auseinandersetzung wert erscheint der **Rückgriff auf Hobbes** (Absatz 3).
Sicher hat Schrott recht, wenn er die Menschheitsgeschichte als eine Geschichte der Gewalt, der Kriege und des Überlebenskampfes in Erinnerung ruft. Man kann auch nicht abstreiten, dass Not denken lehrt, dass Menschen in der Situation der Not über sich selbst hinauswachsen können (Z. 31 f.) – oder scheitern. Mit dem berühmten Satz des englischen Philosophen Hobbes, dass der Mensch des Menschen Wolf sei, widerspricht Schrott allerdings der optimistischen Überzeugung der Aufklärung, dass Fortschritt im Zeichen der Vernunft die Welt besser machen werde. Für Hobbes ist der Mensch von Natur aus böse. Die Gegenposition vertrat Jean-Jacques Rousseau mit der Vorstellung, der Mensch sei von Natur aus gut, erst Zivilisation und Eigentumsbildung hätten den „edlen Wilden" des Ursprungs verdorben.
Indem Schrott sich Hobbes anschließt, scheint er „das Böse", Wölfische im Menschen sogar in ein Positivum umzudeuten, denn er plädiert für die Anerkennung der Aggressivität in uns als wichtiger Energiequelle. Was nicht unterdrückt werden darf, ist für ihn der ‚wölfische Hunger' (Z. 26 f.). Gemeint ist die ewige Antriebskraft und Unruhe, die alle Arten von Glück anstrebt. Verächtlich sind ihm die Satten, die Saturierten. Man kann an Goethes *Faust* denken. Schrott preist die Faust-Natur des immerwährend Strebenden. Er bekennt sich zu einer Neugier, Unruhe und Unersättlichkeit, die Großes will und Abgründe oder Erfahrungen des Scheiterns riskiert. Das ‚Faulbett' war bei Faust und ist ebenso für Schrott verabscheuenswürdiges Symbol geistiger und seelischer Erschlaffung.

Hätte Schrott Hobbes und das *Wölfische* (Z. 26 und 34) weggelassen und nur von „Hunger“ gesprochen, wäre diese Stelle in seiner Rede weniger anstößig. Die Trägen (Z. 36 ff.) erinnerten dann an die schon im 18. Jahrhundert verspotteten Philister. Der unstillbare Hunger des Menschen, den Schrott achtet, und auch die Suche nach Stille und Dunkelheit, nach großer Natur, Nacht und Unendlichkeit (Z. 57 ff.), wären dann der Unendlichkeitssehnsucht der Stürmer und Dränger und Romantiker nahe.

Da Schrott aber den tabuisierten Begriff der Gewalt als Komplementärerfahrung und Bedingung des Glücks aufführt, wirkt seine Haltung machohaft männlich, weckt Erinnerungen an den Vitalismus Nietzsches und will – sicher gezielt – die als *androgyn* (Z. 10) verspottete Jugend provozieren. Vielleicht hat er recht darin, dass zumindest der Mann von Natur aus gewaltbereit und kämpferisch ist, aber er neigt auch zur Verklärung des Vorzivilisatorischen und Wilden, zu einem Exotismus, der doch wiederum nur die Luxusblüte eines von der Zivilisation angeödeten Europäers ist, der sich auf Kosten der anderen Welten seine Weltreisen leistet.

Fazit: Ich kann letztlich nicht entscheiden, ob der Mensch von Natur aus gut oder böse ist. Ich sehe in dieser Frage nur einen unfruchtbaren Streit von Theorien. Für bedenklich halte ich, Gewalt aufzuwerten – wenn auch nur um der Provokation willen und letztlich gedeutet als Hunger nach Lebenserfahrung. Die Menschen der Dritten Welt beneide ich nicht; ich wünschte, wir könnten dafür sorgen, dass ihr Leben sicherer und gesünder wäre und ihre Existenznot gelindert. Ich ziehe das Leben in unserer Zivilisation vor. Schrotts Warnung, zu träge zu werden im goldenen Käfig, finde ich berechtigt und stimme ihm darin zu, dass mich nur die Menschen als Freunde interessieren, die etwas von dem beschriebenen Hunger als Antriebskraft in sich spüren. Was wir aber außerdem an Ernsthaftigkeit und an Sorgen in uns haben und untereinander besprechen, scheint Raoul Schrott nicht zu ahnen.

Alternative Lösungsmöglichkeiten

Weg B: Lohnend wäre auch, Schrotts Zivilisationskritik auf „**Homo faber**“ zurückzubeziehen. In diesem Roman spielt – als Sprachrohr des Autors – die Figur des Musikers Marcel mit seiner Kritik am *American Way of Life* die Rolle, die Schrott in seiner Rede übernimmt. Marcels These lautet: *Lebensstandard als Lebensersatz.* Auch Marcel sucht die Welt außerhalb des zivilisierten Westens. Auch er hält sie für seelisch tiefer. Er fragt nach den religiösen Erfahrungen und Vorstellungen alter Kulturen in ihrer Auseinandersetzung mit dem Tod und der Menschennatur überhaupt. Hanna ist ihm ähnlich und findet in der Antike die Vorstellung vom Leben als Gestalt statt als Addition (zum Beispiel der Addition von Reizen, von Events, von beliebig Reproduzierbarem). Im *Cuba*-Kapitel übernimmt die Hauptfigur Faber beider Kritik. Was Schrott gegen die medial erzeugte Oberflächlichkeit stellt, *das, was in die Tiefe geht* (Z. 74), *was unauslotbar, unsagbar und unzeigbar ist* (Z. 61 f.), trifft sich mit Frischs Kritik. Der Vorwurf, Schmerz, Alter und Tod ausblenden zu wollen (Z. 50 ff.), ist auch im *Homo faber* zentrales Motiv. – Die These vom Verlust der Realität durch Bilder – die *visuelle*

Intelligenz hat uns […] zu Analphabeten der eigentlichen Realität gemacht, (Z. 47 f.) – könnte ein eigener Ansatz sein, ließe sich aber auch gut in den *Homo faber*-Bezug einbinden (Anknüpfungspunkte sind: das Motiv der Blindheit oder das Motiv des Fotoapparates beziehungsweise des Fotografierens als Schirm vor der Wirklichkeit, dem wirklichen Sehen und Erleben).

Weg C: Verlockend und ergiebig erscheint auch, von der Schlussthese auszugehen und zusammenzutragen sowie zu durchdenken, was Schrott unter **freiwillig erklärter Unmündigkeit** (Z. 77 f.) versteht, sich zu fragen, was hier folglich Mündigkeit sein müsste, und weiterzufragen, inwiefern dieser Begriff von Mündigkeit mit dem aus Kants berühmten Aufsatz *Was ist Aufklärung?* übereinstimmt oder nicht. Zu erörtern wäre dabei die herausfordernd paradoxale Auffassung Schrotts, die Aufklärung – mit ihrem Vernunft-, Toleranz- und Emanzipationspostulat die geistige Antriebskraft, die letztlich unsere Welt mit ihren Demokratien, ihrer Wirtschaftskraft und ihrem Lebensstandard hervorgebracht hat – habe zugleich in den Zustand einer neuen Unmündigkeit geführt.

Abiturprüfung Hessen 2012 – Deutsch Grundkurs
Vorschlag A

Liebesvorstellungen in der Lyrik

Erlaubte Hilfsmittel:
1. ein Wörterbuch zur deutschen Rechtschreibung
2. eine Liste der fachspezifischen Operatoren

Aufgaben:

1. Interpretieren Sie *Die eine Klage* von Karoline von Günderrode als ein romantisches Gedicht (Material 1). (35 BE)

2. Charakterisieren Sie das Liebeserlebnis im Gedicht *Erinnerung an die Marie A.* von Bertolt Brecht (Material 2) und vergleichen Sie dieses mit der Liebesvorstellung im Gedicht *Die eine Klage* (Material 1). (40 BE)

3. Beurteilen Sie vor dem Hintergrund Ihrer eigenen Erwartungen an ein zeitgenössisches Liebesgedicht (bzw. einen Liebessong), inwieweit Günderrodes und Brechts Gedichte diesen Anspruch erfüllen. (25 BE)

Material 1
Karoline von Günderrode: Die eine Klage (1805)

Wer die tiefste aller Wunden
Hat in Geist und Sinn empfunden
Bittrer Trennung Schmerz;
Wer geliebt was er verloren,
Lassen muß was er erkoren,
Das geliebte Herz,

Der versteht in Lust die Tränen
Und der Liebe ewig Sehnen
Eins in Zwei zu sein,
Eins im Andern sich zu finden,
Daß der Zweiheit Grenzen schwinden
Und des Daseins Pein.

Wer so ganz in Herz und Sinnen
Konnt ein Wesen liebgewinnen
O! den tröstet's nicht
Daß für Freuden, die verloren,
Neue werden neu geboren:
Jene sind's doch nicht.

Das geliebte, süße Leben,
Dieses Nehmen und dies Geben,
Wort und Sinn und Blick,
Dieses Suchen und dies Finden,
Dieses Denken und Empfinden
Gibt kein Gott zurück.

Aus: Karoline von Günderrode: Gedichte, Prosa, Briefe, hg. von Hannelore Schlaffer, Stuttgart 1998, S. 57

Material 2
Bertolt Brecht: Erinnerung an die Marie A. (1920)

1
An jenem Tag im blauen Mond September
Still unter einem jungen Pflaumenbaum
Da hielt ich sie, die stille bleiche Liebe
In meinem Arm wie einen holden Traum.
Und über uns im schönen Sommerhimmel
War eine Wolke, die ich lange sah
Sie war sehr weiß und ungeheuer oben
Und als ich aufsah, war sie nimmer da.

2
Seit jenem Tag sind viele, viele Monde
Geschwommen still hinunter und vorbei.
Die Pflaumenbäume sind wohl abgehauen
Und fragst du mich, was mit der Liebe sei?
So sag ich dir: ich kann mich nicht erinnern
Und doch, gewiß, ich weiß schon, was du meinst.
Doch ihr Gesicht, das weiß ich wirklich nimmer
Ich weiß nur mehr: ich küßte es dereinst.

3
Und auch den Kuß, ich hätt ihn längst vergessen
Wenn nicht die Wolke dagewesen wär
Die weiß ich noch und werd ich immer wissen
Sie war sehr weiß und kam von oben her.
Die Pflaumenbäume blühn vielleicht noch immer
Und jene Frau hat jetzt vielleicht das siebte Kind
Doch jene Wolke blühte nur Minuten
Und als ich aufsah, schwand sie schon im Wind.

Aus: Bertolt Brecht: Gesammelte Werke 8, Frankfurt/Main 1967, S. 232
Die Rechtschreibung beider Gedichte entspricht der Textvorlage.

Hinweise und Tipps

Zu Karoline von Günderrode: *1780 in Karlsruhe geboren, wuchs sie in Hanau auf und wurde bald mit dem Kreis der Romantiker zwischen Frankfurt und Heidelberg bekannt. Clemens und Bettina von Brentano gehörten zu ihren Freunden; ihre Liebe galt allerdings dem verheirateten Heidelberger Gelehrten Friedrich Creuzer. Ihr erster Gedichtband erschien unter dem Pseudonym „Tian". Selbst Goethe, der der Romantik skeptisch gegenüberstand, war von Günderrodes Begabung und Eigenständigkeit beeindruckt. 1806, ein Jahr nach dem Gedicht „Die eine Klage" (M 1), trennte sich Creuzer von ihr. Auf seinen Abschiedsbrief hin nahm sie sich das Leben: Sie erstach sich mit einem Dolch.*

Aufgabe 1 gibt Ihnen auf, das Gedicht (M 1) zu interpretieren. Übereilen Sie sich nicht damit. Lesen Sie es mehrfach, hören Sie sich in seinen Rhythmus ein und markieren Sie sich klanglich zusammengehörige, besonders betonte oder sonst auffällige Stellen. Analysieren Sie, wie die Strophen insgesamt, besonders aber Strophe 1 und 2 einerseits und 3 und 4 andererseits, gedanklich und grammatisch (syntaktisch) zusammenhängen. Ihre Interpretation verspricht „gut" zu werden, wenn Sie den Gehalt des Gedichts nicht nur aus der Bedeutung der Wörter, sondern gleichzeitig aus seinen rhetorischen und lyrischen Mitteln erschließen. Schreiben Sie nicht – Strophe für Strophe paraphrasierend – einfach los. Neben der erwarteten Einleitung empfiehlt es sich, bei Aufgabe 1 und 2 vorweg auch einen ersten Überblick über das jeweilige Gedicht und ein vorläufiges Gesamtverständnis zu formulieren.

Bertolt Brecht *(geb. 1898) schrieb „Erinnerung an die Marie A." (M 2) 1920, aber der Text erschien erst 1927 zwischen Balladen des Kapitels „Chroniken" in seiner ersten Gedichtsammlung, die er ironisch „Hauspostille" nannte. (Hauspostillen waren christliche Erbauungsschriften.) Brechts Stern war 1920 noch nicht aufgegangen. Er hatte noch keine politische Botschaft, war noch nicht der später bedeutende Dramatiker und bekannte Rebell und Provokateur, sondern fing eben erst an. Lesen Sie also in das Gedicht möglichst nicht hinein, was Sie sonst vom „großen B. B." wissen, sondern begegnen Sie ihm so unvoreingenommen wie möglich. Sie brauchen es nicht eigentlich zu interpretieren. Aber die Art des Liebeserlebnisses, das Sie in Aufgabe 2 charakterisieren sollen, ergibt sich aus dem lyrischen Kontext und aus gewissen inhaltlichen ‚Ungereimtheiten' zwischen den drei Strophen. Beachten Sie also die Textsorte: Sie haben keinen programmatischen Text vor sich, sondern immerhin ein Gedicht, in dem sich manches uneigentlich, indirekt, maskiert und vielleicht auch schwankend zwischen Gefühl und gewollter Gefühlsbrechung mitteilt. (Die Lösungshinweise gehen stärker auf die lyrische Mitteilungsart ein, als von Ihnen verlangt ist.) Als Strophenform wählte Brecht die Oktave oder Stanze: acht fünf-hebige Verse mit nur zwei (umarmenden) Reimen. Auch Brechts Entscheidung für die klassische Form müsste an sich zu denken geben. Das Thema heißt klar „Liebesvorstellungen in der Lyrik". Während der Beantwortung der Fragen wird es aber zum Balanceakt, das, was „in der Lyrik" (im Gedicht) zum Ausdruck kommt, nicht mit den Vorstellungen des Autors gleichzusetzen. Trennscharf gelingt das nicht, weil (außer im Rollengedicht) hinter den Versen mehr oder weniger versteckt immer auch die Autorin oder der Autor steht.*

Ihre Ausführungen und Erörterungen zu Aufgabe 3 müssen auf die beiden behandelten Gedichte zurückbezogen sein. Genaugenommen sollen Sie nicht zeitgenössische Texte (Songs) an den alten (M 1 und M 2), sondern die alten an den neuen messen. Sie brauchen ein Beispiel, können aber leider nur aus dem Kopf zitieren. Der Lösungsvorschlag gibt Anregungen und kann in so ausführlicher und mit Zitaten belegter Form nicht von Ihnen erwartet werden.

Lösungshinweise

1. Die 25-jährige Dichterin Karoline von Günderrode schrieb 1805, gerade ein Jahr vor ihrem Tod, eine **Elegie**, ein Liebesklagelied. Aber sie nannte es nicht *eine,* sondern *[d]ie eine* Klage. Es gibt diese Klage für sie offensichtlich nur ein einziges Mal, weil es *die* Liebe nur ein einziges Mal gibt. Bereits der Titel spricht also von der strikten Ausschließlichkeit im Denken und Fühlen dieser Frau. Aber der Ton der vier sechszeiligen Strophen scheint beim ersten Hinhören weich und melodisch zu sein, als schritte jemand mit langer Schleppe über viele Stufen hinab. Dieser erste Eindruck verdankt sich den schwingenden Paarreim-Versen in jeder Strophe (Vers 1 und 2 bzw. 4 und 5 sind jeweils so verbunden und enden klingend, mit einer weichen, unbetonten Silbe) und insgesamt dem klanglichen Reichtum und der Wiederholung vieler Wörter und Klänge. Aber bei genauerem Lesen erweist sich das so elegisch-melodische Gedicht als **Argumentationszusammenhang**. Es ist kein Gedicht mit schönen Bildern und poetischen Metaphern, sondern es begründet – **ohne lyrisches Ich** und sozusagen allgemeingültig –, warum es keinen Trost für den gibt, der den geliebten Menschen verloren hat.

   Strophe 1 und 2 zusammen sind ein langes Satzgefüge mit zwei parallel geführten, vorangestellten Nebensätzen (Strophe 1) und dem nachgestellten Hauptsatz (Strophe 2), dem ein Finalsatz angeschlossen ist (V. 11/12). Die Aussage: Wer den bitteren Trennungsschmerz ganz und gar, „in Geist und Sinn“ (V. 2), erlitten, wer ein geliebtes Herz verloren hat, der versteht und weiß, was Liebe ist. Trennung schlägt nicht eine, sondern „die tiefste aller Wunden“ (V. 1). Der **Ausschließlichkeitscharakter** der Überschrift erklärt sich also gleich aus dieser ersten, starken Behauptung. Warum Liebesverlust die tiefste aller Wunden ist, erklärt Strophe 2: Nur die Liebe gibt Erfüllung und Lebenssinn, denn immer („ewig“, V. 8) sehne sich ein jeder danach, dass sich in der Vereinigung mit einem anderen seine Vereinzelung aufhebe und man „Eins in Zwei“ (V. 9) sein könne. Der Mensch **leidet an seiner Individuation**. Das Dasein ist qualvoll, solange er ein Einzelner ist. Nur die **Liebe erlöst** von „des Daseins Pein“ (V. 12). Man liebt um dieser Erlösung willen (damit die Grenzen schwinden: V. 11 f.). Die **Form** illustriert sozusagen den Gedanken, denn wie in der Liebe eins sich im andern findet, so verbinden sich die an sich selbstständigen beiden ersten Strophen zu einem Satzganzen.

   Strophe 3 setzt neu an. Sie scheint sich nach außen zu wenden und zu jemandem zu sprechen, der zu trösten versucht hat. (Wahrscheinlich kann man auch Strophe 1 und 2 schon als Argumentation gegen diesen Tröster verstehen, sodass sich das Gedicht insgesamt **als lyrischer Antwortbrief** auffassen ließe.) Die Trostworte sind indirekt wiedergegeben. Sinngemäß müssten sie in etwa gelautet haben: ‚Nimm es nicht so schwer, denn nach dem Verlust kommt ein neues Glück mit neuen Freuden' (vgl. V. 16f.). Aber dieser **Trost** wird entschieden (mit adversativem „doch" in V. 18) **zurückgewiesen**. Und wieder – nach dem doppelten Superlativ „tiefste aller Wunden" (V. 1) und dem nicht mehr zu steigernden „ewig" in Strophe 2 – wird mit dem Adverb „ganz" (V. 13) aus der Haltung der **Unbedingtheit** heraus argumentiert: Wer ein Wesen „so ganz" geliebt hat, ist untröstlich. Was auch immer an Neuem entstehen („neu geboren" werden) mag, ist doch nie mehr das, was war.

Die vierte Strophe greift die letzte Behauptung der dritten wieder auf. Sie führt – wohl noch immer an den Tröster adressiert – aus, worin „[j]ene" (V. 18) Liebesfreuden bestanden, die nichts auf der Welt ersetzen kann. Die Innigkeit der verlorenen Liebe wird damit zugleich erinnert und neu heraufbeschworen, sodass der begründende Gedanke zum Gefühl wird. Die Verquickung von Emotionalität und Rationalität gibt dem Gedicht seine besondere Signatur. Die vier parallelen Aussagen, mit „Das" eingeleitet und mit anaphorischem „Dieses" fortgeführt (V. 19, 20, 22, 23), verstärken sich gegenseitig. Durch die vielen substantivierten Infinitive (Nehmen, Geben, Suchen, Finden, Denken, Empfinden) kommt ein schwingender, suggestiver, **wiegender Rhythmus** auf. Eine wehmutsvolle Stimmung entsteht. Aber **der Schluss** kappt dieses Gefühl und ist **jäh und hart**. Strophe 4 ist ein Satz mit dem Subjekt „Gott". Eigentlich heißt er: ‚Kein Gott gibt das geliebte süße Leben etc. zurück.' Die Inversion (Umkehrung der üblichen Satzstellung: hier die von Subjekt und Objekt) bewirkt, dass das Gedicht am Ende in die radikale Verneinung wie in ein unwiderrufliches Fazit einmündet.

Merkwürdig erscheint von Anfang an die Strophenform, die die Günderrode gewählt hat, denn sie weicht von der Volksliedstrophe ab, die in der Romantik besonders beliebt war. Statt der vier Verse der Volksliedstrophe hat ihre Strophe sechs Verse. Vier in jeder Strophe sind trochäisch und vierhebig, harmonieren im Paarreim miteinander und enden klingend (oder „weiblich" bzw. „weich"). Aber die Verse 3 und 6, jeweils durch Schweifreim verbunden, haben als dreihebige trochäische Kurzverse einen ganz anderen Charakter. Auftakte fehlen insgesamt. Doch die **Kurzverse** beginnen *und* enden mit einer betonten Silbe wie mit harten Schlägen, die Stimme sinkt: **Bitt**-rer **Tren**-nung **Schmerz**. Das Weiche, Melodische und das Herbe stehen also in diesem Gedicht in **Spannung** zueinander. Es ist die Spannung zwischen der Süße der Erinnerung an das genossene Glück und dem Bewusstsein des definitiven Verlusts. Dass der Schlussvers mit seinen bündigen Einsilbern (Gibt – kein – Gott) noch schroffer klingt und in seiner Aussage noch unerbittlicher ist als alles Vorangegangene, ist kein Zufall.

Ästhetisch interessant an Karoline von Günderrodes Liebesklage ist das Fehlen des lyrischen Ichs. Obwohl die Verse ein überzeugender Ausdruck subjektiver Trauer sind, sollte wohl der Eindruck des Subjektivistisch-Gefühligen nicht aufkommen. Das eigene Erleben wird in den **Rang des überindividuell Gültigen** gehoben. Interessant ist auch, dass das Gedicht nicht preisgibt, ob eine Frau oder ein Mann spricht. Das Du wird nicht als Geliebter oder Geliebte bezeichnet, sondern neutral als das „geliebte Herz“ (V. 6), „ein Wesen“ (V. 14) oder als das „geliebte, süße Leben“ umschrieben (V. 19). (Im letzten Fall ist nicht ganz eindeutig, ob mit „Leben“ die Person gemeint ist.) Die Dichterin will sich nicht auf ihr Geschlecht oder auf spezifisch weibliche Gefühle festlegen lassen, sondern sie beansprucht, **unabhängig vom Geschlecht** wie ein Mensch überhaupt zu empfinden und zu denken. An dieser Entscheidung ist gut zu erkennen, dass Karoline von Günderrode zu den kühnen und stolzen **Frauen der Romantik** gehörte, die ihre Ebenbürtigkeit darstellten und diese zu leben versuchten.

Der **Wortschatz** ist, wie oft in romantischen Gedichten, ganz **einfach** und redundant. Allein ‚finden‘ und ‚empfinden‘ kommen jeweils zweimal vor, Wörter zur Stammsilbe „lieb“ fünfmal, „Sinn“ in Einzahl und Mehrzahl dreimal und „Herz“ zweimal. Auf „Herz“ reimt sich auch noch „Schmerz“, sodass ein rechtes Herz-Schmerz-Gedicht vorliegt. (Aber dieser Reim ist so dezent untergebracht, dass er nicht stört.) Der einfache Wortschatz bringt zum Ausdruck, dass **das Gemüt** schlicht ist und wahr. Aber **der Geist** ist kompliziert, denn er sucht die grenzüberschreitende Zweiheit und argumentiert.

Das Schlichte und Wahre ist auch das Elementare, das man mit Gefahr des Lebens nicht zerstören darf. Die **Liebesunbedingtheit** in *Die eine Klage* erinnert ein wenig an Joseph von Eichendorffs Erzählgedicht vom verlorenen Ringlein *(In einem kühlen Grunde)*. Der Verlassene „möcht’ am liebsten sterben“. Auch er sieht keine Lebensalternative mehr nach dem Verlust. Empfindsamkeit und besonders die Romantik waren die ersten Epochen der deutschen Literatur, in denen Liebe alles war. Sie rückten sie in die höchste Position und bürdeten ihr die Last auf, dem Leben den Sinn zu geben. Bricht die Liebe entzwei, wird das Leben sinnlos. Die Romantik blickte in den Abgrund des Nihilismus und erlebte das Scheitern der Französischen Revolution. Seit der Aufklärung verflüchtigte sich die religiöse Sinngebung des Lebens, seit der Herrschaft der Guillotine (1794) und den Eroberungszügen Napoleons brachen politische Hoffnungen zusammen. Übrig blieb die arme Liebe und der andere private Mensch, das Du. Die Götter sind machtlos geworden. ‚Kein Gott‘ wird retten. Also müssen die Menschen einer den anderen in der Geborgenheit der Liebe retten. Transzendenz ist nicht im Himmel, sondern im anderen. Dieser Begriff von Liebe schließt alles ein, die Sinne (den Blick ebenso wie die Sinnlichkeit), das Herz (das Empfinden) und den Geist (Denken und Verstand).

2. *Erinnerung an die Marie A.* heißt ein Gedicht des jungen **Bertolt Brecht**, das von einer früheren Liebe, eben der zu Marie A., erzählt. Diese Liebe liegt nicht nur poetische „viele Monde“ zurück (V. 9), sondern, wenn man Strophe 3 trauen will, mindestens acht und mehr faktische Jahre (vgl. V. 22). Da das lyrische Ich im Präteritum von einer **Episode seiner Vergangenheit** spricht, kann man das Gedicht als Teil einer Lebenschronik auffassen. Balladenähnlich erzählend beginnt

die erste Strophe („An jenem Tag im […] September […] hielt ich sie […]"). Dass die Geliebte beim Namen genannt, vom Nachnamen aber nur der Anfangsbuchstabe angegeben ist, suggeriert, dass der Autor Bertolt Brecht von der Liebe zu einem konkreten (Augsburger?) Mädchen berichtet, dessen bürgerliche Identität er schützen muss.

Wer aber den Autor Brecht mit dem lyrischen Ich gleichsetzen, von authentischer Bekenntnisliteratur ausgehen und vom Entstehungsjahr 1920 und von Vers 22 aus chronikalisch acht Jahre zurückrechnen würde, käme zu dem beunruhigenden Ergebnis, dass der Liebende ein allerhöchstens 14-Jähriger gewesen sein müsste. Chronikalisch und realistisch kommt man hier anscheinend nicht recht weiter. *Erinnerung an die Marie A.* hat auch nur in Strophe 1 den Anflug einer Ballade. Tatsächlich ist es **ein ganz und gar lyrischer Text** voll poetischer Wendungen (ab V. 1 ff. und V. 9 f.) und listiger Finten (vgl. V. 11 mit V. 21). **Poesie und kühle Nüchternheit** treffen darin merkwürdig aufeinander. Es ist ein modernes Liebesgedicht in der klassisch-kunstvollen Form der Stanze. Gelegentlich gibt es sich betont salopp und gleichgültig (vgl. V. 13 ff., 22), aber insgesamt und vom ersten Vers an ist es in einem fast feierlichen, wehmütigen und elegischen Ton vorgetragen.

Das nacherzählbare Liebeserlebnis: Ein junger Mann berichtet rückblickend, dass er an einem sonnigen Tag im September unter einem jungen Pflaumenbaum Marie A. liebte. „Still" (V. 2) waren sie beieinander, und er empfand auch sie als still und bleich. Er küsste sie und war offenbar beseligt von dieser Begegnung, denn er erinnert sich, sie im Arm gehalten zu haben „wie einen holden Traum" (V. 4). Das Adjektiv „hold" drückt zartes Entzücken aus, der Vergleich („wie einen […] Traum") deutet an, dass etwas geschieht, was kaum für möglich zu halten ist. Am Himmel über Liebespaar und Pflaumenbaum stand gerade **eine weiße Sommerwolke** wie die überirdisch schöne Beglaubigung des als fast unwirklich empfundenen Glücks. Dem Liebenden hat sich die Wolke als „sehr weiß und ungeheuer oben" eingeprägt (V. 7, vgl. V. 20). Das ist ergriffen und emphatisch gesprochen und doch auch verhalten. Die Gefühlsintensität der Liebe überträgt sich in die Intensität, mit der das Bild der Wolke erfasst und für immer bewahrt wird. Als sich der Liebende aber nach einer Weile wieder auf die Wolke besinnt, ist sie „nimmer da" (V. 8). So wird sie zum **Sinnbild des geglückten Augenblicks** (sie „blühte nur Minuten", V. 23) und gleichzeitig zur **Chiffre für** die Flüchtigkeit und **Vergänglichkeit** der Liebe.

Man könnte meinen, das Gedicht sollte besser ‚Der Pflaumenbaum' oder noch besser ‚Sommerwolke' heißen, denn von der Wolke ist ausführlicher die Rede als von der Liebe. Es liegt nahe zu fragen, **ob Brecht nicht empörend lieblos** mit der Liebe und vor allem mit der Marie A. umgegangen ist, da er sein lyrisches Ich weniger von diesem einst geliebten Menschen sprechen lässt als von den Begleiterscheinungen. Das Ich behauptet sogar, sich weder an die Liebe noch an ein Gesicht erinnern zu können (vgl. Z. 12 ff.) und auch von seinem Kuss damals nur darum noch zu wissen, weil ihm bis jetzt das Bild der Wolke vor Augen stehe. Brecht geht davon aus, dass Liebe nicht bleibt. Sie ist der Zeit unterworfen und vergeht wie die sich im Wind auflösende Wolke. Ist er darum auch ein schnöder Liebender? Achtet er nicht, was doch einmal seine Seligkeit gewesen zu sein scheint?

Die **Verschiebung** vom Empfinden in der Liebe auf etwas Situatives und Dingliches (Jahreszeit, Wetter, Ort, Wolke) ist nicht ungewöhnlich, sondern die lyrische Praxis, denn was Liebende fühlen oder was sich wie Liebe anfühlt, ist kaum in Worte zu fassen. Liebe ist sprachlos. Die Günderrode versuchte es in ihrer vierten Strophe dennoch, indem sie Tätigkeiten nannte, aber die Nennungen an sich prägen sich weniger ein als der dadurch erzeugte wiegende Rhythmus. In anderen Liebesgedichten ist von einem kleinen Vogel auf einem Lindenzweig die Rede, von zwei Segeln auf einem See, von der besonderen Form des Ginkgo-Blattes oder von Blicken und Gebärden. **Liebe wird** mit Gesten, Zeichen, Symbolen und verschiedensten Naturbildern **umschrieben**. Ebenso macht es Brecht. Er umgeht Gefühlswörter, aber ist darum nicht kalt. Das ganze Gefühl des lyrischen Ichs ist wie auf einen Stellvertreter auf die Wolke übertragen. Wäre das Zusammensein mit Marie A. belanglos gewesen, hätte sich auch das Bild der Wolke nicht derart bleibend eingeprägt. In fast schwärmerischem Ton für einen, der Sentimentalität um keinen Preis aufkommen lassen will, ist diese Wolke in der dritten Strophe ein zweites Mal in ihrer Schönheit, ihrer Höhe und in ihrem Dahinschwinden vergegenwärtigt. **Die Erinnerung haftet am visuell Konkreten:** Die Liebe ist mit der Wolke ebenso verknüpft wie die Wolke mit der Liebe. Wie sollte man auch für bare Münze nehmen, dass das Aussehen (das Gesicht) der Geliebten vergessen ist, wenn doch Vor- und Familienname nicht nur bestens bekannt sind, sondern das ganze Gedicht auch noch im Nachhinein dieser verflossenen Liebe gewidmet ist?

Brecht hat in *Erinnerung an die Marie A.* die Erfahrung von Vergänglichkeit mit der Fähigkeit des Erinnerns verbunden. Das Motiv des Zeitvergehens spielt eine große Rolle in diesem Gedicht. Aber auf „nimmer“ (V. 8 und 15) reimt sich in gewisser Weise „immer“ (V. 19 und 21). Pflaumenbäume sind nicht unsterblich (vgl. V. 11), und vergänglich sind der ‚holde Traum‘ und die Wolke, aber gerade sie wird zum Bleibenden in der Erinnerung, die auch jenen holden Traum wieder auferstehen lässt.

Beide, die romantische Dichterin Karoline von **Günderrode** und der auf die Neue Sachlichkeit sich wohl erst zubewegende, noch stilistisch suchende Bertolt Brecht, thematisieren in ihren Gedichten eine Liebe, die vorbei ist. Günderrodes Gedicht *Die eine Klage* drückt den großen Schmerz über den Verlust aus und scheut nicht vor Wörten wie „Wunden“ und „Schmerz“. In der Liebesvorstellung dieser Romantikerin ist **Liebe etwas Einmaliges und Unwiederbringliches**. Sie umfasst den ganzen Menschen, Körper und Geist, Seele und Herz, und gibt dem Dasein Sinn. Das Auseinandergehen eines Paares scheint hier tödlich zu sein. **Brechts** Gedicht klagt nicht. Der Ausdruck von Schmerz ist vermieden. Es scheint ihm als **naturgegeben** hinzunehmen zu sein, **dass alles vergeht**, ein Baum ebenso wie eine Wolke oder die Liebe. Die gewollt lässige, ernüchternde Erwägung in Vers 22 kann aber nicht wirklich verhindern, dass Strophe 3, aus fast barockem Vergäng-

Begriff von Stimmung will dazu nicht passen. Die **Auflösung** alter Sinnzusammenhänge drückt sich im Zeilenstil aus und im Nebeneinander des Heterogenen. In *Weltende* von van Hoddis sind die Menschen lächerlich zerbrechliches Spielzeug („Dachdecker stürzen ab und gehen entzwei"), während Natur gewaltig aufsteht und sie samt ihren Hüten, Dämmen und Eisenbahnen wegfegt. In der Verschiebung des Mitgefühls vom Ertrunkenen auf dem Seziertisch zur kleinen Aster (Benn) drückt sich Bitterkeit aus. Der Gang durch die *Krebsbaracke* (Benn) lehrt, wie der Mensch, diese Krone der Schöpfung, zu stinkendem Fleisch wird. Gemüt und desillusioniertes Bewusstsein, Trauer, Daseinszweifel und ein gewisser Ingrimm reiben sich in diesen Gedichten aneinander. Oder es flackert eine Art irrsinnigen Gelächters auf, wenn „ein junges Auto" nach Ithaka flieht, während die Städte brennen (Lichtenstein: *Der Sturm*). Auch der Expressionismus hatte seine „Stimmung": Die vorherrschende nennt man Endzeit- oder **Weltuntergangsstimmung**. Wir verstehen Stimmung aber meistens (wie Brecht?) als einheitliches, gleichmäßiges, harmonisches Gefühl, sodass auch die schaurige Atmosphäre in *Waldesgespräch* noch sonderbar ‚schön' ist. Bezeichnend für den Expressionismus dagegen sind **Disharmonie** und **Stimmungsbruch**. Und dennoch: In vollen S-Bahnen sitze ich so unangenehm „dicht hineingehakt" wie von Wolfenstein in *Städter* beschrieben, oder ich sehe mit Heyms *Spitzköpfig kommt er* dem Mondaufgang zu. Stimmung? Auch Atmosphäre und Weltsicht expressionistischer Gedichte haben sich für mich mit manchen Dingen verbunden und haften nun an ihnen. Auch sie bereichern meine Rezeption von Realität.

Bewertung und Beurteilung

- „**Gut**“ **(11 Punkte)** ist die Leistung, wenn für die Wiedergabe der Gedichtinhalte und für die Gedichtinterpretationen eine annähernd angemessene Sprache gefunden wurde, in der sich Wahrnehmungsfähigkeit, Formgefühl, Sensibilität und zutreffende Begrifflichkeit verbinden. Mehrdeutiges in Heines Lied darf nicht vorschnell plausibilisiert sein. Man muss der guten Arbeit das Bemühen anmerken, Lösungen zu finden, etwa nach Gründen für die Traurigkeit des Ich zu fragen oder Vorschläge zum Verständnis von Vers 21 f. zu machen. Das Verhältnis zwischen Rahmen- und Binnenstrophen muss in die Interpretation einbezogen und nachvollziehbar erläutert sein. Die Beschreibung der Atmosphäre (des Tons, der Stimmung) muss in beiden Gedichten an einige Merkmale der Sprachwahl und klanglichen Gestaltung gebunden sein. Obgleich eine umfassende Interpretation von Eichendorffs Gedicht nicht verlangt ist, muss doch seine Struktur als Dialog, das Geschehen als dramatisch und unheimlich erkannt und differenziert nachgewiesen sein. Der Motiv-Vergleich muss reichhaltig sein. – Brecht muss verstanden und kann ansatzweise kritisch hinterfragt sein. Der Transfer muss überzeugen. Es wäre gut, wenn auch der Begriff der Stimmung, der seit Aufgabe 1 verwendet wurde, ansatzweise mit reflektiert würde. Einige Beispiele zum Expressionismus müssen der Diskussion Substanz geben.

- „**Ausreichend**“ **(5 Punkte)** ist die Arbeit, die den narrativen Anteil beider Gedichte (die Geschichte von der Lorelei) richtig verstanden und wiedergegeben und sich zudem mit einigem Erfolg bemüht hat, auch ihrem lyrischen Charakter gerecht zu werden. Die Rahmenstruktur beider Gedichte und die dialogische Aufteilung der Strophen bei Eichendorff müssen erkannt und in ihrer Wirkung ansatzweise zutreffend analysiert sein. Erscheinung und Wirkung der jeweiligen Lorelei (Lorelay) müssen beschrieben und textbezogen gedeutet sein. Einige wichtige Gemeinsamkeiten und Unterschiede in Auffassung und Behandlung des Lorelei-Motivs sollten erarbeitet sein. Auch Aussagen zur „Stimmung“ müssen aus dem Text heraus begründet und nachvollziehbar sein. Der Umgang mit Zitaten muss insgesamt überzeugen. – In Aufgabe 3 muss der Rückbezug auf die Gedichte gelingen, Kenntnisse zu expressionistischer Lyrik müssen die eigene Argumentation stützen.

Abiturprüfung Hessen 2013 – Deutsch Grundkurs
Vorschlag B

Väter und Söhne

Erlaubte Hilfsmittel:
1. ein Wörterbuch zur deutschen Rechtschreibung
2. eine Liste der fachspezifischen Operatoren
3. Kafka, *Das Urteil*
4. Hein, *In seiner frühen Kindheit ein Garten*

Aufgaben:

1. Geben Sie den Inhalt des Romanausschnitts von Thomas Mann wieder und charakterisieren Sie die beiden Figuren und deren Beziehung zueinander. (Material) (35 BE)

2. Vergleichen Sie das Verhältnis zwischen Hanno und Thomas Buddenbrook (Material) mit dem zwischen Georg Bendemann und seinem Vater aus Franz Kafkas Erzählung *Das Urteil*. (35 BE)

3. Gestalten Sie einen Brief Oliver Zureks aus Heins Roman *In seiner frühen Kindheit ein Garten*, den Oliver kurz vor den Vorkommnissen in Kleinen an seinen Vater geschrieben, aber nie abgeschickt hat. Thema des fiktiven Briefs soll Olivers Beurteilung des Vaters und ihres Verhältnisses zueinander sein.

   Beziehen Sie sich dabei vergleichend **entweder** auf den Ausschnitt aus Thomas Manns Roman *Buddenbrooks* (Material) **oder** auf Franz Kafkas Erzählung *Das Urteil*.
   Begründen Sie abschließend Ihre Ausführungen.

   Der Brief soll mit einer der beiden folgenden Formulierungen beginnen:
   „Lieber Vater, wie oft stand ich in deinem Arbeitszimmer vor den Werken Thomas Manns und dachte an Hanno, an seinen Vater – und an uns …“

   oder

   „Lieber Vater, wie oft stand ich vor deinem Bücherschrank, sah die Werke Kafkas darin und fühlte mit Georg Bendemann, denn manchmal kamst du mir auch wie ein Riese vor …“. (30 BE)

Material

Thomas Mann: Buddenbrooks – Verfall einer Familie (1901)

Thomas Manns Roman „Buddenbrooks" schildert das Leben und den Niedergang der Lübecker Kaufmannsfamilie Buddenbrook über mehrere Generationen hinweg. Johann (genannt Hanno) Buddenbrook ist der einzige Sohn des Kaufmanns und Senators Thomas Buddenbrook und dessen Frau Gerda, er ist der letzte Spross der Familie. Der Vater setzt einige Hoffnung in ihn, vor allem die, dass er das Geschäft später erfolgreich weiterführen und das Ansehen der Familie wahren möge. Der Textauszug findet sich gegen Ende des Romans.

Der kleine Johann mußte auch während der Ferien – denn im Juli waren Sommerferien – Privatunterricht im Rechnen nehmen, um in diesem Fache mit seiner Klasse Schritt halten zu können. Irgendwo in der Vorstadt Sankt Gertrud, in einer heißen Stube, in der es nicht zum besten roch, erwartete ihn ein Mann mit rotem Bart und unreinlichen Fingernägeln, um mit ihm dies verzweifelte Einmaleins zu exerzieren. Zuvor aber galt es, dem Papa das Gedicht aufzusagen, das Gedicht, das er mit Ida[1] auf dem Altan[2] in der zweiten Etage sorgfältig erlernt …

Er lehnte am Flügel, in seinem Kopenhagener Matrosenanzug mit dem breiten Leinwandkragen, dem weißen Halseinsatz und dem dicken Schifferknoten, der unter dem Kragen hervorquoll, die zarten Beine gekreuzt, Kopf und Oberkörper ein wenig abgewandt, in einer Haltung voll scheuer und unbewußter Grazie. Vor zwei oder drei Wochen war sein langes Haar ihm abgeschnitten worden, weil in der Schule nicht nur seine Kameraden, sondern auch seine Lehrer sich darüber lustig gemacht hatten. Aber auf dem Kopfe war es noch stark und weich gelockt und wuchs tief in die Schläfen und in die zarte Stirn hinein. Er hielt seine Lider gesenkt, daß die langen, braunen Wimpern auf die bläuliche Umschattung seiner Augen fielen, und seine geschlossenen Lippen waren ein wenig verzerrt.

Er wußte wohl, was geschehen würde. Er würde weinen müssen, vor Weinen dies Gedicht nicht beenden können, bei dem sich einem das Herz zusammenzog, wie wenn am Sonntag in der Marienkirche Herr Pfühl, der Organist, die Orgel auf eine gewisse, durchdringend feierliche Weise spielte … weinen, wie es immer geschah, wenn man von ihm verlangte, daß er sich produziere, ihn examinierte[3], ihn auf seine Fähigkeit und Geistesgegenwart prüfte, wie Papa das liebte. Hätte nur Mama lieber nichts von Aufregung gesagt! Es sollte eine Ermutigung sein, aber sie war verfehlt, das fühlte er. Da standen sie und sahen ihn an. Sie fürchteten und erwarteten, daß er weinen werde … war es da möglich, *nicht* zu weinen? Er hob die Wimpern und suchte die Augen Idas, die mit ihrer Uhrkette spielte und ihm in ihrer säuerlich-biderben[4] Art mit dem Kopfe zunickte. Ein übergroßes Bedürfnis befiel ihn, sich an sie zu schmiegen, sich von ihr fortbringen zu lassen und nichts zu hören als ihre tiefe, beruhigende Stimme, die da sagte: Sei still, Hannochen, mein Jungchen, brauchst nichts hersagen …

„Nun, mein Sohn, laß hören", sagte der Senator kurz. Er hatte sich in einen Lehnsessel am Tische niedergelassen und wartete. Er lächelte durchaus nicht – heute so wenig wie sonst bei ähnlichen Gelegenheiten. Ernst, die eine Braue emporgezogen, maß er die Gestalt des kleinen Johann mit prüfendem, ja sogar kaltem Blick.

Hanno richtete sich auf. Er strich mit der Hand über das glattpolierte Holz des Flügels, ließ einen scheuen Rundblick über die Anwesenden hingleiten, und ein wenig ermutigt durch die Milde, die ihm aus den Augen Großmamas und Tante Tonys entgegenleuchtete, sagte er mit leiser, ein wenig harter Stimme:

„Schäfers Sonntagslied … Von Uhland.[5]“

„Oh, mein Lieber, das ist nichts!“ rief der Senator. „Man hängt dort nicht am Klavier und faltet die Hände auf dem Bauche … Frei stehen! Frei sprechen! Das ist das Erste. Hier stelle dich mal zwischen die Portièren[6]! Und nun den Kopf hoch … und die Arme ruhig hängen lassen …“

Hanno stellte sich auf die Schwelle zum Wohnzimmer und ließ die Arme hängen. Gehorsam erhob er den Kopf, aber die Wimpern hielt er so tief gesenkt, daß nichts von seinen Augen zu sehen war. Wahrscheinlich schwammen schon Tränen darin.

„Das ist der Tag des Herrn“, sagte er ganz leise, und desto stärker klang die Stimme seines Vaters, der ihn unterbrach:

„Einen Vortrag beginnt man mit einer Verbeugung, mein Sohn! Und dann viel lauter. Noch einmal, bitte! ‚Schäfers Sonntagslied‘ …“

Das war grausam, und der Senator wußte wohl, daß er dem Kinde damit den letzten Rest von Haltung und Widerstandskraft raubte. Aber der Junge sollte ihn sich nicht rauben lassen! Er sollte sich nicht beirren lassen! Er sollte Festigkeit und Männlichkeit gewinnen … „Schäfers Sonntagslied …!“ wiederholte er unerbittlich und aufmunternd …

Aber mit Hanno war es zu Ende. Sein Kopf hing tief auf der Brust, und seine kleine Rechte, die blaß und mit bläulichen Pulsadern aus dem unten ganz engen, dunkelblauen, mit einem Anker bestickten Matrosenärmel hervorsah, zerrte krampfhaft an dem Brokatstoff[7] der Portière. „Ich bin allein auf weiter Flur“, sagte er noch, und dann war es endgültig aus. Die Stimmung des Verses ging mit ihm durch. Ein übergewaltiges Mitleid mit sich selbst machte, daß die Stimme ihm ganz und gar versagte, und daß die Tränen unwiderstehlich unter den Lidern hervorquollen. […] Er beugte sich seitwärts, legte den Kopf auf die Hand, mit der er sich an der Portière hielt und schluchzte.

„Nun, das ist kein Vergnügen!“ sagte der Senator hart und gereizt und stand auf. „Worüber weinst du? Weinen könnte man darüber, daß du selbst an einem Tage wie heute, nicht genug Energie aufbringen kannst, um mir eine Freude zu machen. Bist du denn ein kleines Mädchen? Was soll aus dir werden, wenn du so fortfährst? Gedenkst du dich später immer in Tränen zu baden, wenn du zu den Leuten sprechen sollst? …“

Nie, dachte Hanno verzweifelt, nie werde ich zu den Leuten sprechen!

„Überlege dir die Sache bis heute Nachmittag“, schloß der Senator; und während Ida Jungmann bei ihrem Pflegling kniete, ihm die Augen trocknete und halb vorwurfsvoll, halb zärtlich tröstend auf ihn einsprach, ging er ins Eßzimmer hinüber.

Aus: Thomas Mann: Buddenbrooks, Frankfurt/Main: S. Fischer 2010, S. 483–486.
Die Rechtschreibung entspricht der Textvorlage.

[1] Ida ist Hannos Kinderfrau
[2] Altan: balkonartiger Anbau
[3] examinieren: prüfen, ausfragen
[4] biderb: bieder, rechtschaffen, verlässlich
[5] Ludwig Uhland (1787–1862), deutscher Dichter der Romantik
[6] Portière: Vorhang
[7] Brokatstoff: schwerer, oft prunkvoll verzierter Stoff

Hinweise und Tipps

Der Kontext und Anlass der Buddenbrook-Szene (Material): Sie ereignet sich ausdrücklich und ausgerechnet am Morgen des 7. Juli 1868, dem festlichen Tag des hundertsten Jubiläums der Firma Buddenbrook. Man kann die Szene ohne diesen Hintergrund verstehen. Der Lösungshinweis berücksichtigt ihn, denn er gibt dem Geschehen eine tiefere Dimension. Sie haben nicht den Auftrag, den Text eigentlich zu interpretieren; achten Sie dennoch auf die Erzählperspektive und auf Auffälligkeiten in der Wortwahl, zum Beispiel in der Titulierung von Vater und Sohn. Fassen Sie am Ende der Charakterisierung Ihre wichtigsten Erkenntnisse zusammen.
Sie werden bemerken, dass Thomas Manns Roman ebenso wie die Erzählung Kafkas von einer Kaufmannsfamilie handelt. Diese Tatsache könnte in der Einleitung zu Aufgabe 2 stehen, wenn Sie einen Überblick über sofort sichtbare Gemeinsamkeiten und Unterschiede zwischen den Vater-Sohn-Paaren nennen. Zur Klärung des Vater-Sohn-Verhältnisses in Kafkas Erzählung werden Sie recht viel Inhalt rekonstruieren müssen, denn die Bedeutung des Erzählten ist kaum davon loszulösen. Sie brauchen Ihre Unsicherheit Kafka gegenüber nicht zu verbergen, denn mancherlei bleibt rätselhaft bei diesem Dichter. Verlieren Sie, schreibend, aber nie den von Aufgabe 2 geforderten Vergleich aus den Augen.
Im Lösungshinweis zu Aufgabe 3 ist nur die erste der möglichen Alternativen ausgeführt. Thomas Mann hat hauptsächlich, Kafka ganz aus der Perspektive des Sohnes erzählt. Weil Hein aber aus der Perspektive des Vaters Richard Zurek und aus dem Rückblick heraus erzählt, gibt es keine Szene, in der der Sohn sagt, was er vom Vater hält; der Brief Olivers ist darum nicht ganz einfach zu schreiben. Fantasieren Sie, von Thomas Mann oder Kafka ausgehend, nicht einfach etwas in Oliver Zurek hinein, sondern erschließen Sie sich seine Haltung zum Vater indirekt aus dem Text heraus. Sie kommen dabei nicht ohne Zeit verschlingende Textarbeit und Konzeptpapier aus. Notieren Sie sich ausgeprägte Eigenschaften des Vaters, die den Werdegang des Sohnes bestimmt haben könnten. Suchen Sie sich zwei oder drei Begebenheiten, Vorfälle oder Aussagen im Romanzusammenhang, die Oliver erwähnen könnte. Die Tendenz Ihres Briefes kann vom Lösungshinweis abweichen.

Lösungshinweise

1. Der Ausschnitt aus Thomas Manns Roman *Buddenbrooks. Verfall einer Familie* (erschienen 1901) gibt Einblick in das Verhältnis zwischen Senator Thomas Buddenbrook und seinem Sohn Johann, genannt Hanno. Thomas Buddenbrook ist das Oberhaupt einer alten, angesehenen Kaufmanns- und Patrizierfamilie in einer norddeutschen Hansestadt. Sein Titel „Senator" besagt, dass er ein hohes politisches Amt im Rang eines Ministers innehat. Hanno ist sein einziger Nachkomme. Die – szenisch-dialogisch ausgestaltete – Episode spielt im Familienkreis. Vater und Mutter, die Großmutter, Tante Tony und das Kindermädchen Ida Jungmann haben sich im Musikzimmer versammelt. Zur Feier des besonderen Tages (vgl. Z. 67 f.) soll Hanno dem Vater ein Gedicht vortragen, das er mit Idas Hilfe auswendig gelernt und eingeübt hat. Hanno wird etwa sieben Jahre alt sein. Er ist ein empfindsames Kind und ein schwacher Schüler, wie aus dem Absatz vor der eigentlichen Szene hervorgeht. Es sind Sommerferien, aber Hanno muss doch zur privaten Nachhilfe gehen, weil es bei ihm mit dem Einmaleins hapert. (Der Kaufmannssohn ist schwach im Rechnen!) Und nun fürchtet er seinen Auftritt mit Uhlands Gedicht *Schäfers Sonntagslied.* Hanno steckt in einem festtäglichen (und standesgemäßen) Matrosenanzug mit breitem weißen Leinenkragen. Er fängt Idas aufmunternden Blick auf, aber er weiß, dass alle voraussehen, was auch er kommen sieht: Er wird aus Schüchternheit und Ergriffenheit im Text steckenbleiben und weinen müssen. Und so passiert es. Der Vater unterbricht und kritisiert ihn von Anfang an. Hanno muss sich anders hinstellen, den Platz wechseln, sich zuerst einmal verbeugen, lauter sprechen und zweimal mit der Gedichtüberschrift neu ansetzen. Er schafft es dann gerade noch bis zum zweiten Vers, bevor er sich ganz in Tränen auflöst. Der Vater erhebt sich verärgert aus seinem Lehnsessel, weist den Sohn auf seine spätere Verpflichtung hin, frei und ohne Tränen zu den Leuten sprechen zu müssen, gibt ihm auf, bis zum Nachmittag über die Sache nachzudenken, und verlässt den Raum. Ida nimmt sich des verzweifelten Hanno an. Der Tag steht, so erkennt man deutlich, von Anfang an unter einem schlechten Stern.

   Ein Kind soll dem Vater eine Freude mit einem auswendig gelernten Gedicht machen. Es bleibt aber im Text stecken, und dem Vater ist die Freude verdorben. Ist denn das so schlimm? Das Kind steht ja nicht auf einer öffentlichen Bühne, es blamiert nicht etwa die Familie mit seinem Versagen (und selbst dann würde ihm jeder verzeihen, denn es ist ja noch ein Kind). Das Missgeschick passiert vielmehr zu Hause im privaten Kreis. Aber beide, Hanno Buddenbrook und sein Vater, erleben die vermeintliche Bagatelle als Eklat und sogar als Tragödie. Die kurze Szene öffnet den Blick für die **seelische Anspannung** Hannos und seines Vaters im Umgang miteinander, für die grundsätzliche Befangenheit in ihrem Verhältnis zueinander und die offen ausbrechende **Verzweiflung** des Kindes ebenso wie die latente, aber hinter jedem Wort vibrierende Nervosität und Verzweiflung des Vaters. Beide leiden.

Hanno ist ein hübscher, aber sehr zarter und schutzbedürftiger Knabe mit weißer Haut, durch die bläulich die Adern schimmern, mit dunklen Locken und langen dunklen Wimpern. Seine langen Haare sind eben erst abgeschnitten worden: Das Kind **soll zum Mann werden**. Anfangs steht er mit gekreuzten Beinen „voll scheuer und unbewußter Grazie" (Z. 11) am Flügel. Gehorsam folgt er dann dem Vater, der ihn auf die Schwelle zum Wohnzimmer dirigiert. Symbolisch könnte auch diese Schwelle auf den Übergang in ein erwachseneres Alter hindeuten, aber das Kind verhält sich nicht so, wie es der Vater sich wünscht. Hanno hat dafür zu empfindliche Nerven und ein zu weiches Gemüt. Das sonntägliche Orgelspiel des Organisten Pfühl bringt ihn aus der Fassung, weil ihn Musik so ergreift wie sonst nur noch die Poesie (vgl. Z. 18 ff.). Jetzt kann er den Blick nicht nur darum nicht heben, weil er den Vater fürchtet und Angst hat, ihn enttäuschen zu müssen, und weil er es verabscheut, derart vorgeführt und examiniert (vgl. Z. 22) zu werden – denn genau das tut der Vater (vgl. Z. 35) –, sondern auch, weil ihn Uhlands Verse zu sehr bewegen. Er zerschmilzt vor Selbstmitleid, weil er den Vers des Schäfers (vgl. Z. 60) auf seine eigene Stellung in der Welt und dem Vater gegenüber bezieht. Er, Hanno, sieht sich **allein** stehen **auf weiter Flur**. Er steht nicht nur aktuell exponiert vor der Familie, sondern er spürt, vom Vater nie in seinem besonderen Wesen akzeptiert werden zu können. Er wird vor ihm **nicht bestehen** können. Er möchte darum am liebsten gar nicht groß werden, sondern **fliehen** und sich **wie ein kleines Kind** bei Ida Jungmann in Sicherheit bringen (vgl. Z. 28 ff.).

Aufschlussreich sind die Benennungen: Hanno ist noch klein, er ist Idas „**Hannochen**" und „Jungchen" (Z. 30), ihr „Pflegling" (Z. 74) und Hätschelhans. Der Erzähler sagt sachlich ‚das Kind', „der Junge" (Z. 52 f.). Aber wenn Thomas Buddenbrook ihn mit „Nun, **mein Sohn**" anspricht und „die Gestalt des kleinen Johann" mit „kaltem Blick" taxiert (Z. 32 ff.), so spricht daraus sein Bewusstsein, dass dieses Kind den Namen der Vorväter trägt und dazu bestimmt ist, zum großen Johann und zu seinem Nachfolger zu werden, nach seinem Tod die Geschäfte zu übernehmen und die Familientradition fortzuführen. Hanno steht vor „Papa" und „Mama" (Z. 23). Aber gerade weil heute der Tag des hundertsten Firmenjubiläums ist, kann Thomas Buddenbrook dem Sohn nicht einfach als **Vater** begegnen, sondern ist schon am anscheinend noch rein familiären Tagesbeginn **„der Senator**" (wie Thomas Mann hartnäckig fünfmal wiederholt: Z. 32, 41, 52, 66, 73). Das Datum, das Anlass zum Feiern bietet, beschwert ihn mit Zukunftssorgen. Er ist der Regent mit der Verantwortung für ein Imperium, der **Zweifel an der Eignung des Thronfolgers** haben muss. Darum am Anfang der Ernst (vgl. Z. 33 ff.) und am Ende die Gereiztheit des Thomas Buddenbrook. Er kann nicht nett sein und lächeln, denn auch ihm ist das Herz schwer. Er sieht, wie zerbrechlich und wenig vielversprechend für einen künftigen Geschäftsmann Hanno ist. „Was soll aus dir werden, wenn du so fortfährst?", herrscht er den Sohn an (Z. 69). **Der Sohn muss** Haltung, Festigkeit, Energie, Widerstandskraft und Männlichkeit erlernen. Er muss sich in der Hand haben können um der Aufgabe willen, die auf ihn wartet. **Rolle und Funktion** stehen **gegen die individuelle Natur** und Neigung. Der Vater demütigt den Sohn und fasst ihn darum so hart, ungerecht, kränkend und „grausam“ (Z. 52) an, weil er sich gerade „an einem Tage wie heute“ (Z. 67 f.) nicht eingestehen möchte, dass es nach seinem Tode aus sein wird mit der stolzen Familie Buddenbrook. Er ist nicht bitter, weil sein Sohn ein Gedichtchen nicht zu Ende bringt, sondern weil dessen Haltung ihn ausgerechnet am Jubiläumstag der Firma überdeutlich lehrt, dass er die in Hanno gesetzten Hoffnungen begraben muss. Thomas ist hart und streng geworden im Kampf für die Firma, aber an sich hätte auch er Grund zum Weinen (Z. 67:„Weinen könnte man darüber, daß …“).

Man kann gar nicht entscheiden, auf welcher Seite der Erzähler steht. Er erzählt überwiegend aus der Perspektive des armen und liebenswürdigen Hanno und hat doch auch Verständnis für Thomas. Wenn er aus übergeordneter Perspektive auktorial einzugreifen und objektiv zu urteilen scheint (Z. 52: „Das war grausam …“), legt er tatsächlich nur die Hebel um, um die Beweggründe Thomas Buddenbrooks zum Ausdruck kommen zu lassen. Bestimmend in dieser Welt des Großbürgertums ist das **ethische Muss** (der moralische Imperativ), unter dessen Diktat Vater und Sohn stehen. Der Textauszug beginnt bezeichnenderweise mit dem Satz: „Der kleine Johann mußte […]“.

2. Thomas Mann zeigt im letzten Drittel der 1901 erschienenen *Buddenbrooks*, wie sehr das menschliche Vater-Sohn-Verhältnis überschattet und sogar erdrückt ist von Prinzipien der gesellschaftlichen Stellung oder den Verpflichtungen des Berufsstandes. Thomas Buddenbrook scheint seinen Sohn wie ein Felsen zu überragen, aber Thomas Mann lässt den Leser durch seine psychologisch-realistische Erzählweise und den Wechsel der Perspektive nicht nur die Not des Kindes erleben, sondern auch die des harten Vaters ahnen. **Kafka** dagegen erzählt im *Urteil* von 1912 durchgängig aus der **Perspektive des Sohnes**. Weder der Leser noch der junge Protagonist Georg Bendemann sind darauf vorbereitet, dass unversehens und mit jäher Drastik der Vater-Sohn-Konflikt aufbrechen wird. Wie das Weltgericht kommt er über den Sohn.

   Auch *Das Urteil* spielt im Kaufmannsmilieu. **Georg Bendemann** ist kein Kind wie Hanno. Er lebt zwar noch im Haus des alten Vaters, hat aber seit drei Jahren die Geschäftsführung weitgehend übernommen. Für Hanno war die Vorstellung grauenhaft, ins öffentliche Leben treten und etwa frei reden zu sollen (vgl. Z. 72). Georg Bendemann hat damit keine Probleme. Er hat Freude an seinem Beruf und ist ein tatkräftiger, dynamischer und **erfolgreicher Kaufmann**, der den Umsatz in kurzer Zeit großartig steigern konnte. Er fühlt sich so glücklich, dass er sich seines Glückes sogar schämt und den Freund mit Berichten darüber bisher verschont hat. Wäre Thomas Buddenbrook sein Vater, er könnte Gefallen finden an diesem prächtigen Nachfolger. Aber bei Kafka liegen die Dinge anders. Er erzählt von der **Rivalität zwischen Vater und Sohn**, von einem Machtkampf, der wohl schon lange unbemerkt schwelte. Der Sohn drängt nach vorne, er steigt auf und ist im Begriff, sich vom Vater zu lösen und ihn abzulösen. Die Waagschale scheint sich zu seinen Gunsten gehoben zu haben. Er hat sich verlobt und will bald heiraten und einen eigenen Hausstand gründen, während dem Vater kürzlich die Frau gestorben ist, die ihm eine Stütze war. Es ist Frühling. Georgs Schreibtisch steht in einem hellen Zimmer mit weitem Ausblick, während der Vater in einem dunklen Zimmer vor einer Mauer sitzt. Georg fühlt sich stark, während der Vater ihm schon recht hinfällig, vergesslich und auch etwas verwahrlost vorkommt. Als Georg beim Vater eintritt, macht er sich Vorwürfe, sich zu wenig um ihn gekümmert zu haben. Erschrocken bietet er ihm an, die Zimmer zu tauschen. Er nimmt sich vor, ihn mit in seinen künftigen Hausstand zu nehmen und besser zu pflegen. Im Augenblick hält er es für sinnvoll, ihn erst einmal zu Bett zu bringen. Aber da kippt die Waagschale, das Kräfte- und Größenverhältnis kehrt sich um, und als Riesengestalt und **Richter des Sohnes** steht plötzlich der Vater auf seinem Bett. Hatte Georg eben noch auf seinen Vater hinuntergesehen, so sieht er jetzt plötzlich „zum **Schreckbild seines Vaters**“ auf. Bei Thomas Mann dominierten die beruflichen Erwartungen des Vaters auch die persönliche Beziehung zum Sohn. Kafkas Vater aber wirft dem Sohn vor allem **menschliche Schuld** vor. Er klagt ihn an, ein Egoist und „teuflischer Mensch“ zu sein, der den Freund verraten, mit seiner obszönen Braut das Andenken der Mutter geschändet und ihn ins Bett gesteckt habe wie in ein Grab, um ungestört triumphieren zu können. Er verurteile den Sohn „zum Tod des Ertrinkens“. Georg ist nicht souverän, wie er dachte. Er versucht, die Situation mit Ironie zu entschärfen, aber seine Entgegnungen verpuffen: Er vermag nichts gegen diesen gewaltigen Vater, sondern ist der von ihm abhängige Sohn geblieben. Widerstandslos nimmt er das Urteil an, stürzt aus dem Haus und springt über die Brücke in den Fluss.

Beide, Thomas Mann und Kafka, erzählen von einer patriarchalischen Gesellschaft, von übermächtig starken Vätern und schwachen Söhnen, die es den Vätern nicht recht machen können.

3. Lieber Vater,

wie oft stand ich in deinem Arbeitszimmer vor den Werken Thomas Manns und dachte an Hanno, an seinen Vater – und an uns. Ich schreibe von weit weg, aus einem Land, dessen Namen ich nicht nennen darf. Die Post wird dich auf Umwegen erreichen. Du hast über ein Jahr lang nichts mehr von mir gehört, aber ich lebe, ich denke an Mutter und dich und besonders an Heiner. Fürchte nicht, dass ich schreibe, um mit dir abzurechnen oder dir Vorwürfe zu machen. Ich bin mir sogar sicher, Vater, dass du mich nicht verurteilen wirst wie Christin. Ich schätze an dir, dass du nie vorschnell und nie leichtfertig geurteilt oder verurteilt hast, sondern stets nach gewissenhafter Prüfung der Gründe.

Warum dann aber Thomas Mann und Hanno? Nun, es ist wohl mehr als eine sentimentale Anwandlung. Du warst ein sehr strenger Vater. Deine aufrechte Haltung war für mich, deinen Sohn, manchmal furchteinflößend in ihrer Mustergültigkeit und Prinzipientreue. Manchmal sah ich tatsächlich Thomas Buddenbrook in dir, wenn ich, wie Hanno, Träumen von einem freieren Leben nachhing, las oder heimlich für mich Bilder malte wie von Inseln des Glücks. Vater, ich war ein Schwärmer, ein Träumer und Utopist und wäre gern musikalisch gewesen wie Hanno. Hannos Gemütstiefe war mir näher als die rigorose, nüchterne Herrschaft der Vernunft und der Pflicht, der Moral und des Rechts, der du dein Leben und das deiner Kinder unterworfen hast. Du warst nicht der den Sohn zermalmende Vater Kafkas, und ich schreibe nicht Kafkas Brief an den Vater noch einmal, dazu habe ich keinen Grund. Dennoch warst auch du eine Art Übervater in deiner Korrektheit und der Wucht deiner Argumente, vor denen meine Ideale plötzlich klein wurden. Mein Vater: der Schulleiter, der Beamte und loyale Diener seines Staates. Sein Sohn: der steckbrieflich gesuchte Terrorist, der, du weißt es, nach der zu Unrecht erlittenen Isolationshaft und verweigerten Rehabilitation endgültig den Unrechtsstaat im vorgeblichen Rechtsstaat erkannt hatte!

Ich bin davon überzeugt, dass eine gerechtere Gesellschaft kommen muss. Vater, wir haben uns verrannt und radikalisiert; es lag in der Zeit. Aber bist nicht auch du recht eigentlich extrem in deiner unerbittlichen Moral? Ich bin in die linksextreme Illegalität geraten (in der sich nicht wenige Lehrers- und Pfarrerkinder wiederfinden, die streng und gradlinig denken wie du und wie ich). Deine Tochter ist die Karikatur deines Legalismus geworden. Manche Leute, mit denen ich jetzt zusammen bin, propagieren laut die Gewalt gegen Menschen nach der Devise: Macht kaputt, was uns kaputt macht! Dein Sohn ist mitgegangen und mitgefangen, aber glaube mir: Wir wollten nichts anderes als eine Gesellschaft mit menschlichem Antlitz, eine bessere Welt. „Wir", das sind neben vielen auch K. und ich. K. ist meine Freundin. Mutter wird sich freuen das zu hören. K.s Fazit neulich, als wir uns zum hundertsten Mal Rechenschaft darüber gaben, wie wir in diese Drift geraten sind: ‚Menschlichkeit kann zu Unmenschlichkeit führen, Gerechtigkeitsliebe zu Ungerechtigkeit. Das ist Dialektik, Oliver, und es ist widersinnig und empörend!' Vater, eben so ist es uns geschehen.

Ich habe einen merkwürdigen Brief erhalten, der mich über mich und dich, über uns beide, hat nachdenken lassen und der der eigentliche Grund ist, warum ich jetzt schreibe. Ein evangelischer Bischof hat mir geschrieben. Er ist davon überzeugt, dass mir 1985 Unrecht geschehen ist. Er rät mir, die Illegalität aufzugeben, mich den Behörden zu stellen und alle Rechtsmittel auszuschöpfen zur Durchsetzung eines Freispruchs. Wenn aber die Gerichte ‚in dieser gebrechlichen Welt' versagen, so rät mir der fromme Mann, dann wähle den Kompromiss. – Ich soll demnach das Unrecht hinnehmen um meiner Zukunft und meiner Familie wegen und um nicht noch tiefer ins Unglück zu geraten. – Vater, ich habe mich gefragt, ob du diesem Rat folgen würdest, und ich hörte dich deutlich sagen: „Ich dulde keine faulen Kompromisse! Ich laviere mich nicht schäbig durchs Leben. Ich gehe meinen Weg mit erhobenem Haupt. Wenn die Gerichte die Wahrheit unterdrücken, sind sie korrupt. Wenn die Gerichte korrupt sind, ist dies nicht länger der Staat, für den ich einstehe." Diese Haltung ist meine Haltung. Ich habe sie von dir und bin dein Sohn, der dich liebt

Oliver

Begründung: Dem Brief liegt der Gedanke zugrunde, dass Richard Zureks Kinder gar nicht so weit vom Stamm gefallen sind, wie man vermuten möchte. Christin und Oliver kann man als Spiegel- und Zerrbilder des Vaters auffassen. Zureks Moralismus verkörpert sich in den extremen Polen der verbissen-legalistischen Schwester und der radikalen Staatsfeindlichkeit des ältesten Sohnes. Der Sohn erkennt also, dass er sich dem Vater nicht entfremdet hat, sondern ihm gleicht, obwohl auch das Träumerische des Hanno Buddenbrook in ihm ist. Zureks unnachgiebiger Rechtsstreit und Kampf nach dem Tod des Sohnes (den Vorfällen in Kleinen) stützen diese These. Die Elternhäuser Gudrun Ensslins und anderer RAF-Terroristen ähneln dem von Oliver Zurek.

Bewertung und Beurteilung

- Mit „**gut**“ **(11 Punkten)** ist eine Arbeit zu beurteilen, wenn in Aufgabe 1 nach sachlicher Inhaltsangabe die Charakterisierung von Vater und Sohn und ihrer Beziehung zueinander umsichtig, differenziert und ergiebig aus dem Text heraus erarbeitet wurde. Erzählperspektive und Setting der Szene sollten berücksichtigt sein. Es müssen Versuche vorliegen, Gründe für Haltung und Verhalten des Vaters (seinen Ernst u. a.) zu finden. Es muss bemerkt sein, dass in die private Beziehung Erwartungen an die späteren Aufgaben des Sohnes hineinspielen. – Aufgabe 2 muss in bündig formulierter Überleitung zu Kafka Gemeinsamkeiten zwischen dem jeweiligen Vater-Sohn-Verhältnis und ihrem Kontext benennen, um dann, den Vergleich im Blick behaltend, die grundsätzlich andere Vater-Sohn-Konstellation im *Urteil* darzustellen und zu erläutern. Inhaltsrekonstruktionen dürfen sich nicht verselbstständigen. – Der Brief in Aufgabe 3 muss durchgängig den Adressatenbezug wahren, sich also an den Vater wenden und eine Art Zwiesprache mit ihm sein. Die Anknüpfung an Thomas Mann oder Kafka muss gedanklich unterfüttert worden, die zur Sprache gebrachten Inhalte müssen dem Roman kompatibel sein. Im Briefschreiber muss die Figur wiedererkennbar werden, die Hein im Roman entworfen hat. Was der fingierte Briefschreiber zum Ausdruck bringt, muss für seine Situation und die Beziehung zum Vater wesentlich sein und als Interpretationsleistung überzeugen.
- „**Ausreichend**“ **(5 Punkte)** ist die Leistung, die über nachweislich solide Lektürekenntnisse (Kafka, Hein) verfügt, durchgängig den thematischen Fokus (Vater-Sohn-Beziehungen) wahrt und in ihrer sprachlichen Form im Allgemeinen überzeugt. Der Ausschnitt aus den *Buddenbrooks* (Material) muss insgesamt zutreffend wiedergegeben, einige relevante Züge des Vater-Sohn-Verhältnisses müssen erfasst, textbezogen dargestellt und nachvollziehbar erläutert sein. Die Bearbeitung von Aufgabe 2 ist mit Aufgabe 1 gedanklich verknüpft und grenzt die Vater-Sohn-Beziehung bei Kafka klar von der bei Thomas Mann ab. Die Lösung zu Aufgabe 3 muss der Textsorte Brief insgesamt gerecht werden. Der fingierte Briefschreiber sollte auf seine Beziehung zu den ausgewählten Figuren eingehen, sich an den Vater wenden, den Hein dargestellt hat, und etwas seine Problematik Betreffendes zu sagen haben. Mit der Begründung muss sich ansatzweise die Fähigkeit zur gedanklichen Konzentration bezeugen.

Abiturprüfung Hessen 2013 – Deutsch Grundkurs
Vorschlag C

Liebe und Verlust

Erlaubte Hilfsmittel:
1. ein Wörterbuch zur deutschen Rechtschreibung
2. eine Liste der fachspezifischen Operatoren
3. Goethe, *Faust I*
4. Fontane, *Irrungen, Wirrungen*

Aufgaben:

1. Fassen Sie das Gespräch zwischen Madame Sommer und Stella zusammen und analysieren Sie, wie beide Frauen das Gefühl der Liebe und die Auswirkungen des Verlustes beschreiben. Berücksichtigen Sie dabei auch den Sprachgebrauch. (Material) (35 BE)

2. Vergleichen Sie Stella (Material) mit Gretchen aus Goethes Drama *Faust I* bezüglich ihrer jeweiligen Lebenssituation und Liebesbeziehung. (35 BE)

3. „Madame Sommer: Männer! Männer!
   Stella: Sie machen uns glücklich und elend!" (Material)

   Überprüfen Sie, ob Stellas Äußerung auch von Lene aus Fontanes Roman *Irrungen, Wirrungen* hätte stammen können. (30 BE)

Material

Johann Wolfgang von Goethe: Stella – ein Schauspiel für Liebende (1776)

Im Mittelpunkt des Schauspiels „Stella“ stehen zwei Frauen, Madame Sommer und Stella, die beide von ihren Männern verlassen wurden und unter dem Verlust leiden. Der folgende Auszug stammt aus dem zweiten Akt des Dramas, in dem sich Stella und Madame Sommer zum ersten Mal begegnen.

STELLA. Nichts davon. Was mein Herz gesteht, bekennt mein Mund gern. Ich höre, Sie sind nicht wohl; wie ist's Ihnen? Setzen Sie sich!

MADAME SOMMER. Doch, gnädige Frau! Diese Reise in den Frühlingstagen, die abwechselnden Gegenstände und diese reine, segensvolle Luft, die sich schon so oft für mich mit neuer Erquickung gefüllt hat, das wirkte alles auf mich so gut, so freundlich, daß selbst die Erinnerung abgeschiedener Freuden mir ein angenehmes Gefühl wurde, ich einen Widerschein der goldenen Zeiten der Jugend und Liebe in meiner Seele aufdämmern sah.

STELLA. Ja die Tage! die ersten Tage der Liebe! – Nein, du bist nicht zum Himmel zurückgekehrt, goldne Zeit! du umgibst noch jedes Herz in den Momenten, da sich die Blüte der Liebe erschließt.

MADAME SOMMER, *ihre Hände fassend.* Wie groß! Wie lieb!

STELLA. Ihr Angesicht glänzt wie das Angesicht eines Engels, Ihre Wangen färben sich!

MADAME SOMMER. Ach und mein Herz! Wie geht es auf! wie schwillt's vor Ihnen!

STELLA. Sie haben geliebt! O Gott sei Dank! Ein Geschöpf, das mich versteht! das Mitleiden mit mir haben kann! das nicht kalt zu meinen Schmerzen dreinblickt! – Wir können ja doch einmal nichts dafür, daß wir so sind! – Was hab ich nicht alles getan! Was nicht alles versucht! – Ja, was half's? – Es wollte das – just das – und keine Welt, und sonst nichts in der Welt – Ach! der Geliebte ist überall, und alles ist für den Geliebten.

MADAME SOMMER. Sie tragen den Himmel im Herzen.

STELLA. Eh ich mich's verseh, wieder sein Bild! – So richtete er sich auf, in der und jener Gesellschaft, und sah sich nach mir um – So kam er dort übers Feld her gesprengt, und warf sich an der Gartentür in meinen Arm. – Dahinaus sah ich ihn fahren, dahinaus – ach, und er war wiedergekommen – war seiner Wartenden wiedergekommen – – Kehr ich mit meinen Gedanken in das Geräusch der Welt – er ist da! Wenn ich so in der Loge saß und gewiß war, wo er auch steckte, ich mochte ihn sehen oder nicht, daß er jede meiner Bewegungen bemerkte und liebte, mein Aufstehen, mein Niedersitzen! Ich fühlte, daß das Schütteln meines Federbusches ihn mehr anzog als all die blinkenden Augen ringsum, daß alle Musik nur Melodie zu dem ewigen Liede seines Herzens war: „Stella! Stella! Wie lieb du mir bist!“ […] Ein Jahrtausend von Tränen und Schmerzen vermöchten die Seligkeit nicht aufzuwiegen der ersten Blicke, des Zitterns, Stammelns, des Nahens, Weichens – des Vergessens sein selbst – den ersten flüchtigen, feurigen Kuß, und die erste, ruhigatmende Umarmung – Madame! Sie versinken, meine Teure! Wo sind Sie?

MADAME SOMMER. Männer! Männer!

STELLA. Sie machen uns glücklich und elend! Mit welchen Ahndungen von Seligkeit erfüllen sie unser Herz! Welche neue, unbekannte Gefühle und Hoffnungen schwellen unsere Seele, wenn ihre stürmende Leidenschaft sich jeder unserer Nerven mitteilt. Wie oft hat alles an mir gezittert und geklungen, wenn er in unbändigen Tränen die Leiden einer Welt an meinem Busen hinströmte! Ich bat ihn um Gottes willen, sich zu schonen! – mich! – Vergebens – Bis ins innerste Mark fachte er mir die Flammen, die ihn durchwühlten. Und so ward das Mädchen vom Kopf bis zu den Sohlen ganz Herz, ganz Gefühl. Und wo ist denn nun der Himmelsstrich[1] für dies Geschöpf, um drin zu atmen, um Nahrung drunter zu finden?

MADAME SOMMER. Wir glauben den Männern! In den Augenblicken der Leidenschaft betrügen sie sich selbst – warum sollten w i r nicht betrogen werden?

STELLA. Madame! Da fährt mir ein Gedanke durch den Kopf – Wir wollen einander das sein, was sie uns hätten werden sollen! Wir wollen zusammen bleiben! – Ihre Hand! – Von diesem Augenblick an laß ich Sie nicht! [...] Fühlen Sie, welche Wohltat Sie mir tun, wenn Sie bleiben! O ich darf nicht allein sein! Liebe, ich hab alles getan, ich hab mir Federvieh und Reh und Hunde angeschafft; ich lehre kleine Mädchen stricken und knüpfen, nur um nicht allein zu sein, nur um was außer mir zu sehen, das lebt und zunimmt. Und dann doch, wenn mir's glückt, wenn eine gute Gottheit mir an einem heitern Frühlingsmorgen den Schmerz von der Seele weggehoben zu haben scheint; wenn ich ruhig erwache, und die liebe Sonne auf meinen blühenden Bäumen leuchtet, und ich mich tätig, munter fühle zu den Geschäften des Tages: dann ist mir's wohl, dann treib ich eine Zeitlang herum, verrichte und ordne, und führe meine Leute an, und in der Freiheit meines Herzens dank ich laut auf zum Himmel für die glücklichen Stunden.

MADAME SOMMER. Ach ja, gnädige Frau, ich fühl's! Geschäftigkeit und Wohltätigkeit sind eine Gabe des Himmels, ein Ersatz für unglücklichliebende Herzen.

STELLA. Ersatz? Entschädigung wohl, nicht Ersatz – Etwas anstatt des Verlornen, nicht das Verlorne selbst mehr – Verlorne Liebe! wo ist da Ersatz für? [...]

Aus: Johann Wolfgang von Goethe: Werke Bd. 4, Dramatische Dichtungen II, München 1998, S. 318–321.
Die Rechtschreibung entspricht der Textvorlage.

[1] Himmelsstrich: von Himmelskörpern gezogene Linien am Himmelsgewölbe, veraltet für geografische Gegend

Hinweise und Tipps

Das Thema beschert Ihnen viermal Liebesleid: Vier Frauen haben den geliebten Mann verloren. Goethe war 26, als er das Schauspiel „Stella" (der Name bedeutet „Stern") 1775 schrieb. Ihnen liegt die Erstfassung (Druck 1776) vor. Stella ist eine Baroness von 24 Jahren. Vor acht Jahren begann ihre große Liebe, vor drei Jahren hat der Geliebte sie verlassen. Sie lebt im Herrenhaus seines (ihres gemeinsamen?) Rittergutes. Schauplatz der gegebenen Szene ist ein Salon in diesem Haus. Madame Sommer ist mit ihrer Tochter angereist, die in die Dienste Stellas treten soll.
Sie haben sich viel mit Gefühlen zu beschäftigen. Achten Sie dabei aber auf die soziale Situation aller vier Frauen und betrachten Sie sie mit etwas historischer Neugier, damit Sie erkennen, wie sich weibliche (und männliche) Mentalität und Identität im Laufe von 100 Jahren verändert hat. Aufgabe 1 dürfte keine größeren Schwierigkeiten bereiten. Gut wäre es, Beobachtungen zur Sprache in die Analyse zu integrieren, statt sie, davon losgelöst, anzuhängen. Ordnen Sie Szene und Sprache ihrer Entstehungszeit zu. Formulieren Sie im Laufe Ihrer Analyse (und Interpretation) Ergebnissätze. In Aufgabe 2 und 3 liegt die Gefahr, etwas zu inhaltlich und vage zu formulieren. Um verbindlicher argumentieren zu können, sollten Ihnen einige (wenige) konkrete Textstellen verfügbar sein. Werfen Sie also besser noch einmal einen Blick zum Beispiel auf Gretchens Lied (V. 3374 ff.: „Mein Ruh' ist hin …"). Für den Bezug zu Lene wäre es hilfreich, sich etwa Frau Dörrs Kommentar am Ende des 16. Kapitels anzusehen, vor allem aber den Anfang des 14. und den Abschied im 15. Kapitel nachzulesen. Machen Sie sich Notizen, um zitieren zu können.

Lösungshinweise

1. Im zweiten Akt des 1776 veröffentlichten Schauspiels *Stella* von Johann Wolfgang von Goethe treffen die Titelfigur Baroness Stella und Madame Sommer das erste Mal in ihrem Leben zusammen. Madame Sommer scheint bürgerlicher Herkunft zu sein, Stella ist die gnädige Frau (Z. 3) und Herrin. Die beiden Damen haben erst wenige Worte miteinander gewechselt, aber das Gespräch wird sofort sehr persönlich. Frau Sommer ist durch eine Frühlingslandschaft angereist und deutet an, dass der Frühling jedes Mal Erinnerungen an Jugend und Liebe in ihr hervorrufe und sie erfreue, obgleich das Liebesglück verloren (abgeschieden, vgl. Z. 6) sei. Von diesem Stichwort an ist **Liebe und Liebesverlust** der einzige Gesprächsgegenstand. Die sich eigentlich noch ganz fremden Frauen fassen einander bei den Händen und gestehen sich in emphatischen Worten ihre Zuneigung. Stella ist glücklich, in Madame Sommer eine **Seelenverwandte und Schicksalsgenossin** gefunden zu haben, ein Wesen, das geliebt hat und also fähig ist, auch sie in ihrer Liebe und ihrem Liebesschmerz zu verstehen. In großer Gemütsbewegung erzählt sie, wie es war, als ihre Liebe begann, und in welchen Gesten und Zeichen sie sich äußerte (vgl. Z. 23 ff.). Madame Sommer hört im gesamten Dialog im Wesentlichen zu. Im Augenblick aber ist sie wie geistesabwesend (vgl. Z. 36 f.). Die Bilder, die Stella heraufbeschwört, lassen sie in ihre eigene Vergangenheit versinken, als hätte sich ihre erste Liebe ganz ebenso zugetragen wie bei Stella. (Anmerkung: Und so ist es: beide Frauen haben denselben Mann geliebt.) Im Anschluss an sol-

che Erinnerungen philosophiert Stella über männliche Liebesleidenschaft und Gefühlsintensität, die die Frau verwandle. Verlasse er aber die Geliebte, so habe das nun ganz ihm angehörende Geschöpf fortan keinen Ort mehr auf der Welt, und für den Verlust gebe es keinen Ersatz. Und plötzlich kommt Stella der rettende Gedanke, Frau Sommer zu ihrer Freundin zu machen, sie in ihr Haus aufzunehmen und mit ihr zusammenbleiben zu wollen, damit sie nicht mehr einsam sein muss. Sie vertraut ihr an, was sie alles unternommen und in welche Beschäftigungen sie sich gestürzt habe, um ihren leeren Tagen einen Sinn zu geben, aber nur noch selten kamen ausgeglichene und heitere Stunden für sie.

Stellas Begriff von Liebe umfasst auch ihre Vorstellungen von Mann und Frau. Zum Ausdruck kommt das Geschlechterverhältnis der Goethezeit. Der Mann ist in Stellas Augen der an Geist und Seele, Empfindungstiefe, Leidenschaft und Welterfahrung überwältigend reiche Mensch, der die Frau mit seiner Liebe **beschenkt** und sie gleichsam aus einem dunklen Zustand der Latenz erweckt, entzündet und ins Licht reißt. „Dahinaus sah ich ihn fahren, dahinaus" (Z. 25 f.), erklärt Stella Frau Sommer. Der Mann hat Aufgaben in der Welt. Die Frau bleibt. Sie ist froh, wenn er wiederkehrt. **Sie ist die Wartende** (vgl. Z. 26) und **die Abhängige**. Wenn er liebt, gibt er der Frau „Ahndungen von Seligkeit" und „neue, unbekannte Gefühle und Hoffnungen" (Z. 39 f.), und selbst sein Leid ergreift sie wie eine **Elementargewalt:** Seine Tränen ‚strömten an ihrem Busen hin' (vgl. Z. 43), „[b]is ins innerste Mark fachte er [ihr] die Flammen, die ihn durchwühlten." (Z. 44 f.) Diese sprachlichen Bilder und die Dynamisierung der an sich schon starken Verben gehören zum **Sturm und Drang**, es ist die Sprache der Geniezeit. Dass der Mann eine derartige Gewalt über Stella hat, dass er sie gleichsam erschaffen und zu einem ihm immer verbundenen Geschöpf machen kann, liegt auch an ihrem zarten Alter. Sie war noch ein Mädchen und wurde „vom Kopf bis zu den Sohlen ganz Herz, ganz Gefühl" für ihn. (Z. 45 f.) Was hätte sie ihm mit sechzehn Jahren auch an Eigenem entgegensetzen können?

Stella ist überzeugt von der Unbedingtheit und ewigen Gültigkeit der einen großen Liebe. **Liebe ist etwas Absolutes**, Schicksalhaftes und Ausschließliches. Sie habe sich nicht dagegen wehren können. Ihr Herz wollte „sonst nichts in der Welt" (Z. 20). Für die Liebende ist der Geliebte **allgegenwärtig** („überall": Z. 20), denn alles erinnert an ihn, alles spricht von ihm und alle Nervenfasern sind auf ihn konzentriert. Die verlassene Frau bleibt, nun als „unglücklichliebende" (Z. 64), zurück, denn die Stärke des Erlebten klingt nie ab und es gibt **keinen Ersatz** für das Verlorene. An Madame Sommers Schicksal – sie wurde bereits vor mindestens fünfzehn Jahren verlassen – bekundet sich, dass die Frau ein Leben lang von der Erinnerung an die „goldne Zeit" (Z. 10) der einen einzigen Liebe zehrt. Frau Sommer ist die Ältere. Sie spricht herber von den Männern, die sich, liebend, selbst betrügen und folglich auch die Frau (Z. 38 und 48 f.). Indirekt reflektiert sie, dass Männer anders lieben als Stella und sie. Dennoch ist sie sich mit Stella darin einig, dass Männer zwar glücklich, aber auch elend machen, das Glück das Elend aber aufwiege. **Das höchste Gut des Lebens** ist es, überhaupt geliebt zu haben. Wer geliebt habe, trage „den Himmel im Herzen" (Z. 22). Diese hyperbolische (gesteigerte, pathetische) Ausdrucksweise übertrifft Stella mit ihrer stürmischen und entschiedenen These: „Ein Jahrtausend von Tränen und Schmerzen vermöchten die Seligkeit nicht aufzuwiegen" (Z. 33 f.). Sie spricht in einer leidenschaftlichen, von Gedankenstrichen (Pausen) und Ausrufezeichen zerrissenen **Sprache des Gefühls**, für die auch die assoziativen, langen Satzperioden bezeichnend sind. Ab Zeile 28 („Wenn ich so …") entwickelt sich eine solche Periode mit drei Objekt- oder Dass-Sätzen. Ab Zeile 56 („Und dann doch, wenn …") folgt eine noch längere temporale Dann-wenn-Sequenz.

Der **Wortschatz** ist dominiert von den Nomina „Herz" (9 x), „Seele" und Gefühl". Außer dass vom „Angesicht eines Engels" und dreimal von „Himmel" die Rede ist (die Liebe kommt vom Himmel [Z. 9] und ist der Himmel [Z. 22]), stammt auch der Begriff der Seligkeit als Synonym für den Zustand der Liebe (Z. 34, 39) aus der **Sphäre des Religiösen** (der empfindsamen religiösen Schwärmerei).

2. Gefühlsleben und Liebesauffassung von Stella und **Margarete** in *Faust I* sind ähnlich, aber die unterschiedliche soziale Lage der beiden Frauen entscheidet über ihr Schicksal. Stella ist die adlige Dame, die in sich die Erinnerung an den Geliebten pflegt, sich die Tage mit schönen, nützlichen und wohltätigen Dingen vertreibt und weder in moralische noch in materielle Bedrängnis kommt. Gretchen dagegen, das Kleinbürgermädchen, wird zum **Opfer ihrer Liebe**. Stella und Margarete sind noch sehr jung (Faust: „Ist über vierzehn Jahr doch alt?", V. 2627), als der großartige Mann daherkommt, dem sie verfallen. Stella und ihr Geliebter waren sozial einander ebenbürtig. Gretchen weiß wohl, dass in ihrem Milieu eine Liebe zu einem derart vornehmen Herrn keine Zukunft haben kann. Sie verbittet sich Fausts Aufdringlichkeit, sie versucht sich zu wehren und zu schützen, empfindet beunruhigt, in welch suspekter Begleitung Faust auftritt, will wissen, wie es mit seinem Christentum bestellt ist, kann nicht glauben, dass so ein Herr etwas an ihr finden kann, und erliegt ihm doch. Aber anders als die schwärmerische Stella redet sie nicht gar so viel von Herz, Seele und Gefühl, sondern sagt schlicht „Mich überläuft's." (V. 3187) Als Faust schließlich drängt, der Mutter einen Schlaftrunk zu verabreichen, um in ihrer Kammer sein zu können, gibt Gretchen nach (vgl. V. 3517 ff.). Die Liebe ist stärker in ihr als Erziehungsprinzipien, Gewissen, Instinkt und Gedanken an die Zukunft. Sie liebt **bedingungslos** wie Stella. Auch Faust wird, wie der Geliebte Stellas, als der unendlich überlegene und wunderbare Mann empfunden („Du lieber Gott! Was so ein Mann / Nicht alles, alles denken kann!", V. 3211 f.), an den die Frau nach dem „Augenblickchen" des Glücks ein Leben lang zu denken Zeit haben wird (V. 3106 f.). Als Faust zwischenzeitlich verschwindet (abgereist ist), ist auch Gretchen, nicht anders als Stella, **die Wartende**. Sie ist nun nur noch Gefühl für ihn und empfindet Unruhe und Sehnsucht: „Nach ihm nur schau' ich / Zum Fenster hinaus. / Nach ihm nur geh' ich / Aus dem Haus […]" (V. 3 390 ff.). Der geliebte Mann ist ihr alles, ist ihr die Welt geworden. Ihre Liebesunbedingtheit lässt sie sagen: „Wo ich ihn nicht hab', / Ist mir das Grab" (V. 3378 f.). Aber das Wunder dieser **allumfassenden Liebeserfah-**

rung richtet Gretchen zugrunde. Sie wird schwanger, Faust aber ist fort. Sie wird zur Schuldigen und Sünderin vor sich und der Welt. In größter Not tötet sie ihr Kind (während Stella, die wohl auch ein uneheliches Kind geboren hat, unangefochten und von den Leuten verehrt in ihrem Herrenhaus lebt). Am Ende, zum Tode verurteilt, graut es Gretchen vor Faust. Seinen Versuch, sie zu retten, schlägt sie aus. Sie flüchtet sich seelisch zurück in die Welt, gegen die sie sich versündigt hat, und wird, wieder in ihrem Glauben geborgen, gleichsam durch Gottes Erbarmen gerettet.

In Intellektuellen- und Adelskreisen der Goethezeit und der Romantik war die freie Liebe wohl möglich, nicht aber im Kleinbürgertum. Stella kann der verflossenen Liebe Altäre bauen; sie lebt ein komfortables, privilegiertes Elend auf ihrem Adelssitz. Es wäre aber absurd, ihre Maxime, dass das Elend durch das Glück aufgewogen sei, auf eine Kindsmörderin in Ketten und im Kerker übertragen zu wollen.

3. Stella, Goethes Hauptperson in seinem gleichnamigen Schauspiel, hat nicht voraussehen können, von ihrem Geliebten verlassen zu werden. **Lene Nimptsch** dagegen, die junge Plätterin in Theodor Fontanes Roman *Irrungen, Wirrungen* von 1888, sieht es voraus. Sie macht sich nicht vor, dass in ihrem preußischen, von Standesdenken geprägten Berlin die Beziehung zwischen ihr und Baron Botho von Rienäcker Bestand haben könnte. Lebenssituation und Epoche trennen Stella und Lene voneinander. Dennoch gibt es trotz mancher Unterschiede auch Gemeinsamkeiten im Fühlen und Denken der beiden Frauen.

Stella kommt rückblickend, als Verlassene, zu der Einsicht, **dass Männer** die Frauen **glücklich und elend machen**. Ambivalentes, sehr Entgegengesetztes also wird von Männern verursacht. Stella ist sich (erstens) dessen gewiss, dass Frauen passiv, Männer aber die aktiv Handelnden in der Mann-Frau-Beziehung sind. Sie „machen", was der Frau geschieht. Ihr Satz drückt aber (zweitens) auch aus, dass sie das Liebesglück nicht widerruft, obgleich ihr gegenwärtiges Elend dessen Folge ist. Lene könnte Stella darin zustimmen, dass auch sie **glücklich und elend durch ihre Liebe** wurde. Sie würde aber Glück und Elend nicht einseitig als Werk des Mannes oder der Männer betrachten, denn sie fühlt sich ebenso verantwortlich für sich und ihre Beziehung zu Botho wie der Mann. Das Männer- und das Frauenbild haben sich gewandelt. Das Männerbild ist **nicht** mehr **überhöht** wie für Stella (und Gretchen). Menschlich sind sich Lene und Botho ebenbürtig, charakterlich ist Botho sogar schwächer als Lene, lediglich gesellschaftlich steht er ohne eigenes Verdienst über ihr. Lene ist nur darum eine „**Wartende**", die, wie Stella, den Freund am Gartentörchen empfängt (Z. 25), weil sie ihn gesellschaftlich kompromittieren würde, wenn sie zu ihm ginge.

Der Adelsspross von Rienäcker und „die kleine Bourgeoise" lassen sich auf etwas ein, was Leid bringen wird. Sie sind zu ernst zum Tändeln und haben zu viel Gemüt für eine Affäre. **Sie lieben sich von Herzen.** Wenn aber das Herz beteiligt ist, so ist es „schlimm, denn gibt es 'nen Kladderadatsch" (13. Kapitel). „Kladderadatsch" nennt man in Berlin ungefähr das, was für Stella „Elend" heißt.

Lene fühlt sich stark genug, ohne Wenn und Aber das schiere Glück des Augenblicks nehmen und genießen zu können. Wenige Monate überlässt sie sich dem, was ihr Herz ihr eingibt. Auch ihre Liebe ist also **rückhaltlos und unbedingt** wie die Stellas, und es wird – bei Fontane übrigens auch für den Mann – **die einzige Liebe** des Lebens bleiben. Als beide an einem Ausflugsort an der Spree von anderen Paaren gestört werden, erkennt Lene scharf, welche Art Umgang die Gesellschaft jungen adligen Herren und Bürgermädchen zugesteht und welche nicht. Sie weiß nun *vor* Botho, dass ihre Beziehung enden muss, obwohl sie **innerlich gebunden** sind. Tapfer und gefasst spricht sie Botho von aller Schuld frei und bejaht, wie Stella, ihr Glück und ihr Unglück: „Daß ich diesen Sommer leben konnte, war mir ein Glück und bleibt mir ein Glück, auch wenn ich von heut ab unglücklich werde." (Kapitel 14) Beim Abschied weiß sie klarer als Botho, dass es ein späteres Glück (einen Ersatz) nicht mehr geben wird. Stellas **Wort „Elend"** kommt nie aus Lenes Mund, es käme ihr (und Fontane) für sie als zu groß, zu dramatisch und pathetisch vor. Dennoch ist sie nach der Trennung so sehr elend, dass sie auf der Straße einen Zusammenbruch erleidet, als sie einmal von Weitem Botho in Begleitung seiner aristokratischen Gattin erkennt. An sich geht es über ihre Kräfte, den Freund verloren zu haben. Als sie an diesem Tag sehr angegriffen zu Hause ankommt, wiederholt die erfahrene Frau Dörr sinngemäß das „Männer! Männer!" der Madame Sommer: „**Von die Männer kommt es.** Un doch hat man sie nötig un braucht sie …" (16. Kapitel) Auch so hätte Lene nie gesprochen. In ihren Augen kommt es nicht nur ‚von die Männer', sondern ebenso von ihr selbst – und von den herrschenden Regeln und Vorurteilen der Gesellschaft.

Botho und Lene leben, jeder in seinem Stand, ruhig und **pragmatisch** weiter „ohne Glück". Lene nimmt aus Gründen des guten Rufs und der wirtschaftlichen Sicherheit einen braven älteren Mann, Botho lebt an der Seite Käthes. Für beide sind es nüchtern erwogene **Vernunftehen:** kein „Ersatz". Nicht nur Lene vermisst Botho, sondern auch Botho hängt weiter innig an ihr. Irgendwann im Laufe seiner Ehe versucht er „Ordnung" zu machen. Er verbrennt Lenes Briefe. Sein Kommentar zu dem, was übrig bleibt: „Alles Asche. Und *doch* gebunden." (22. Kapitel)

Bewertung und Beurteilung

- „**Gut**“ **(11 Punkte)** ist die Arbeit, die eine sachliche, sprachlich gewandte Zusammenfassung des Gesprächs (Material) enthält und Auffassungen und Ausdrucksweise der Gesprächspartnerinnen weitgehend differenziert erarbeitet, erläutert und darstellt. Temperament und Ausdrucksweise der Gesprächspartnerinnen sollten mit der Entstehungszeit des Schauspiels (Sturm und Drang, Empfindsamkeit, Gefühlskultur) in Verbindung gebracht sein. Hinweise des Textes auf Stellas privilegierte soziale Situation müssen gesehen und in den Vergleich mit Gretchen (Aufgabe 2) eingebracht sein. Der Vergleich muss sich auf Beispiele aus dem Referenztext (Gretchen-Szenen) stützen. Gemeinsamkeiten Gretchens und Stellas und Unterschiede im jeweiligen Liebeserlebnis sind präzise und ergebnisreich herausgearbeitet. Die Erörterung (Aufgabe 3) muss vom gegebenen Textimpuls ausgehen und darauf bezogen bleiben. Von Lene Nimptsch in ihrer Beziehung zu Botho und in wesentlichen, sie charakterisierenden Empfindungen, Gedanken und Lebensentscheidungen muss ein überzeugendes Bild gezeichnet sein. Es sollte sich als tragfähige Grundlage für eine abwägende und kritische Prüfung der Stella-Maxime aus Lenes Sicht bewähren.

- „**Ausreichend**“ **(5 Punkte)** ist die Arbeit, wenn der Inhalt der Szene (Material) insgesamt verstanden und weitgehend in eigenen Worten wiedergegeben wurde. Die Analyse der vorliegenden Vorstellungen von Liebe und Verlust muss so viel Zutreffendes erbringen, dass die darauf aufbauenden weiteren Teilaufgaben mit ausreichendem Erfolg gelöst werden können. Ansätze zur Sprachanalyse sollten (als Beschreibung der Sprechweise) vorhanden sein. – In den Lösungen der Aufgaben 2 und 3 muss sich die insgesamt solide Kenntnis der beiden Lektüren (*Faust I*, *Irrungen, Wirrungen*) erweisen. Inhaltliche Rückgriffe und Rekonstruktionen müssen weitgehend themenorientiert (funktional) erfolgt sein. Im Vergleich Gretchens und Lenes mit Stella muss besonders der Unterschied der jeweiligen Lebenssituation zum Ausdruck gebracht sein. In der Überprüfung des Zitats (Aufgabe 3) aus Lenes Sicht sollte sich ansatzweise Problembewusstsein zeigen.

Leerseiten verbilligen in diesem Fall die Herstellung des Buches!

Abiturprüfung Hessen 2014 – Deutsch Grundkurs
Vorschlag A

Sehnsucht

Erlaubte Hilfsmittel:
1. ein Wörterbuch zur deutschen Rechtschreibung
2. eine Liste der fachspezifischen Operatoren
3. Büchner: *Lenz*

Aufgaben:

1. Interpretieren Sie das romantische Gedicht *Sehnsucht* von Ludwig Tieck (Material 1) unter Berücksichtigung inhaltlicher, sprachlich-formaler und epochenspezifischer Aspekte. (35 BE)

2. Vergleichen Sie das Sehnsuchtsmotiv im Liedtext *Haus am See* (Material 2) von Peter Fox mit demselben Motiv in Tiecks Gedicht (Material 1). (35 BE)

3. Der Theaterregisseur Frank Castorf äußerte sich 2010 in einem Interview auf die Frage, was ihn am Schriftsteller Jakob Michael Reinhold Lenz fasziniere:

   „Dieser völlige Schmerz, gepaart mit einer Glückssehnsucht."

   Beurteilen Sie, in welcher Form Sehnsucht für die Figur Lenz in Büchners gleichnamiger Erzählung eine Rolle spielt. Berücksichtigen Sie dabei auch Castorfs Zitat und die beiden Texte aus Aufgabe 1 und 2. (30 BE)

Material 1
Ludwig Tieck: Sehnsucht (1797)

Warum Schmachten?
Warum Sehnen?
Alle Tränen,
Ach! sie trachten
Weit nach Ferne,
Wo sie wähnen
Schönre Sterne.

Leise Lüfte
Wehen linde,
Durch die Klüfte
Blumendüfte.
Gesang im Winde,
Geisterscherzen,
Leichte Herzen!

Ach! ach! wie sehnt sich für und für,
O fremdes Land, mein Herz nach dir!
Werd' ich nie dir näher kommen,
Da mein Sinn so zu dir steht?
Kommt kein Schifflein angeschwommen,
Das dann unter Segel geht?
Unentdeckte ferne Lande, –
Ach, mich halten ernste Bande,
Nur wenn Träume um mich dämmern
Seh' ich deine Ufer schimmern,
Seh' von dorther mir was winken, –
Ist es Freund, ist's Menschgestalt?
Schnell muß alles untersinken,
Rückwärts hält mich die Gewalt. –

Warum Schmachten?
Warum Sehnen?
Alle Tränen,
Ach! sie trachten
Nach der Ferne,
Wo sie wähnen
Schönre Sterne. – –

Aus: Walter Urbanek (Hg.): Deutsche Lyrik aus zwölf Jahrhunderten, Berlin 1966, S. 105.

Material 2
Peter Fox: Haus am See (2008)

Hier bin ich gebor'n und laufe durch die Straßen!
Kenn die Gesichter, jedes Haus und jeden Laden!
Ich muss mal weg, kenn jede Taube hier beim Namen.
Daumen raus ich warte auf 'ne schicke Frau mit schnellem Wagen.
Die Sonne blendet alles fliegt vorbei.
Und die Welt hinter mir wird langsam klein.
Doch die Welt vor mir ist für mich gemacht!
Ich weiß sie wartet und ich hol sie ab!
Ich hab den Tag auf meiner Seite ich hab Rückenwind!
Ein Frauenchor am Straßenrand der für mich singt!
Ich lehne mich zurück und guck ins tiefe Blau,
schließ die Augen und lauf einfach geradeaus.

Und am Ende der Straße steht ein Haus am See.
Orangenbaumblätter liegen auf dem Weg.
Ich hab 20 Kinder meine Frau ist schön.
Alle kommen vorbei ich brauch nie rauszugehen.

Ich suche neues Land
Mit unbekannten Straßen, fremde Gesichter und keiner kennt meinen Namen!
Alles gewinnen beim Spiel mit gezinkten Karten.
Alles verlieren, Gott hat einen harten linken Haken.
Ich grabe Schätze aus im Schnee und Sand.
Und Frauen rauben mir jeden Verstand!
Doch irgendwann werd ich vom Glück verfolgt.
Und komm zurück mit beiden Taschen voll Gold.
Ich lad' die alten Vögel und Verwandten ein.
Und alle fang'n vor Freude an zu weinen.
Wir grillen, die Mamas kochen und wir saufen Schnaps.
Und feiern eine Woche jede Nacht.

Und der Mond scheint hell auf mein Haus am See.
Orangenbaumblätter liegen auf dem Weg.
Ich hab 20 Kinder meine Frau ist schön.
Alle kommen vorbei ich brauch nie rauszugehen.

Und am Ende der Straße steht ein Haus am See.
Orangenbaumblätter liegen auf dem Weg.
Ich hab 20 Kinder meine Frau ist schön.
Alle kommen vorbei ich brauch nie rauszugehen.

Hier bin ich gebor'n, hier werd ich begraben.
Hab taube Ohr'n, 'nen weißen Bart und sitz im Garten.
Meine 100 Enkel spielen Cricket auf'm Rasen.
Wenn ich so daran denke kann ich's eigentlich kaum erwarten.

http://www.songtexte.com/songtext/peter-fox/haus-am-see-1bcc913c.html (abgerufen am 13. 02. 2011).

Text: Baigorry, Pierre/Conen, David/Schlippenbach, Vincent Graf/Renner, Ruth-Maria. Copyright: Edition Fixx und Foxy Publishing/Soular Music GmbH, Hamburg/Hanseatic Musikverlag GmbH & Co. KG, Hamburg/BMG Rights Management GmbH, Berlin

Hinweise:
Ludwig Tieck (1773–1853), Dichter der Romantik, war auch als Literaturkritiker und Dramaturg einflussreich.

Peter Fox (geb. 1971) ist ein deutscher Reggae- und Hip-Hop-Musiker. Die Rechtschreibung beider Texte entspricht den Textvorlagen.

Hinweise und Tipps

Ludwig Tieck (1773–1853) war, anders als es uns das Gedicht „Sehnsucht" vielleicht vermuten lässt, kein ewig schmachtender Jüngling, sondern ein sehr arbeitsamer Schriftsteller, Herausgeber und Übersetzer der romantischen Epoche. Mit seinem Namen verbunden sind bis heute die erste Übersetzung des „Don Quichote" von Cervantes und der Dramen Shakespeares. Und Tieck war es, der nach 1811 den Nachlass Heinrich von Kleists zusammengestellt und die erste Werk-Ausgabe besorgt hat. Peter Fox, geboren 1971, ist ein erfolgreicher Reggae- und Hip-Hop-Musiker in der Band Seeed.

Markieren Sie sich besonders in M 1 (Tieck) dessen klangliche, rhythmische, rhetorische und poetische Besonderheiten, versuchen Sie aber auch so etwas wie einen gedanklichen Prozess oder roten Faden zu finden, wenn Sie über Inhalt und Aufbau des Gedichts nachdenken (These: In jedem Gedicht entwickelt sich etwas!). Beachten Sie: Ihre Vorarbeit ist analytisch; in Ihrer schriftlichen Interpretation sollten sich dann die verschiedenen Untersuchungsgesichtspunkte und Entdeckungen zu einem Verstehensentwurf verbinden. Für M 2 (Aufgabe 2) ist keine vollständige Textinterpretation, sondern – vor dem Hintergrund von M 1 – lediglich die Behandlung des Sehnsuchtsmotivs zu erarbeiten. Da aber diese Aufgabe gleichviel BE hat wie Aufgabe 1, sollten Sie doch etwas tiefer in den Text einsteigen und zum Beispiel über die Folgerichtigkeit der darin erzählten Geschichte, über die verwendete Sprache, die erstrebten Werte und über die inhaltliche Veränderung der Kurzstrophen nachdenken. Möglich ist es, mit Ihrem vorläufigen und subjektiven Eindruck der Texte zu beginnen (Einleitung). Auch wenn sich diese Ausgangshypothese im Laufe der Erarbeitung als unzutreffend herausstellen sollte, wäre sie ein hilfreicher Ansatz: Seine Überprüfung und Korrektur spräche für Ihre Offenheit und gedankliche Flexibilität.

Mit der dritten Aufgabe kommt eine Beurteilung bzw. Erörterung hinzu. Sie haben jetzt auch Stellung zu nehmen bzw. zu ‚beurteilen' und somit zu erörtern. Koppeln Sie diese Aufgabe möglichst nicht vom Vorausgegangenen ab, sondern formulieren Sie Überleitungen. Durch den vergleichenden Rückbezug auf Gedicht und Song werden Ihre Überlegungen zu „Lenz" mehr Kontur gewinnen. Genau genommen bezieht sich Frank Castorf auf den historischen Dichter und dessen Werk, während Sie nur Büchners (dem biografischen Bericht allerdings nahe) Kunstfigur kennen. Vorausgesetzt wird hier also, dass Aussagen zur historischen und zur literarischen Person weitgehend miteinander übereinstimmen.

Lösungshinweise

1. **Ludwig Tieck** war 24 Jahre alt, als er 1797 das Gedicht *Sehnsucht* schrieb. Gleich mit diesem Titel gibt er sich als Romantiker zu erkennen, denn **Sehnsucht** ist **eines der Signal- oder Schlüsselwörter**, das die Unruhe des romantischen Gemüts, sein Ungenügen an der zumeist als prosaisch empfundenen Wirklichkeit und damit sein Fernweh und Verlangen nach der Erweiterung seines Horizonts und Bewusstseins, nach dem Noch-nie-Geschauten und nach dem Wunder in sich umschließt. Und so überrascht es nicht, dass das Gedicht gleich vier Mal von der **Ferne** bzw. dem fremden oder fernen Land spricht (V. 5, 16, 21, 33), nach dem sich das Ich sehnt. Zu fragen ist, was das wohl für ein Land sein könnte, dem die große Sehnsucht gilt.

   Die äußere Form des vierstrophigen Textes ist eigenartig, denn die Strophen 1, 2 und 4 entsprechen sich von der Länge, während Strophe 3 aus dem Rahmen fällt. In den Strophen 1, 2 und 4 fügen sich jeweils sieben Kurzverse (aus jeweils zwei trochäischen Takten: x́x / x́x) **reim- und klangreich** zusammen. Der Eindruck eines weichen, träumerischen Sich-Wiegens und Fließens wird durch die durchweg weiblichen (unbetonten, klingenden) Endungen, durch gelegentliche Enjambements (V. 4/5, 6/7), den reichen Endreim (in jeder Strophe zwei Reimpaare und ein Dreier-Reim), durch Anaphern und **zahlreiche Alliterationen** (Alle – Ach, Tränen – trachten, Weit – Wo – wähnen – Wehen – Winde, Leise Lüfte – linde – Leichte ...) hervorgebracht. Der abstrakte Begriff der Überschrift ist im Gedicht durch substantivierte Verben ersetzt, durch das „Sehnen" und „Schmachten" (neben „trachten" und „wähnen"). Auch dieser **Verbalstil** macht die Verse geschmeidig. Strophe 1 kehrt zudem als Schlussstrophe wieder, sodass das Gedicht im Rahmen dieser doppelt erklingenden Worte wie in einem Zauberkreis gefangen ist. Inhaltlich sind diese **Rahmenstrophen kleine Zwiegespräche**. Es erhebt sich die **Frage** nach dem Grund der Tränen und dem Ziel oder Objekt der Sehnsucht (V. 1, 2); ihr folgt die **Antwort:** Der Grund ist das Verlangen nach einer Ferne, die ‚schönere Sterne' (V. 7) verheißt. **Die zweite Strophe** lässt diese Ferne aufscheinen.

   Die dritte Strophe nimmt das in der ersten begonnene Zwiegespräch aus Fragen und Antworten wieder auf, aber sie hat eine andere, Metrum und Strophenlänge des Anfangs durchbrechende äußere Gestalt, sie führt den süßen, reichen Klang der vorangegangenen Strophen nicht fort, kennt weder Enjambements noch schweifende Reime oder Alliterationen, und in ihren männlichen (stumpfen) Endungen stockt der rhythmische Fluss. Sie hat auch inhaltlich eine eigene Funktion: Ihre Struktur ist **antithetisch**. **Der Sehnsucht** nach dem fernen Land **begegnet das Realitätsprinzip**. Die Strophe beginnt mit dem jetzt verdoppelten (intensivierten) Klagelaut „Ach!" (vgl. V. 4, 32) und mündet schwer und hart im abstrakten, bewusst unpoetischen Nomen „Gewalt". Dem „Schifflein" (V. 19), das an ferne Ufer entführen soll, begegnet die Klage, von „ernste[n] Bande[n]" (V. 22) gehalten zu sein. Auffällig in diesem Zusammenhang ist die jeweilige Wahl des Subjekts. In den Rahmenstrophen gab es kein lyrisches Ich. **Subjekt**

war in ihnen „**alle Tränen**“ oder „leise Lüfte“. In der großen Zwischenstrophe aber meldet sich das Ich. Solange es noch von seiner Sehnsucht spricht, heißt es „**mein Herz**“. Erst ab Vers 17 setzt sich dann das Personalpronomen durch. Das lässt sich so verstehen, dass das „Herz“ für Gemüt und Gefühl und das innere Wesen des Menschen steht und den Ort des primären, kindlichen Empfindens und Wollens bezeichnet. **Im Ich** dagegen sammelt sich die rationale, **bürgerliche, soziale Person**, ein erwachsener Mensch, der sich bindet (zum Beispiel einen Ehe- oder Arbeits- oder Geschäftsvertrag schließt) und also Verpflichtungen eingeht und Verantwortung übernimmt. Der Schluss liegt nahe, dass das Ich sich in der bürgerlichen Welt gefesselt und seinem Herzen **entfremdet** fühlt. Das ersehnte Schifflein, das an fremde Ufer führen soll (V. 19 ff.), wäre also das Fluchtfahrzeug in ein Leben, in dem Kopf und Herz wieder im ursprünglichen Einklang miteinander sein könnten. Aber der Kopf (das Ich) weiß zugleich, dass dieses Sehnsuchtsland mit Sternen, die alles bisher Erlebte übertreffen, **imaginär**, nur eine Vorstellung (vgl. V. 6) ist. Schimmernd taucht es **in Träumen** auf (V. 23 f.), aber es muss „untersinken“ (V. 27) und der „Gewalt“ (V. 28) des Tages, der Pflichten und der Realität weichen.

Die Schlussverse von Strophe 3 sind wie ein Fazit. Der logische Gedankengang ist zum Ende gekommen; das Gedicht könnte hier aufhören. Seine Besonderheit liegt aber darin, dass trotz der ebenso eindeutigen wie ernüchternden Erkenntnis von der Unterlegenheit des Traums und der überlegenen Gewalt der Realität die Sehnsucht nicht schweigt. Wider alle Logik erklingt abermals die Sehnsuchtsstrophe. Sie ist ein Zeugnis romantischer Poesie und **Ironie**. Ein wenig ironisch ist es nämlich, gegen die eigene Einsicht an der **Utopie** eines glücklicheren Lebens festzuhalten. Poetisch ist aber besonders die **zweite Strophe**, denn in ihr **erschafft** die **Poesie die Gegenwelt** als Elysium und Gefilde seliger Geister. Skizzenhaft entsteht eine südliche, von linden Lüften bewegte Landschaft, in der Blumen duften und Gesang herbeiweht wie „Geisterscherzen“ (V. 13). Heiter also und schwerelos scheinen hier alle Wesen miteinander zu kommunizieren, und leicht sind die Herzen, erlöst vom Erden- oder vom Realitätsdruck. Klanglich herrschen in dieser Welt die hellen Diphthonge „ei“ und „ü“ zusammen mit dem lieblichen „L“.

2. *Haus am See*, der Text des Hip-Hop-Musikers Peter Fox von 2008, ähnelt eher einer Ballade als einem Lied, sodass es vielleicht richtiger ist, von einem Erzähler statt vom lyrischen Ich zu sprechen. Die beiden langen erzählenden Strophen (1 und 3) sind von einem Vierzeiler unterbrochen, der am Schluss dreimal, einmal als genauer Refrain und zweimal variiert, wiederkehrt. Der Erzähler hat es satt, länger zu Hause zu bleiben, wo nichts Neues mehr winkt. Er müsse mal raus, „mal weg“ (Z. 3), sagt er schlicht, und später heißt es „Ich suche neues Land/Mit unbekannten Straßen …“ (Z. 17 f.). Das Wort Sehnsucht wäre zu groß für den von Fox angeschlagenen saloppen Ton, aber mit der **Suche nach dem unbekannten Land**, mit dem Verlangen nach **Aufbruch** und der **Vision von Erfüllung und Glück** ist *Haus am See* doch **in den zentralen Motiven** zumindest auf den ersten Blick **mit Tiecks Gedicht vergleichbar**. Der moderne Text scheint allerdings nur

etwas oberflächlich und mit leichter Hand hingeworfen zu sein als Textvorlage für Schlagzeug, Verstärker, Vortrag und die Show einer Band. Er ist rhythmisiert, folgt aber keinem bestimmten metrischen Schema und reimt nur lässig, indem lediglich die Vokale in den Endsilben der Zeilen häufig zusammenklingen. Er unterscheidet sich also bereits formal von der genauen lyrischen Durchgestaltung und differenzierten Musikalität des romantischen Gedichts. Auch der Inhalt, die Erzählung, scheint nicht ganz sorgfältig entwickelt zu sein. Weil der Text durchweg nur im Indikativ und meistens im Präsens verfasst ist, wird manchmal nicht klar, wann von **Realem** die Rede ist und wann von **Erträumtem**. So erzählt die erste Strophe davon, dass das Ich sich kurzentschlossen auf den Weg macht und trampt. Es scheint tatsächlich von der erwünschten schicken Frau mit dem schnellen Wagen (Z. 4) mitgenommen zu werden, denn wir hören, dass alles vorbeifliegt, die verlassene Welt allmählich zurückbleibt und klein wird (Z. 5 f.), dass der Sprecher sich (es wird ein Cabrio sein) zurücklehnt und „ins tiefe Blau" schaut (Z. 11), dann aber die Augen schließt und „einfach geradeaus" *läuft* (Z. 12). Er lehnt im Wagenpolster und läuft? Ist also alles, was jetzt folgt, sein Tagtraum während der Autofahrt? Oder ist auch die Autofahrt geträumt? Ist der Erzähler überhaupt aufgebrochen? Denn am Schluss ist er wieder glücklich am Ausgangspunkt: dort, wo er geboren wurde (Z. 37, vgl. Z. 1).

Im **Unterschied** zum lyrischen Ich in Tiecks Gedicht gibt es bei Fox **keine elegische Stimmung**, keine Tränen, keine Klage. Hier läuft stattdessen schwungvoll und mit „Rückenwind" (Z. 9) ein fröhlich ichbezogener Typ los, der sich gewiss ist, dass die Welt auf ihn gewartet hat (Z. 7 f.), dass am Straßenrand allein für ihn ein Frauenchor singt (Z. 10), dass das Glück ihn verfolgt und ihm die Taschen voll Gold stopft (Z. 23 f.). Das ist alles lustig, **unterhaltsam** und mit **Spaß an der Übertreibung** dargeboten. Bevor aber das große Geld überhaupt da ist, taucht schon einmal „am Ende der Straße" (sinnbildlich für das Ende der Reise) das Haus unter Orangenbäumen am See auf, das sich dieser Hans im Glück mitsamt einer schönen Frau und einem Haufen Kinder wünscht. Es wird nicht erst später, in Zukunft, da sein, sondern „steht" jetzt schon an Ort und Stelle wie bereits vorhanden. Ein für alle Mal ist der ‚Sucher' dort angekommen, wird sich nun nicht mehr vom Fleck rühren und zum Magneten all derer werden, die zu ihm gehören (Strophe 2). Diese Refrain-Strophe kann aber nur als eine Art Wunschbild verstanden werden, denn erst danach, in Strophe drei (ab Z. 17), beginnt die eigentliche Suche und das Abenteuer des Lebens mit dem Graben nach Schätzen in Schnee und Sand, also in den verschiedensten Zonen der Welt (Z. 21). Und obwohl hier ein recht großspuriges Glückskind unterwegs zu sein scheint, hört man plötzlich etwas vom „harten linken Haken" Gottes und dem risikoreichen „Spiel mit gezinkten Karten" (Z. 19 f.), als wäre man jetzt unter die Westernhelden geraten. Inwiefern gezinkte Karten? Was hat Gott hier zu suchen? Inwiefern läuft da ein Alles-oder-Nichts-Spiel? Nur so wahrscheinlich und ohne tiefere Bedeutung. Und dann kommt als **Höhepunkt** des Glücks das allen Verwandten und Freunden spendierte große **Grillfest mit Besäufnis**.

Nichts von den Wunsch- und Wertvorstellungen, die Fox zusammenträgt, hat etwas mit Tiecks Sehnsucht nach seelisch-geistiger und menschlicher Erfüllung zu tun. Die Vergleichbarkeit der Texte bezieht sich rein auf die äußere Motivik. Während Tieck in der zart gesponnenen zweiten Strophe Leichtigkeit imaginiert, „Geisterscherzen", ähnelt das Begehren des Erzählers bei Fox dem Wertekanon im Klischee vom kleinen Mann. Besonders Frauen spielen darin eine Rolle (Z. 4, 10, 15, 22), und danach der schnelle Wagen, Geld in Mengen, das Haus im Süden, der Schnaps und der Grillplatz. In gewissem Sinne parodiert Fox das Illustriertenbild vom Glück als **Lebensstandard** in der Konsumgesellschaft; und spätestens hier ist zu merken, dass sein Erzähler zwar viel haben will und anfangs wohl auch einen Tapetenwechsel sucht, aber herzlich frei ist von innerer verzehrender Sehnsucht. Tiecks lyrischer Sprecher litt unter dem Bewusstsein, dass sein Verlangen im Traum und als poetischer Entwurf, nie aber in der Wirklichkeit Gestalt annehmen würde. Der Erzähler bei Fox scheint dagegen gar nicht traurig zu sein, dass er, statt im Haus am See, da alt werden wird, wo er geboren worden ist. Er ist zufrieden, hat sich arrangiert und kann es fast nicht erwarten, als Großvater seinen Enkeln im Garten zuzusehen. Warum es so (traumhaft?) viele sein müssen, ist sein Geheimnis.

3. Der Ausspruch des Regisseurs **Frank Castorf** über den Dichter Jakob Michael Reinhold Lenz „Dieser völlige Schmerz, gepaart mit einer Glückssehnsucht" trifft ziemlich genau auch den Zwiespalt des lyrischen Ichs in Tiecks Gedicht *Sehnsucht*. „Dieser völlige Schmerz" war darin die Verzweiflung darüber, in einer quälenden Wirklichkeit mit Gewalt festgehalten zu sein. „Glückssehnsucht" jedoch war das Thema seines Gedichts. Auch bei Fox wird die Sehnsucht nach Glück thematisiert, aber sie geht nicht tief. Wirklicher Schmerz ist im Song des Rappers nicht zu spüren, sodass das Zitat, wenn überhaupt, nur oberflächlich auf *Haus am See* bezogen werden kann. Aber die Spannung des Gemüts, die Castorf bei Lenz fasziniert, beherrscht auch **Georg Büchners Figur des Lenz** in seiner gleichnamigen Novelle. Indem Castorf Gegensätze (Schmerz und Glückssehnsucht) anscheinend paradox als zusammengehörig („gepaart") sieht, bringt er zum Ausdruck, dass Lenz für ihn ein außerordentlich empfindungsreicher und gemütstiefer Mensch war, dessen extremes Temperament ihm auferlegte, die ganze Skala, gleichsam Himmel und Hölle des Menschen, in sich durchleben zu müssen. Castorf scheint aber auch auszudrücken, dass (der historische) Lenz diese äußerste Spannung halten konnte, während Büchner seinen Lenz in der Phase seines Lebens zeigt, in der die Spannung zur Überspanntheit wird und reißt.

   Büchner führt seinen Lenz von der ersten Seite seiner Novelle an als genialische, dabei aber psychisch labile, zerrüttete und sogar schon kranke Persönlichkeit ein. Tiefe **existenzielle Sehnsucht** treibt seine Figur von Anfang an, und fatale, später zunehmend selbstzerstörerische Resignation folgt ihr. Gleich während der winterlichen Vogesenwanderung auf dem Weg zu Pfarrer Oberlin heißt es von Lenz: „Es drängte ihn, **er suchte** nach etwas, wie nach verlorenen Träumen, **aber er fand nichts** […]." Er ist jähen Gemütsschwankungen unterworfen. Es wechseln titanische Aufschwünge, in denen er glaubt, „Alles“ in sich fassen zu können, mit dem Gefühl der gänzlichen Nichtigkeit. Unerfüllte spirituelle Sehnsucht und masochistische Sinnlichkeit martern ihn, sodass er sich **Schmerzen** zufügt, um **Lust** zu empfinden. Gleich anfangs versteht Büchner Lenzens Ekstase, sich ins All hineinwühlen zu wollen, wohl auch sexuell: „[E]s war ihm eine Lust, die ihm wehe tat.“ Schmerz, Qual und **Glückssehnsucht** sind hier in der Tat „gepaart“. Später stürzt sich Lenz aus dem Fenster, um aus dem Schmerz zu erfahren, dass er noch lebt. Er ist Theologe und ein verzweifelter Gottsucher. Aber immer wieder schüttelt ihn die Angst, dass es keinen Gott gebe, dass der Himmel nichts als ein „dummes blaues Auge“ und alles in ihm und außer ihm still, kalt, hohl und leer sei. Er sucht und findet vorübergehend Halt und inneren Frieden bei Oberlin. Er hat ein starkes Verlangen danach, die Menschen zu retten. Seine „Glückssehnsucht“ bezieht sich also nicht nur auf sich selbst, sondern auch auf die Menschen in Oberlins Gemeinde, denen er begegnet. Als er sich, abermals titanisch, gegen seinen Gott auflehnt, der ein Mädchen sterben ließ, als er die Tote nicht wieder zum Leben zu erwecken vermag, bricht er zusammen. Seinem Verlangen (seiner extremen „Glückssehnsucht“) ist keine Erfüllung gewährt. Von hier an hat die Welt, die Lenz zum Glück der Menschen und seiner selbst „hatte nutzen wollen, […] einen ungeheuern Riss“. Es versiegen nun seine ihm von Castorf zuerkannten Stärken, seine Schmerzfähigkeit ebenso wie seine Glückssehnsucht. Lenz wird gleichgültig und stumpf, fast wie ein Toter zu Lebzeiten, von dem Büchner sagt: „[E]r fühlte keine Angst mehr, kein Verlangen […]. So lebte er hin.“

Bewertung und Beurteilung

- „**Gut**“ (**11 Punkte**) ist die Arbeit, die Material 1 als Gedicht begreift, es also aus dem Zusammenwirken seiner inhaltlichen und lyrischen Elemente heraus interpretiert, die seinen Aufbau untersucht, den Sonderstatus der 3. Strophe beschreibt und in ihr die für die Romantik spezifische Spannung zwischen Traum und Wirklichkeit entdeckt und diesen Sachverhalt dem Leser sprachlich-gedanklich überzeugend vermittelt. Besonders im interpretatorischen Umgang mit Strophe 2 müssen sich Kenntnisse zur Epoche und ihren Topoi erweisen. Merkmal der guten Arbeit ist es ferner, Fragen zu stellen und methodisch und gedanklich so gut wie möglich an ihrer Beantwortung (Lösung) zu arbeiten. Für die Frage etwa, warum die erste Strophe am Ende wiederholt ist, kann durchaus eine vom Lösungsvorschlag abweichende Antwort gefunden werden. In Aufgabe 2 muss das *Tertium comparationis*, das gemeinsame Dritte, das die Materialien 1 und 2 vergleichbar macht, klar herausgestellt und textbezogen begründet sein. Fox‘ von Tieck abweichende Entfaltung des Sehnsuchtsmotivs muss differenziert herausgearbeitet sein; dazu sollten auch Eigenarten in Aufbau und Form des Songs wahrgenommen sein. Für Aufgabe 3 muss vor dem Bezug auf Georg Büchners Lenz-Figur dargestellt werden, wie Castorfs Satz zu verstehen ist. Die Charakterisierung der Figur mithilfe dieses Satzes muss ergiebig und differenziert sein. Sein Rückbezug auf M 1 und 2 muss argumentativ überzeugen.

- „**Ausreichend**“ (**5 Punkte**) ist eine Leistung zu nennen, die die in Tiecks Gedicht zum Ausdruck kommenden Empfindungen und Gedanken in eigenen Worten angemessen nachvollzieht, einige Merkmale des lyrischen Sprechens markiert und in die Interpretation aufnimmt und das Sehnsuchtsmotiv als romantisches Motiv im Allgemeinen zutreffend erläutert. Worauf sich die Sehnsucht in *Haus am See* inhaltlich richtet, sollte zusammengestellt, charakterisiert und von Tiecks Sehnsuchtsbegriff im Wesentlichen zutreffend abgegrenzt sein; unerlässlich auch für die 5-Punkte-Arbeit ist es, Tiecks Strophe 2 dabei zu berücksichtigen. Die Schluss-Strophe von M 2 darf nicht unkommentiert bleiben. In Aufgabe 3 muss Castorfs Satz über Lenz annähernd überzeugend paraphrasiert, seine Hochschätzung für diesen Dichter muss verstanden sein. Es müssen sich Textkenntnis und Textverständnis dokumentieren. Unterscheidungs- und Urteilsvermögen bezüglich der voneinander abweichenden und vergleichbaren Sehnsuchtsvorstellungen müssen insgesamt überzeugen.

Abiturprüfung Hessen 2014 – Deutsch Grundkurs
Vorschlag B

Begehren und Tod

Erlaubte Hilfsmittel:
1. ein Wörterbuch zur deutschen Rechtschreibung
2. eine Liste der fachspezifischen Operatoren
3. Goethe: *Faust I*
4. Süskind: *Das Parfum*

Aufgaben:

1. Geben Sie den Inhalt des Textauszugs aus E.T.A. Hoffmanns *Das Fräulein von Scuderi* wieder. (Material) (25 BE)

2. Erläutern Sie, welche Einstellung zu Begehren und Tod Cardillac in der Textvorlage offenbart, und vergleichen Sie Cardillac mit Grenouille aus Süskinds Roman *Das Parfum*. (45 BE)

3. Auch Faust aus Goethes Drama *Faust I* hat durch sein begehrliches Handeln Schuld auf sich geladen. Stellen Sie sich vor, er würde am Ende der Dramenhandlung vor ein ordentliches Gericht gestellt werden, das Kenntnis von Fausts Vorgeschichte erhält und auch dessen moralisches Handeln berücksichtigt.

   Entwerfen Sie ein sachliches Plädoyer (zusammenfassende Schlussrede vor Gericht). Entscheiden Sie sich, ob Sie den Angeklagten in der Rolle des Anklägers verurteilen lassen wollen **oder** ob Sie in der Rolle des Verteidigers auftreten. (30 BE)

Material
E.T.A. Hoffmann: Das Fräulein von Scuderi (1819)

Die Erzählung spielt im Jahre 1680 in Paris, wo die Bevölkerung durch eine Serie von Morden und Schmuckdiebstählen in Angst und Schrecken versetzt wird. Im folgenden Textauszug erfährt das Fräulein von Scuderi, eine ältere Dichterin am Hofe Ludwigs XIV., durch den Goldschmiedegesellen Olivier von der Aufklärung der Verbrechen. Olivier arbeitet bei René Cardillac, dem berühmtesten Goldschmied seiner Zeit und seinem künftigen Schwiegervater. Er berichtet dem Fräulein von Scuderi von einem Gespräch mit Cardillac, in dem dieser ihm folgendes Geständnis gemacht hat:

Endlich fing er [Cardillac] an: „[…] Als *die* [meine Mutter] mit mir im ersten Monat schwanger ging, schaute sie mit andern Weibern einem glänzenden Hoffest zu […]. Da fiel ihr Blick auf einen Kavalier[1] in spanischer Kleidung mit einer blitzenden Juwelenkette um den Hals, von der sie die Augen gar nicht mehr abwenden konnte. Ihr ganzes Wesen war Begierde nach den funkelnden Steinen, die ihr ein überirdisches Gut dünkten. Derselbe Kavalier hatte vor mehreren Jahren […] ihrer Tugend nachgestellt, war aber mit Abscheu zurückgewiesen worden. Meine Mutter erkannte ihn wieder, aber jetzt war es ihr, als sei er im Glanz der strahlenden Diamanten ein Wesen höherer Art, der Inbegriff aller Schönheit. Der Kavalier bemerkte die sehnsuchtsvollen, feurigen Blicke meiner Mutter. […] Er wußte sich ihr zu nähern, noch mehr, sie von ihren Bekannten fort an einen einsamen Ort zu locken. Dort schloß er sie brünstig[2] in seine Arme, meine Mutter faßte nach der schönen Kette, aber in demselben Augenblick sank er nieder und riß meine Mutter mit sich zu Boden. Sei es, daß ihn der Schlag plötzlich getroffen, oder aus einer andern Ursache; genug, er war tot. […] Das Entsetzen warf meine Mutter auf ein schweres Krankenlager. Man gab sie, mich verloren, doch sie gesundete und die Entbindung war glücklicher, als man je hatte hoffen können. Aber die Schrecken jenes fürchterlichen Augenblicks hatten *mich* getroffen. Mein böser Stern war aufgegangen und hatte den Funken hinabgeschossen, der in mir eine der seltsamsten und verderblichsten Leidenschaften entzündete. Schon in der frühesten Kindheit gingen mir glänzende Diamanten, goldenes Geschmeide über alles. Man hielt das für gewöhnliche kindische Neigung. Aber es zeigte sich anders, denn als Knabe stahl ich Gold und Juwelen, wo ich sie habhaft werden konnte. Wie der geübteste Kenner unterschied ich aus Instinkt unechtes Geschmeide von echtem. Nur dieses lockte mich, unechtes sowie geprägtes Gold ließ ich unbeachtet liegen. Den grausamsten Züchtigungen des Vaters mußte die angeborne Begierde weichen. Um nur mit Gold und edlen Steinen hantieren zu können, wandte ich mich zur Goldschmiedsprofession. Ich arbeitete mit Leidenschaft und wurde bald der beste Meister dieser Art. Nun begann eine Periode, in der der angeborne Trieb, so lange niedergedrückt, mit Gewalt empordrang und mit Macht wuchs, alles um sich her wegzehrend. Sowie ich ein Geschmeide gefertigt und abgeliefert, fiel ich in eine Unruhe, in eine Trostlosigkeit, die mir Schlaf, Gesundheit – Lebensmut raubte. – Wie ein Gespenst stand Tag und Nacht die Person, für die ich gearbeitet, mir vor Augen, geschmückt mit meinem Geschmeide, und eine Stimme raunte mir in die Ohren: ‚Es ist ja dein – es ist ja dein – nimm es doch – was sollen die Diamanten dem

Toten!‘ – Da legt ich mich endlich auf Diebeskünste. Ich hatte Zutritt in den Häusern der Großen, ich nützte schnell jede Gelegenheit, kein Schloß widerstand meinem Geschick und bald war der Schmuck, den ich gearbeitet, wieder in meinen Händen. – Aber nun vertrieb selbst das nicht meine Unruhe. Jene unheimliche Stimme ließ sich dennoch vernehmen und höhnte mich und rief: ‚Ho ho, dein Geschmeide trägt ein Toter!‘ – Selbst wußte ich nicht, wie es kam, daß ich einen unaussprechlichen Haß auf die warf, denen ich Schmuck gefertigt. Ja! im tiefsten Innern regte sich eine Mordlust gegen sie, vor der ich selbst erbebte. – In dieser Zeit kaufte ich dieses Haus. [...] Dunkle Gedanken stiegen in mir auf, als ich diese Einrichtung[3] sah, es war mir, als sei vorgearbeitet solchen Taten, die mir selbst noch Geheimnis blieben. Eben hatt ich einem Herrn vom Hofe einen reichen Schmuck abgeliefert, der, ich weiß es, einer Operntänzerin bestimmt war. Die Todesfolter blieb nicht aus – das Gespenst hing sich an meine Schritte – der lispelnde Satan an mein Ohr! – Ich zog ein in das Haus. In blutigem Angstschweiß gebadet, wälzte ich mich schlaflos auf dem Lager! Ich seh im Geiste den Menschen zu der Tänzerin schleichen mit meinem Schmuck. Voller Wut springe ich auf – werfe den Mantel um – steige herab die geheime Treppe – fort durch die Mauer nach der Straße [...]. – Er kommt, ich falle über ihn her, er schreit auf, doch von hinten festgepackt stoße ich ihm den Dolch ins Herz – der Schmuck ist mein! – Dies getan fühlte ich eine Ruhe, eine Zufriedenheit in meiner Seele, wie sonst niemals. Das Gespenst war verschwunden, die Stimme des Satans schwieg. Nun wußte ich, was mein böser Stern wollte, ich mußt ihm nachgeben oder untergehen! – Du begreifst jetzt mein ganzes Tun und Treiben, Olivier! – Glaube nicht, daß ich darum, weil ich tun muß, was ich nicht lassen kann, jenem Gefühl des Mitleids, des Erbarmens, was in der Natur des Menschen bedingt sein soll, rein entsagt habe. Du weißt, wie schwer es mir wird, einen Schmuck abzuliefern; wie ich für manche, deren Tod ich nicht will, gar nicht arbeite [...].“ Dies alles gesprochen, führte mich Cardillac in das geheime Gewölbe und gönnte mir den Anblick seines Juwelenkabinetts. Der König besitzt es nicht reicher. Bei jedem Schmuck war auf einem kleinen, daran gehängten Zettel genau bemerkt, für wen er gearbeitet, wann er durch Diebstahl, Raub oder Mord genommen worden. „An deinem Hochzeitstage“, sprach Cardillac dumpf und feierlich, „an deinem Hochzeitstage, Olivier, wirst du mir, die Hand gelegt auf des gekreuzigten Christus Bild, einen heiligen Eid schwören, sowie ich gestorben, alle diese Reichtümer in Staub zu vernichten durch Mittel, die ich dir dann bekannt machen werde. Ich will nicht, daß irgendein menschlich Wesen [...] in den Besitz des mit Blut erkauften Horts[4] komme.“

Aus: E.T.A. Hoffmann: Das Fräulein von Scuderi, Frankfurt/Main 1986, S. 64–68.
Hinweise: Ernst Theodor Amadeus Hoffmann (1776–1822) war ein deutscher Dichter der Romantik. Die Rechtschreibung entspricht der Textvorlage

1 Kavalier, hier: Edelmann, Ritter
2 brünstig: geschlechtlich erregt
3 Es handelt sich um einen Geheimgang, den Cardillac in dem Haus, welches er später bewohnt, entdeckt hat.
4 Hort: sicherer Verwahrungsort, hier Schatz

Hinweise und Tipps

Es wird Ihnen auffallen, dass es sich bei allen drei Figuren dieses Themas um Ausnahme- und „Übermenschen" handelt. Der Protagonist des Romantikers E.T.A. (Ernst Theodor Amadeus) Hoffmann und auch der des postmodernen Autors Süskind gehen auf den Geniegedanken oder Geniemythos des Sturm und Drang zurück (ca. 1765–1785), der Epoche, in der Goethe auch die Ansätze zu seinem Faust-Drama schuf. Sie werden im Unterricht vermutlich darauf aufmerksam gemacht worden sein, wie ausgiebig Patrick Süskind intertextuell gearbeitet und an Motive aus vielen Werken vor ihm angeknüpft hat. – Mit dem Textauszug aus dem „Fräulein von Scuderi" (M 1) liegt Ihnen, sozusagen in Kurzfassung, ein geschlossener Bericht über solch eine merkwürdige Persönlichkeit und ihre Vita vor. Markieren Sie sich deren Eigenarten und wiederkehrende Begründungen für ihr ungewöhnliches Fühlen und Handeln. Manches wird Sie sofort an „Das Parfum" erinnern. Setzen Sie an solche Stellen ein „P." Die Geschichte Cardillacs ist etwas verschachtelt präsentiert und darum sprachlich nicht ganz einfach zusammenzufassen, denn Sie geben sozusagen in der 3. Potenz wieder, was Cardillac Olivier erzählt und dieser dann der Scuderi weitererzählt hat. Sie haben gelernt, dass Inhaltsangaben das Präsens erfordern; hier kommen Sie aber zur Kennzeichnung der früheren Geschehnisse nicht ohne Formen der Vergangenheit aus. – Vor der Niederschrift zu Aufgabe 2 sollten Sie M 1 erneut durchgehen und mit Plus- und Minuszeichen markieren, worin sich Cardillac und Grenouille gleichen und was sie deutlich voneinander trennt. Bleiben Sie nicht zu eng an den drei Begriffen „Begehren", „Tod" und „Einstellung zu …" hängen; man kann sich sogar fragen, ob das, was den Figuren geschieht und was sie tun, „eine Einstellung" genannt werden kann. Ist es denn eine frei gewählte Position, die sie einnehmen? Und bleiben Sie möglichst nicht nur im Inhaltlichen und Erlebnishaften, sondern denken Sie die geistesgeschichtliche Dimension der Fragestellung ein wenig mit, indem Sie beispielsweise auf die Unterschiede in der Figurenkonzeption eingehen. Entscheidend für Aufgabe 2 ist Ihre Fähigkeit, zwei literarische Figuren differenziert zu unterscheiden und gegeneinander abzugrenzen. Methodisch kann in Aufgabe 2 entsprechend der Aufgabenstellung zuerst die spezifische Interpretation von M 1 geleistet und der Vergleich daran angeschlossen sein. Ebenso gut kann die Textinterpretation in den Vergleich der Figuren Cardillac und Grenouille eingebunden sein (s. Lösungshinweis). – Aufgabe 3 ist vielleicht verlockend, aber auch kniffig, weil zum „Faust" einiges mehr als die Gretchentragödie gehört und man für eine Idee und einen geeigneten Ansatz an sich erst einmal spazieren gehen müsste. Sie brauchen vor dem Schreiben also Zeit für ein Brainstorming. Aufgabe 1 und 2 ergeben bereits 70 BE; dennoch sind die letzten 30 BE nicht auf die leichte Schulter zu nehmen.

Lösungshinweise

1. Der Romantiker E.T.A. Hoffmann erzählt in seiner Novelle *Das Fräulein von Scuderi* die Geschichte eines Künstlers, der zugleich ein Mörder ist. Schauplatz der Handlung ist Paris zur Zeit Ludwigs XIV. Es ist die Geschichte **René Cardillacs, des besten Goldschmieds** seiner Epoche, bei dem viele hochgestellte Persönlichkeiten ihren Schmuck arbeiten lassen. Cardillac gilt als rechtschaffener Mensch, er hat eine Tochter, die seinem Gesellen Olivier versprochen ist, er geht in den großen Häusern der Stadt ein und aus. Niemand weiß, dass er ein **Doppelleben** führt, bis er eines Tages Olivier ins Vertrauen zieht: Er ist ein Besessener, ein von seinem Dämon Getriebener. Er gesteht Olivier, es nicht zu ertragen, die von ihm geschaffenen Schmuckstücke in fremden Händen zu wissen. Olivier hat erlebt, wie schwer es seinem Meister stets fiel, ein fertiges Stück herzugeben (Z. 59 f.). Aber nun erfährt er, wie ihn das Verlangen, es zurückzubekommen, bald bis aufs Blut gequält habe, sodass er sich darauf verlegte, den Käufern den gelieferten Schmuck wieder aus ihren Häusern zu stehlen. Eine unheimliche Stimme in ihm habe ihn aber zu noch Schlimmerem getrieben. Auf ihm selbst unerklärliche Weise sei in ihm Hass auf die Besitzer seiner Kleinodien entstanden und schließlich **Mordlust**. Er erwarb eher zufällig als planvoll ein Haus, das man durch eine verborgene Pforte in der Mauer des Hofes verlassen kann. Auf diesem Weg schlich er eines Nachts seinem ersten Opfer, einem Kavalier, nach, von dem er genau wusste, dass er eben mit seinem Geschmeide auf dem Weg zu seiner Geliebten war. Er erstach ihn, nahm den Schmuck und verbarg ihn in einem Kabinett seines Kellergewölbes. Diesem Raubmord folgten weitere. Dennoch seien Mitleid und Erbarmen, menschliche Tugenden, ihm nicht fremd. Er gestand Olivier, dass er unter seinen Verbrechen leide. Er habe sich geweigert, für Personen zu arbeiten, deren Tod er nicht wolle. Aber etwas, was stärker sei als er selbst, habe ihn gezwungen zu töten, um nicht selbst unterzugehen (Z. 55 f.).

   Olivier berichtet dies alles der Hofdame Scuderi und erzählt ihr auch, wie sich der Meister seine furchtbare Leidenschaft erklärt habe. Sie sei eine „angeborne Begierde“ (Z. 25 f.), ein „angeborne[r] Trieb“ (Z. 28), vor der Geburt in ihn hineingesenkt. Als nämlich seine Mutter mit ihm schwanger war, habe sie sich eines Tages von der Juwelenkette eines adligen Kavaliers wie von einem überirdischen Gut (Z. 5 f.) so betören lassen, dass sie bereit war, sich ihm hinzugeben, als er plötzlich, wie vom Schlag getroffen, in ihren Armen starb. Damals sei der „böse Stern“ und ‚Funke‘ der Leidenschaft in ihn „hinabgeschossen“ (Z. 18 f.). Cardillac begreift sich also als ein vom Schicksal Gezeichneter. Zwanghaft und mit instinktivem Gefühl für Echtheit musste er schon als Knabe Gold und Edelsteine stehlen. Sein Vater unterband diesen Drang mit Gewalt. Als er später den Umgang mit Gold und Edelsteinen zu seinem Beruf machen konnte, habe der unterdrückte Trieb wieder Besitz von ihm ergriffen. Cardillac habe Olivier am Ende seiner Beichte sein Juwelenkabinett gezeigt und ihn verpflichtet, diesen reichen Schatz, an dem Blut klebe, nach seinem Tod zu zerstören.

2. Der Untertitel von Patrick Süskinds Roman *Das Parfum*, „Die **Geschichte eines Mörders**“, könnte ebenso der Untertitel von Hoffmanns Novelle sein; und Süskinds Werk ist ebenso **Künstler-** *und* **Kriminalroman**, wie Hoffmanns Erzählung eine Künstler- *und* Kriminalerzählung ist. [Hoffmann war Jurist und an Kriminalfällen besonders interessiert!] Auch das Urteil, mit dem Süskinds Erzähler seinen Helden gleich im ersten Satz belegt, lässt sich auf Cardillac beziehen: Beide, Cardillac und Jean-Baptiste Grenouille, gehören „zu den **genialsten und abscheulichsten Gestalten**“ ihrer Zeit; zumindest sind sie tief ambivalente, **manisch getriebene** Menschen. Sie sind Serienmörder. Weil sie als Mörder lange unentdeckt bleiben, legt sich in beiden Fällen Furcht über das Land. Beide, Cardillac wie Grenouille, sind zugleich **Schöpfer außerordentlicher Werke** – der eine als Goldschmied, der andere als ein Parfumeur, dem schon sein erster Lehrherr bescheinigt, dass „himmlisch gut“ (S. 111) sei, was er mache, und dass er „Herrlichkeiten“ hervorbringe (S. 117). Cardillac steht **im Bann** des Goldes und schöner Steine, Grenouille in dem der Düfte. Beide können von früher Jugend an nicht anders, als ihrem leidenschaftlichen **Begehren** zu gehorchen. Ihr Genie ist zugleich ihr **Fluch**. Beide erlernen einen Beruf, der in der Regel dazu da ist, damit seinen Lebensunterhalt zu verdienen. Aber beiden geht es nicht um materiellen Reichtum. Von Cardillac heißt es einmal, dass er – wie jeder wahre Künstler – bloß um der schönen Arbeit willen, aus Freude daran und eigentlich für sich ganz allein arbeite. Geprägte Münze (Geld) interessiert ihn nicht (Z. 24). Grenouille übertrifft alle bisher dagewesenen Parfumeure auf der **Suche nach dem vollkommenen Duft**, und – und da beginnen die Unterschiede zwischen den Gestalten – um seinen Körper, der von Geburt an geruchlos ist, mit einem menschlichen Duft zu umkleiden und Macht über die Menschen zu gewinnen. Die einzigartigen Werke und die Verbrechen beider entspringen **vorrationalen Schichten** ihres Wesens. Grenouille, der bereits als Säugling Menschen mit seinem unheimlichen Geruchsvermögen gleichsam auswittert (Kapitel 3), reflektiert sich nicht, denn sein Intellekt ist außerhalb der Welt der Düfte ebenso unterentwickelt wie etwa sein Schuldbewusstsein oder Gewissen. Er lebt verkapselt in sich und ohne menschliches Bedürfnis nach Liebe, sodass man ihn von Anfang an als teuflisch und abnorm empfindet, als „Ding“ oder „Kröte“ oder unheimlich genügsamen, unheimlich überlebensfähigen „Zeck“, dem selbst Mordanschläge nichts anhaben können. Cardillac, der sich sehr wohl reflektiert, erklärt sich sein Schicksal damit, dass ihn bereits als Embryo im Mutterleib **ein böser Stern** getroffen habe (Z. 18, 55 f.), der ihn beherrsche. Im Erlebnis seiner Mutter fielen Begehren und Tod unmittelbar zusammen, denn kaum griff sie nach der Kette des Kavaliers, als dieser tot niedersank. Dieser Verknüpfung entkommt nun ihr Sohn nicht mehr, worunter er leidet, denn der Preis des Schönen ist der Tod. Cardillac beichtet Olivier, dass er nur die Wahl hatte, zu töten oder selber unterzugehen (Z. 55 f.). Und als Grenouille die Duftfährte seines ersten Opfers aufnimmt, heißt es: „er mußte ihn [den Duft] haben […] um der Ruhe seines Herzens willen“ (S. 51), es stand für ihn fest, „daß ohne den Besitz des Duftes sein Leben keinen Sinn mehr hatte“ (S. 55). Beide sind also **Triebtäter**. Sie begehren sinnlich, nicht aber sexuell.

Hoffmann und Süskind gehen einem Phänomen nach, das sie fasziniert. Sie halten es für wahrscheinlich, dass in Genies extreme Kräfte, metaphorisch die **des Göttlichen und des Teuflischen**, aufeinandertreffen und den Menschen, den Träger dieser Kräfte, gleichsam verzehren oder zerreißen. Besonders für Cardillac trifft das zu. Er, **der begnadete** Künstler, spricht von der „**Stimme des Satans**" (Z. 54) in ihm. Er durchlebt Augenblicke höchster Geistesklarheit sowie Zustände, die den Wahnsinn streifen. Dabei leidet er Qualen, denn er fühlt Mitleid und Erbarmen (Z. 58) wie nur irgendein Mensch, und man sieht ihm äußerlich seine Nachtseite kaum an. Er ist ein Familienvater, hat eine Tochter, die er liebt, und ist gut zu Olivier; er ist gläubig und hat ein genaues Schuldbewusstsein, und so muss Olivier ihm den „heiligen Eid" (Z. 66) schwören, seine Schatzkammer wieder in Staub aufzulösen. Hoffmann zeigt also eine weitgehend realistische, glaubwürdige, in die menschliche Gesellschaft integrierte Figur mit einem außergewöhnlichen Schicksal, und darum drückt er sich tatsächlich etwas anders aus als Süskind und nennt seinen Protagonisten nicht einen der ‚genialsten und abscheulichsten', sondern einen der „verruchtesten und zugleich **unglücklichsten**" aller Menschen. **Cardillac ist eine tragische Gestalt**, mit der man mitfühlen kann. **Süskinds Held** dagegen ist von vornherein abstoßend, ein seelenloses Geschöpf mit dem hinkenden Fuß des klassischen Teufels, das bei seinen Morden lediglich konzentriert bei der Sache ist und **keinen Anflug von Schuldbewusstsein** erkennen lässt: Seine Morde sind für ihn nur notwendige Schritte auf dem Weg zur Parfumherstellung. Mit der siebenjährigen Inkubationszeit im Berg hebt der Autor dessen Lebensgeschichte in Bereiche der Heiligenlegenden und Märchen. Wundersam und absurd ist zudem Grenouilles Verzauberung der Menschen und seine Herrschaft über ihre Gefühle vom Schafott herab. Süskind scheint mit seiner Figur nur zu spielen, während Hoffmann mit literarischen Mitteln und doch ernst und betroffen die Abgründe eines Hochbegabten – und darin die der menschlichen Seele überhaupt – auslotet.

3. Die Causa Faust, Johannes. Schlussplädoyer seines Verteidigers

Verehrte Herren Geschworene, sehr verehrtes Hohes Gericht,

der Anklage von Frau Marthe Schwerdtlein gegen vorgenannten Professor Dr. Dr. Dr. Faust, Johannes, vulgo Heinrich, wurde vor geraumer Zeit (Datum) stattgegeben. Seitdem wurde in alle Richtungen ermittelt. Ich fasse zusammen: Frau Schwerdtlein bezichtigte den Doktor, der sich, laut Gästeliste des *Goldenen Löwen*, als Reisender zeitweilig in unserer Stadt aufhielt, um die Zuneigung ihrer erst 16-jährigen Nachbarin Margarete B. geworben und ein Verhältnis mit ihr begonnen zu haben. Margarete B., bekannt als sittsames Mädchen, sei dem Zauber des Fremden sogleich verfallen. Nach einiger Zeit habe sie von ihm ein Sedativ für ihre Mutter angenommen, um eine Nacht mit ihm in ihrer Kammer verbringen zu können. Dieses Sedativ habe die Mutter umgebracht. Der Obduktionsbericht jedoch ergab, wie wir heute wissen, keine Spuren einer tödlichen Substanz in der vermutlich am Schlag verstorbenen Frau B., sodass ihre Tochter und der der Beihilfe zum Mord verdächtigte Faust in diesem Punkt freizusprechen waren. Margarete B. wurde schwanger, das Unglück nahm seinen Lauf. Der Fremde reiste fort und überließ die Freundin ihrem Schicksal. Ihre Schwangerschaft rief den Bruder, den im Umgang mit Waffen geübten Soldaten und Raufbold Valentin, auf den Plan. Er verblutete während eines bis heute nicht aufgeklärten nächtlichen Duells auf offener Straße. Zeugen: keine. Aus Mangel an Beweisen war Faust auch in diesem Punkt freizusprechen. Man recherchierte im Hintergrund des Doktors. Die Spur führte nach H. Sein früherer Mitarbeiter Dr. Wagner öffnete uns sein Haus. Es fanden sich darin keinerlei Waffen. Wir sahen stattdessen die ungeheure Bibliothek eines Stubenhockers und Geistesriesen, Folianten in hebräischer, griechischer, arabischer und lateinischer Schrift, naturwissenschaftliche, alchemistische, philosophische und theologische Werke aus Bologna, Paris und Kopenhagen, Schriftwechsel mit den Gelehrten unserer Tage und zwei Laboratorien. Der Doktor selbst weile, wie Wagner angab, derzeit in Griechenland, habe sich aber früher mit seinem Vater und dann selbstständig auch als praktizierender Arzt betätigt. Befragungen hierzu ergaben, dass die Bürger von H. und die Bauern der Gegend mit Hochachtung und fast mit verehrungsvoller Scheu von diesem Arzt als einem selbstlosen, großen Mann sprachen, einer Scheu, der sich sogar Aberglauben beimischte. So habe man den Doktor einmal mit einem großen schwarzen Hund in sein Haus gehen sehen, herausgekommen aber sei ein Edelmann mit roter Feder am Barett. Dieser Edelmann, wohl ein gelegentlicher Begleiter Fausts, spukt als Phantom noch durch weitere Geschichten. Dass er an Türen pochen kann, kann uns am besten Frau Schwerdtlein bezeugen. Nicht wahr, Frau Schwerdtlein, Sie haben ihm geöffnet, aber dieser Teufel wollte Ihnen nicht bleiben? Er hat Sie gar böse gekränkt? – Sie sehen, verehrte Anwesende, Frau Schwerdtlein zieht ihr Riechfläschchen aus dem Ärmel. Wie man weiß, hat ihr Haus nicht den besten Ruf. Ich stelle anheim zu bedenken, dass die Anklage dieser Frau ein Akt böswilliger Verleumdung ist, motiviert durch den niedrigen Beweggrund der Eifersucht und Rache. (*Leise zum Gerichtsdiener:* Führen Sie sie an die Luft, sie sinkt um.)

Ich fahre fort. Margarete B. brachte unberaten und ohne allen Beistand ihr Kind zur Welt und ertränkte es in Panik, Verwirrung und tiefer Verzweiflung. Alle Nachbarn, auch die erfahrene Frau Schwerdtlein, alle Verwandten und unsere gute Mutter Kirche hatten sich abgewandt, statt der Hilfsbedürftigen zu helfen. Ihr selbst kam nicht der Gedanke, das Neugeborene den Barmherzigen Schwestern zu bringen und dort Zuflucht zu suchen. Margarete B. musste nach dem Buchstaben des Gesetzes als Kindsmörderin verurteilt und hingerichtet werden. Meine Herren, das juristisch signifikante Verbrechen der Kindstötung beging nicht der beklagte Kindsvater Faust. Seine Schuld am Schicksal des Mädchens ist groß, jeder fühlt sie, aber sie ist moralischer, nicht rechtlicher Natur. Er hat sich vor sich selbst dafür zu verantworten. Meine Herren Geschworenen und Bürger dieser Stadt, der Fall der Margarete B. erschüttert viele von uns und auch mich. Tragen wir nicht alle mit Schuld an ihrem Tod? Es wird Zeit, unseren Umgang mit ledigen Müttern zu überdenken. Sie sind nicht schlechtere Menschen als viele von uns. Warum stoßen wir sie aus? Warum geben wir ihnen keine Zukunft? *(Unruhe im Saal.)* Unsere Gesetze und unsere heuchlerische Moral lassen sie allein in ihrer Seelennot. Ich werde darauf dringen, dass eine entsprechende Gesetzesnovelle vorbereitet wird. *(Unruhe im Saal. Vereinzelte Bravo-Rufe.)*

Noch ein Wort zu meinem Mandanten. Nach allem, was in Erfahrung zu bringen war, muss es sich um einen ganz außergewöhnlichen Menschen handeln. Sein Ruf hat sich weit über die Landesgrenzen hinaus verbreitet; es gibt Schriften nicht nur von, sondern auch über ihn. Dr. Wagner zeigte mir Aufzeichnungen eines ehemaligen Schülers. Dieser, ein genauer Kenner, geht davon aus, dass es sich bei Faust um ein Menschheitsgenie handelt, das in ungeheurem Wissensdurst danach strebe, das Tiefe und Weite der Menschennatur zu erforschen. Sehr spät erst habe er hier, in den Mauern unserer bescheidenen Stadt, die reine Liebe eines Mädchens und die Umwandlung seiner ursprünglichen Begierde in Zuneigung erfahren, aber menschlich und sozial vor den Folgen dieser Beziehung versagt. Der Mensch irrt, er macht Fehler, solange er strebt, zitiert besagter Schüler den Meister und raunt sogar, dass der Fall Faust wohl Chefsache sei. Gott der Herr persönlich habe vor, dieses begnadetste seiner Geschöpfe allen geistigen und irdischen Versuchungen auszusetzen wie einst Hiob, um zu beweisen, dass es dennoch zu ihm als seinem Urgrund zurückstreben werde. Meine Herren, ich überschreite hier meine Kompetenz als Anwalt. Aber hören Sie zum Schluss einen merkwürdigen Gedanken: Wir, das irdische Gericht, gebunden an Paragraphen, verurteilen zu Kerker und Tod, wo das göttliche Gericht möglicherweise verzeiht. Man darf glauben, dass der aufrichtig Liebenden Margarete B. im Himmel verziehen wird und dass sie sogar trotz Fausts Treulosigkeit dort oben ein gutes Wort für ihn einlegt.

Ich danke Ihnen für Ihre Aufmerksamkeit.
(Die Geschworenen ziehen sich zur Beratung zurück.)

Bewertung und Beurteilung

- **„Gut“ (11 Punkte)** ist eine Arbeit, in der die Lebensbeichte Cardillacs insgesamt verstanden und in ihren charakteristischen Zügen sprachlich gewandt und selbstständig wiedergegeben ist. Die Wiedergabe kann der chronologischen Erzählweise Hoffmanns folgen oder frei mit der Reihenfolge der Ereignisse verfahren (s. Lösungshinweis). Im Umgang mit dem Konjunktiv I der Redewiedergabe und mit den nötigen Tempus-Formen muss sich einiges Sprachgefühl erweisen. – Es müssen bei Aufgabe 2 eine Reihe wichtiger Gemeinsamkeiten und Unterschiede zwischen den Protagonisten aufgezeigt und ansatzweise kommentierend sowie gedanklich und sprachlich weitgehend überzeugend vorgetragen sein. Problemorientierte Fragen (zum Motiv oder dem Thema, zur Epoche, zu auffälligen Bildern und Metaphern, zur Erzählweise u. a.) und entsprechende Reflexionsansätze dazu werten die Leistung auf. – Die gute Lösung der dritten Aufgabe wird Sprachhaltung und Ton wechseln, um sich der zweck- und adressatenbezogenen Textsorte eines Plädoyers anzunähern. Die Argumentation kann kurz sein, aber es sollte in ihr werkbezogener Sachverstand, Scharfsinn, Urteilsvermögen und ein wenig Einfallsreichtum zum Ausdruck kommen.

- **„Ausreichend“ (5 Punkte)** erreicht die Leistung, in der der Prüfling nachweist, dass er Literatur unvoreingenommen lesen und sich der Erfahrungswelt der drei literarischen Figuren Cardillac, Grenouille und Faust mit einfachen Methoden und Frageansätzen des Faches Deutsch anzunähern vermag. Ein Gespür oder Sinn für die Bedeutung ihrer jeweiligen Spannung zwischen „Begehren und Tod“ muss in den entsprechenden Ausführungen zum Ausdruck kommen. Die Lösungen von Aufgabe 2 und 3 müssen davon überzeugen, dass nicht nur Sekundärliteratur rezipiert, sondern die Werke selbst gelesen wurden und folglich im Fragehorizont des Themas neu durchdacht werden können. Besonders im Umgang mit dem fremden Text und in der Durcharbeitung der Textblätter (Aufgabe 1) muss die Fähigkeit zum Verständnis von Literatur nachgewiesen sein. Einige Gemeinsamkeiten und Unterschiede zwischen Cardillac und Grenouille müssen richtig dargestellt sein. Ansätze eines Plädoyers mit erkennbarer Zielrichtung müssen vorliegen.

Abiturprüfung Hessen 2014 – Deutsch Grundkurs
Vorschlag C

Bildung

Erlaubte Hilfsmittel:
1. ein Wörterbuch zur deutschen Rechtschreibung
2. eine Liste der fachspezifischen Operatoren
3. Fontane: *Frau Jenny Treibel*

Aufgaben:

1. Beschreiben Sie, was Spaemann unter einem gebildeten Menschen versteht, und stellen Sie die Struktur des Textes dar. (Material) (30 BE)

2. Untersuchen Sie, ob Professor Wilibald Schmidt aus Fontanes Roman *Frau Jenny Treibel* im Sinne Spaemanns (Material) ein gebildeter Mensch ist. (40 BE)

3. „Die öffentlichen Schulen sind nicht daran interessiert, gebildete Menschen hervorzubringen." (Material)

   Diskutieren Sie diese These Spaemanns vor dem Hintergrund des Menschenbildes der Weimarer Klassik und der gegenwärtigen Situation von Abiturienten am Ende ihrer Schulzeit. (30 BE)

Material
Robert Spaemann: Wer ist ein gebildeter Mensch? – Aus einer Promotionsfeier[1] (1994/95)

Gebildete Menschen sind nicht nützlicher als ungebildete und ihre Karrierechancen sind nicht besser. Die öffentlichen Schulen sind nicht daran interessiert, gebildete Menschen hervorzubringen. Für gebildete Menschen ist das kein Einwand. Warum nicht? Was ist ein gebildeter Mensch?

1. Ein gebildeter Mensch hat den animalischen Egozentrismus[2] hinter sich gelassen. Zunächst ist ja jeder von uns im Mittelpunkt seiner Welt. Er setzt alles Begegnende zur „Umwelt" herab und stattet es mit Bedeutsamkeiten aus, die die eigene Bedürfnisnatur widerspiegeln. Der Gebildete hat begonnen, die Wirklichkeit als sie selbst wahrzunehmen. [...] Etwas „auffassen, wie es gegeben ist", setzt voraus, daß wir wissen: es gibt außer uns noch andere Mittelpunkte der Welt und andere Perspektiven auf sie. Andere sind nicht nur Teil meiner Welt, ich bin auch Teil der ihren. Gebildet ist, wen es interessiert, wie die Welt aus anderen Augen aussieht, und wer gelernt hat, das eigene Blickfeld auf diese Weise zu erweitern.

2. Ein gebildeter Mensch ist im Stande, dies bewußt zu tun. Sein Selbstwertgefühl leidet nicht darunter, sondern wächst damit zugleich. Der Ungebildete nimmt sich selbst sehr ernst und sehr wichtig, aber sein Selbstwertgefühl, seine Selbstachtung ist gleichzeitig häufig gering. Der Gebildete weiß, daß er nur „auch einer" ist. Er nimmt sich nicht sehr ernst und nicht sehr wichtig. Aber da er sein Selbstwertgefühl nicht aus dem Vergleich mit anderen bezieht, hat er ein ausgeprägtes Gefühl für seinen eigenen Wert. Selbstrelativierung und Selbstachtung sind für ihn kein Widerspruch. Überhaupt ist diese Paradoxie[3] kennzeichnend für sein Weltverhältnis. Fast nichts ist für ihn ohne Interesse, aber nur sehr weniges wirklich wichtig.

3. Das Wissen des gebildeten Menschen ist strukturiert. Was er weiß, hängt miteinander zusammen. Und wo es nicht zusammenhängt, da versucht er einen Zusammenhang herzustellen, oder wenigstens zu verstehen, warum dies schwer gelingt. Er lebt nicht so in verschiedenen Welten, daß er bewußtlos von der einen in die andere hinübergleitet. Er kann verschiedene Rollen spielen, aber es ist immer er, der sie spielt.

4. Der gebildete Mensch spricht eine differenzierte, nuancenreiche Umgangssprache. Er beherrscht oft eine Wissenschaftssprache, aber er wird von ihr nicht beherrscht und braucht wissenschaftliche Terminologie[4] nicht als Krücke in der Lebensorientierung und in der Verständigung mit anderen. Er sagt: „Ich möchte" oder „Ich will" und nicht „Ich bin motiviert." [...] Wessen Lebenswelt so sehr wissenschaftlich kolonialisiert ist, daß er sich nicht traut, einfache Sachverhalte einfach auszudrücken und zu sagen wie ihm zumute ist, der ist nicht gebildet. Und auch der ist es nicht, der, sobald er die Krücke der wissenschaftlichen Terminologie fallen läßt, in den erhabenen oder in den ordinären Ton fällt.

5. Der gebildete Mensch zeichnet sich aus durch Genußfähigkeit und Konsumdistanz. [...] Wer sich wirklich freuen kann an dem, was die Wirklichkeit darbietet, braucht nicht viel davon. Und wer mit wenigem auskommt, hat die größere Sicherheit, daß es ihm selten an etwas fehlen wird. [...]

6. Der gebildete Mensch kann sich mit etwas identifizieren, ohne naiv oder blind zu sein. Er kann sich identifizieren mit Freunden, ohne deren Fehler zu leugnen. Er kann sein Vaterland lieben, ohne die Vaterländer anderer Menschen zu verachten, vor allem diejenigen Vaterländer, die ebenfalls von ihren Bürgern geliebt werden. Das Fremde ist ihm eine Bereicherung, ohne die er nicht leben möchte, kein Grund, sich des Eigenen zu schämen. [...]

7. Der gebildete Mensch kann bewundern, sich begeistern, ohne Angst, sich etwas zu vergeben. Insofern ist er das genaue Gegenteil des Ressentimenttyps[5], [...] des Typs, der alles klein machen muß, um sich selbst nicht zu klein vorzukommen. Er kann neidlos Vorzüge bewundern und sich an ihnen freuen, die er selbst nicht besitzt. Denn er zieht sein Selbstwertgefühl nicht aus dem Vergleich mit anderen. So fürchtet er auch nicht, durch Dankbarkeit in Abhängigkeit zu geraten. Ja, er hat nicht einmal etwas gegen Abhängigkeit von Menschen, denen er vertraut. Er zieht das Risiko, von seinen Freunden enttäuscht zu werden, der Niedertracht vor, ihnen zu mißtrauen.

8. Der gebildete Mensch scheut sich nicht zu werten, und er hält Werturteile für mehr als für den Ausdruck subjektiver Befindlichkeit. Er beansprucht für seine eigenen Werturteile objektive Geltung. Gerade deshalb ist er auch bereit, sie zu korrigieren. Denn was keine objektive Geltung beansprucht, braucht auch nicht korrigiert zu werden. Der gebildete Mensch hält sich für wahrheitsfähig, aber nicht für unfehlbar. [...] Gebildete Menschen haben im Umgang mit der Welt genügend Unterscheidungsvermögen entwickelt, um sich Qualitätsurteile zuzutrauen. Sie wissen, daß es Kunstwerke gibt, die bedeutender sind als andere, und Menschen, die besser sind als andere. [...]

9. Der gebildete Mensch weiß, daß Bildung nicht das Wichtigste ist. Ein gebildeter Mensch kann sehr wohl zum Verräter werden. Die innere Distanz, die ihn auszeichnet, macht ihm den Verrat sogar leichter als anderen Menschen. Bildung schafft eine menschenwürdige Normalität. Sie bereitet nicht auf den Ernstfall vor und entscheidet nicht über ihn. [...] Jemand kann ein wohlgeratener Mensch sein und doch der Versuchung unterliegen, wortbrüchig zu werden. Jemand kann ein kümmerlicher Mensch oder ein Schlawiner[6] sein, und im entscheidenden Augenblick anständig bleiben und seinen Mitmenschen nicht im Stich lassen. [...]

10. Es gibt aber einen Punkt, da kommen Gebildetsein und Gutsein zwanglos überein. Der gebildete Mensch liebt die Freundschaft, vor allem die Freundschaft mit anderen gebildeten Menschen. Gebildete Menschen haben aneinander Freude [...]. Überhaupt haben sie mehr Freude als andere. Und das ist es, weshalb es sich – unabhängig von den Zufälligkeiten gesellschaftlicher Wertschätzung – lohnt, ein gebildeter Mensch zu sein.

Aus: Robert Spaemann: Wer ist ein gebildeter Mensch? Aus einer Promotionsfeier, in: ders.: Grenzen: Zur ethischen Dimension des Handelns. Stuttgart: Klett-Cotta 2002.
Hinweise: Robert Spaemann (geb. 1927) war Professor für Philosophie an den Universitäten Stuttgart, Heidelberg und München.
Die Rechtschreibung entspricht der Textvorlage.

1 Promotionsfeier: akademische Feier anlässlich des Erlangens der Doktorwürde
2 Egozentrismus: eine Haltung, sich selbst als Zentrum allen Geschehens zu betrachten, alle Ereignisse vom eigenen Standpunkt und aus der eigenen Perspektive heraus zu bewerten
3 Paradoxie: Widersinniges, Widersprüchliches
4 Terminologie: Fachwortschatz
5 Ressentiment: auf Vorurteilen, Unterlegenheitsgefühl, Neid o. Ä. beruhende gefühlsmäßige Abneigung
6 Schlawiner: gerissener Gauner, unzuverlässiger Mensch

Hinweise und Tipps

Die drei aufeinander aufbauenden Aufgaben des Vorschlags fordern Sie zur Auseinandersetzung mit dem Begriff der Bildung auf. Der Begriff des Menschenbildes (s. Aufgabe 3) ist darin mitgemeint. Der Ausgangstext, eine Rede zum Thema, stammt vom Ende des 20. Jahrhunderts. Zurückzugreifen ist auf Fontanes literarische Darstellung eines Gymnasialprofessors am Ende des 19. Jahrhunderts (Aufgabe 2) und – in Aufgabe 3 – auf Bildungsideal und Menschenbild des 18. Jahrhunderts. Angesichts dieses Panoramablicks über drei Jahrhunderte Bildungsgeschichte sollen Sie die eigene Situation am Ende der Schulzeit themenbezogen reflektieren. Geben Sie M 1 durchdacht und gegliedert wieder: Fassen Sie verwandte Thesen zusammen, denken Sie über den Rang der Eckthesen 1 und 10 und über das Selbstverständnis des Festredners nach. (Und denken Sie an den Konjunktiv I der Redewiedergabe!) – Die in Aufgabe 2 geforderte Untersuchung („Untersuchen Sie …“) ist nur zu leisten, wenn man zumindest die Kapitel 6 und 7 von „Frau Jenny Treibel“ (Schmidts Abendgesellschaft) noch einmal aufgabenbezogen sichten kann. Auswendig kann man nichts wirklich ‚untersuchen‘. Für den Lösungsvorschlag wurde ausführlicher nachgelesen, als sie das tun können. (Zitiert wird die Reclam-Ausgabe von 2004.) Aber trotz Zeitnot kommen auch Sie nicht umhin, sich – mit Spaemanns Thesen im Sinn – vor der Niederschrift von Aufgabe 2 aus dem Text Stichworte zu Schmidt zu notieren. Legen Sie alle Sorgfalt auf die mit 70 BE schwergewichtigen Aufgaben 1 und 2.
Ein fremder Impulstext, eine durch ihn angeregte neue Perspektive auf einen bekannten Text, eine aktuelle Standortbestimmung im Rückbezug auf beides – das wäre ein idealer Dreischritt. Nun kommt aber in Aufgabe 3 noch die Weimarer Klassik ins Spiel und macht das Thema weitläufig. Sie haben Lyrik zum Menschenbild der Klassik durchgenommen und Goethes „Faust“, der, klassisch im Sinne von meisterlich, sich um Stilepochen nicht kümmert. Aber der Name Wilhelm von Humboldt könnte Ihnen weiterhelfen und der Gedanke, dass vielleicht die Bildung Schmidt'scher und Spaemann'scher Prägung auf sein Bildungsideal zurückweisen. Halten Sie diesen Teil Ihrer Arbeit knapp. Vor allem kommt es in Aufgabe 3 darauf an, Argumentations- und Urteilsfähigkeit unter Beweis zu stellen.

Lösungshinweise

1. Anlässlich einer Promotionsfeier erläuterte der Philosoph **Robert Spaemann** (geb. 1927) seinem akademischen Publikum, was für ihn Bildung ist. Er hielt diesen Vortrag vermutlich 1994.

   Spaemann beginnt mit der provozierenden These, dass öffentliche Schulen nicht daran interessiert seien, gebildete Menschen hervorzubringen (Z. 2 f.). Die verkürzte Begründung ist der These vorangestellt: Gebildete Menschen seien weder nützlicher als andere, noch hätten sie bessere Karrierechancen. Da sich aber der Staat – so muss man ergänzen – die wirtschaftliche Nützlichkeit und die Zukunftsaussichten der Schulabgänger zum Ziel gesetzt habe, interessiere ihn Bildung nicht. Gebildete Menschen aber störe das nicht weiter. Die Gründe dafür erklärt Spaemann im Hauptteil seines lockeren (nicht in wissenschaftliche oder bildungspolitische Auseinandersetzungen eintretenden) **Festvortrags**. Er entkoppelt darin Bildung und Schule und stellt keine Forderungen an Kultusministerien und Bildungspläne. Er spricht nicht von zu trainierenden Stoffen oder wünschenswertem Bildungswissen und auch nicht von Fächern wie Fremdsprachen, Mathematik oder Musik. Bildung scheint für ihn etwas ganz anderes als Schule und eher eine Frage des geistigen und charakterlichen Niveaus, der angestrebten Lebensqualität und des geistigen Spielmaterials eines Menschen zu sein.

   Der Hauptteil ist in zehn Punkte gegliedert. Jeder Punkt geht von einer These aus. Den entscheidenden Punkt, die **entwicklungspsychologische Voraussetzung** für Bildung, nennt Spaemann zuerst (1, Z. 5 ff.): Der gebildete Mensch habe „den animalischen Egozentrismus hinter sich gelassen." (Z. 5) Bildung ist demnach eine Frage der geistigen Reife. Am Anfang beziehe jedes Lebewesen alles ihm Begegnende auf sich selbst und seine (egoistischen) Bedürfnisse; es ist sich selbst der Nabel der Welt. Bildung aber fange damit an, dass man den Eigenwert der Wirklichkeit außerhalb des Ego begreife, akzeptiere, dass es viele Mittelpunkte gebe, man selbst nur ein kleiner Teil von alledem sei, und dass man lerne, **andere Perspektiven** einzunehmen und damit das **Gesichtsfeld** zu **erweitern**. Dieser zentrale erste Punkt wird in These 2 weitergeführt, und auch die Punkte 6, 7 und 8 knüpfen daran an: Der gebildete Mensch vermöge **bewusst** verschiedene Perspektiven einzunehmen (These 2). Er wolle das, er sei neugierig, vieles interessiere ihn. Indem er sich aber als „auch einer" unter vielen begreife, **sich** also **relativiere**, nehme er sich zwar „nicht sehr ernst" (Z. 18; eben nicht mehr als Nabel der Welt), aber sein Selbstwertgefühl leide nicht darunter, weil er seinen Wert in sich fühle und es nicht nötig habe, ihn aus dem Vergleich mit anderen abzuleiten.

   Methodisch arbeitet Spaemann mit Antithesen. Um zu zeigen, was für ihn „gebildet" heißt, verweist er auf das jeweilige Gegenteil: **Der Ungebildete nehme sich sehr ernst und wichtig**, aber sein Selbstwertgefühl sei oft gering. Weil der Gebildete sich in andere Perspektiven versetzen und sich mit anderen identifizieren könne, lerne er zu **differenzieren** (These 6). Das habe entscheidende, auch politische Auswirkungen. Er schätze seine Freunde und liebe sein Land, ohne doch blind für deren Fehler zu sein. Er sehe die Welt also **nicht schwarz-weiß**, müsse zum Beispiel sein Land nicht über andere stellen und sei sich dessen bewusst, dass es verschiedene wunderbare Länder und Kulturen gebe. Er sei also nicht borniert, sondern schätze „[d]as Fremde" als wichtige „Bereicherung" (Z. 47). Sein Weitblick und die Fähigkeit zur Relativierung des Eigenen schützen ihn davor, nationalistisch oder fanatisch zu denken. Der Gebildete ist folglich das **„Gegenteil des Ressentimenttyps"** (These 7, Z. 50), der Fremdes herabsetze, um sich selbst nicht infrage stellen zu müssen. Er könne frei heraus loben, bewundern, sich für das begeistern, was ihm neu und fremd ist, ohne sich dabei etwas zu vergeben (These 7). Weil er offen für anderes und sich zugleich des eigenen Wertes bewusst sei, sei er einerseits **urteilsfähig** und andererseits **bereit, Fehlurteile zu korrigieren** (These 8). Er halte sich „für wahrheitsfähig, aber nicht für unfehlbar" (Z. 62 f.). In der Tendenz, niemandem wehtun zu wollen und alles für gleich gut oder bedeutend zu halten, sieht Spaemann wohl die ängstliche Gleichmacherei derer, die sich Wert- und Qualitätsurteile nicht zutrauen. **Mut** (Z. 64 f.) oder Courage und ein gutes Selbstbewusstsein gehören also für ihn zu den Merkmalen des Gebildeten. Gebildete sind für ihn innerlich klare und profilierte Persönlichkeiten.

Wichtig für Spaemann ist ferner, dass **das Wissen** des gebildeten Menschen **nicht additiv**, also kein Haufen von Angelerntem ist, sondern etwas Strukturiertes (These 3). Zumindest versuche der Gebildete, Zusammenhänge herzustellen. Seine **Sprache** (These 4) sei dem Gegenstand angemessen, sie sei einfach und dabei differenziert und reich an Nuancen, während der Ungebildete (oder Halbgebildete) hochgestochen daherrede, seine Rede mit wissenschaftlichen Begriffen aufputze, um Eindruck zu machen, und andererseits leicht ins Ordinäre abgleite. Spaemann nennt es auch hier eine Frage des Mutes (Z. 35), das Einfache einfach zu sagen und auch über seine eigenen Empfindungen sprechen zu können. Offensichtlich hat der Gebildete überhaupt etwas zu sagen, während sein Gegenpart kaschieren muss, dass er ziemlich hohl ist. Auf den ersten Blick paradox klingt die These 5, dass der Gebildete sich durch **Genussfähigkeit und „Konsumdistanz**" auszeichne. Er sei materiell bescheiden, brauche nicht viel, um sich freuen zu können, brauche vor allem keine vorzeigbaren Prestigeobjekte (vgl. These 10). Es ist wohl eher der Ungebildete, der mit Anschaffungen und Besitz punkten und immer Neues haben muss. Prekär ist These 9. Der Gebildete ist für Spaemann kein moralischer Mustermensch und kein „Übermensch". Bildung schaffe seiner Meinung nach nichts anderes als „eine menschenwürdige Normalität" (Z. 70), die aber nicht vor schweren Verfehlungen schütze. Im entscheidenden Moment könne der Gebildete, zumal er geistig beweglich und nicht so festgelegt sei, moralisch versagen und zum Verräter werden, während ein unscheinbarer kleiner Halunke plötzlich für andere einstehen und menschliche Größe an den Tag legen könne. Die wichtige These: Der Gebildete weiß, dass nicht Bildung das Wichtigste ist. **Charakter**, so ist zu ergänzen, **ist wichtiger**.

Spaemanns **Fazit** (These 10) ist das **Hohelied der Freundschaft** und ein ungewöhnlich menschliches und privates Plädoyer für Bildung: Die Genussfähigkeit, von der schon in These 5 (Z. 39) die Rede war, entpuppt sich hier vor allem als die **Freude**, die der Gebildete in der Freundschaft mit anderen gebildeten Menschen erlebt. Nicht der soziale Stand (Z. 79), sondern der lebhafte und belebende Streit und Austausch mit ähnlich selbstironischen (vgl. These 2, Z. 18), begeisterungsfähigen (vgl. These 7, Z. 49) und fundiert urteilsfähigen (vgl. These 8) Menschen lässt Bildung begehrenswert erscheinen als Weg, das eigene Leben ernst und spielerisch zu gestalten.

Nach dieser Promotionsrede kann man den Verdacht hegen, dass Spaemann seit jeher inkognito zur Runde der „Sieben Waisen“ in Fontanes Berliner Roman *Frau Jenny Treibel* gehört hat. Gymnasialprofessor Wilibald Schmidt aus der Adlerstraße jedenfalls hätte ihn sicher gern als achten aufgenommen.

2. Theodor Fontane hat in seinem 1892 erschienenen Roman **„Frau Jenny Treibel“** dem Renommier-Diner in der Villa der neureichen Treibels die **Abendgesellschaft der „Sieben Waisen“** gegenübergestellt. Reihum treffen sich dazu bis zu sieben bereits pensionierte oder noch im Dienst stehende Kollegen von Berliner Gymnasien zu Gesprächen, Wein und gutem Essen. Diesmal findet der Abend im Haus des Gymnasialprofessors Wilibald Schmidt statt, des Vaters von Corinna, die es vorgezogen hat, der Einladung von Jenny Treibel zu folgen. Schmidt macht sich dort eher rar. Er unterschätze alles Äußerliche, „Besitz und Geld, und überhaupt alles, was schmückt und schön macht“, klagt seine Tochter (S. 13). Tatsächlich aber lehnt Schmidt das „dumme Vornehmtun“ (Z. 84) der Neureichen von ganzem Herzen ab und durchschaut seine Jugendfreundin Jenny, die sich hochgeheiratet hat. Ihre an den Tag gelegte Kunstsinnigkeit und ihren Liberalismus nennt er eine Farce, denn wenn es gelte, heiße es bei ihr einzig: „Gold ist Trumpf“ (S. 87). Der alte Gymnasialprofessor zeichnet sich dagegen – ganz so, wie Spaemann es beschreibt – durch **„Genußfähigkeit und Konsumdistanz“** aus (M 1, These 5). Er braucht keinen Protz, um sich freuen zu können. Er genießt – neben den Oderkrebsen auf dem Tisch – den heiteren, klugen und unterhaltsamen Austausch mit den Freunden, dem Stichelei, Lästerrede, Spott und Ironie beigemischt sind. Die Teilnehmer sind etwa auf gleicher Wellenlänge, vertrauen einander und haben es nicht nötig, sich sozial imponieren, sich intellektuell übertrumpfen oder eine Fassade voreinander aufbauen zu müssen. **Zwanglos** und frei gehen sie miteinander um. Der reiche Bildungsfundus dieser Herren steht ihnen für Wortspiele, Anspielungen, Anzüglichkeiten, Witze und vergnügliche Vergleiche zur Verfügung. Sie sind geistig beweglich und munter und haben viel zu schmunzeln und zu lachen. Vom heutigen Standpunkt aus mag man sie für recht schrullig halten, aber **ihre Bildung ist ihnen** deutlich ihr **Lebenselixier**. Schmidts Herrenabend verläuft also ziemlich genau so, wie Spaemann es in Punkt 10 zusammengefasst hat.

   Wilibald Schmidt ist der kritischste und nachdenklichste von allen, zugleich hat er den ausgeprägtesten **Sinn für Komik** und kann besonders **freimütig sprechen, urteilen, bewundern** und sich begeistern (These 7), z. B. für die neuen Ausgrabungsergebnisse Heinrich Schliemanns, des gelernten Kaufmanns, der zum Archäologen des archaischen griechischen Altertums wurde. Vielleicht hat **Schlie-**

mann in Mykene wirklich die goldene Totenmaske des Atreus oder des Agamemnon gefunden. Schmidt wühlt das auf. Es „hüpft" ihm „das Herz" (S. 71) bei der Idee, in der Abbildung der Goldmaske die Züge eines der großen Helden Homers vor sich zu haben. Er schleppt die entsprechende Publikation herbei und zeigt sie seinem Freund Distelkamp. Er macht keinen Hehl aus seinem Respekt vor dem Wissen und Charakter dieses Freundes, kann andere also ehrlich loben (vgl. These 7) – und doch hält er dessen akademisch-altphilologischen Hochmut dem Selfmademan Schliemann gegenüber für töricht. „[I]ch kann mir nicht helfen, du hast unrecht" (S. 69), sagt er ihm rundheraus. Schmidt **scheut sich** also **nicht, zu urteilen** und zu werten (These 8). Die Freundschaft hält das aus. Auch sein Urteil über Leopold, mit dem seine Tochter spielt, sitzt: ein „[g]uter Mensch, mittelgut und als Charakter noch mittel" (S. 87). **Sprachlich** sind seine Urteilssätze **schlicht** (vgl. These 4), sein **Gesichtsfeld** aber ist **weit** (vgl. These 1). Er ist in der Tat gebildet und belesen. Trotz seines altphilologischen Fachgebiets liebt er den *Parzival* oder Shakespeare ebenso wie Horaz und schätzt auch die moderne französische und englische Literatur oder Philosophen wie Schopenhauer. Vielleicht hat seine literarische Bildung ihn gelehrt, vieles zu verstehen, sich in fremde Zeiten und Schicksale hineinversetzen und die Perspektive wechseln zu können, denn er kann auch Menschen gleichsam lesen und sie in ihrer jeweiligen Eigenart wahrnehmen. Sich selbst begegnet er ironisch-distanziert, wenn er etwa bekennt zu sein, was sich eigentlich ausschließt, nämlich Klassiker und Romantiker zugleich. Schmidt **ist sich eigener Widersprüche bewusst** und begegnet folglich auch den Kuriositäten anderer mit **Nachsicht**. Er ist **liberal, tolerant und großzügig**. Seiner Tochter mit ihrem gegenwärtigen „Stich ins Moderne" (sie will, wie einst Jenny, aus ihrem Milieu heraus und eine Treibel werden) bescheinigt er eine „Verirrung", aber er vertraut darauf, dass sie zurückfinden wird und tröstet Marcel, den er als Mann von „Bildung und Charakter" (S. 82) schätzt. Er sagt ihm und später auch Corinna offen, wie ihm zumute ist (vgl. These 4).

Offensichtlich prägt Schmidt das Kränzchen: Als die Herren anregen, den etwas ungeschickten Zeichenlehrer Friedeberg doch lieber aus ihrer Runde ‚herauszugraulen', setzt sich Schmidt augenzwinkernd für ihn ein: Friedeberg schmeichle seiner Eitelkeit; er sei sein bester Zuhörer. Friedeberg bleibt daraufhin. Man erzählt sich von Situationen, in denen man sich in der Schule blamiert hat, gesteht sich also Schwächen und **peinliche Fehler**, denn niemand in dieser Runde hält sich für unfehlbar (vgl. These 8). Als man aber etwas wehmütig auf alte Zeiten zu sprechen kommt und auf eine Schule, in der die Lehrer noch unanfechtbare Autoritäten waren, löst Schmidt diesen Anflug von Nostalgie wieder auf, indem er klar äußert, den steifen, autoritären Standesdünkel und die furchtbare „Perückengelehrsamkeit" (S. 67) von ehedem durchaus zu verabscheuen und die gelehrten Wichtigtuer von einst schlicht lächerlich zu finden. Er relativiert und differenziert also (vgl. These 2); er hasst Podeste und Posen und zieht es vor, sich als Mensch mit seinen Stärken und Schwächen **natürlich** zu geben, statt mehr scheinen zu wollen, als er ist. Er glaubt auch nicht an ewige Werte und absolute Wahrheiten, sondern sieht die Dinge im Strom der Zeit. Distelkamp entgegnet er im Schliemann-Disput, dass doch alles im Wandel sei, auch die alten Formen und ihr eigenes Verständnis von Wissenschaftlichkeit, sodass man auch einem Kaufmann das Genie nicht absprechen könne, plötzlich in der traditionellen Domäne der Altphilologen Großes zu leisten. Und er schließt nicht aus, dass eine neue Generation auch über ihn und den hier versammelten Kreis einmal lachen wird. So wie für Spaemann Selbstachtung und Selbstrelativierung kein Widerspruch sind (These 2), so gilt das auch für Schmidt. Die versammelten Freunde sind sich darin einig, dass **Bildung nicht das Wichtigste** ist (vgl. These 9). Distelkamp stellt die These auf, dass „das Entscheidende […] doch immer der Charakter, nicht der eitle, wohl aber der gute, ehrliche Glaube an uns selbst" (S. 68) und das wechselseitige Wohlwollen bleibe. Zuviel Kritik hält er für bedenklich. Schmidt jedoch ist **ein kritischer Geist**. Marcel gegenüber charakterisiert er die Schmidts als Menschen, die **nach Vollendung streben**, ohne dass das „bedrücklich" werde. Und warum nicht bedrücklich? „Weil **die Selbstironie, in der wir**, glaube ich, **groß sind**, immer wieder **ein Fragezeichen** hinter der Vollendung **macht**." (S. 81) Mit diesem Satz zieht er gleichsam die Summe seines Daseins und gibt Marcel zu verstehen, dass auch Corinna noch rechtzeitig dieses Fragezeichen hinter ihr gegenwärtiges Streben nach einer Villa als Inbegriff der Vollendung machen und zur Vernunft zurückkehren werde. Seine reiche Bildung hat Schmidt offensichtlich zum Menschenkenner gemacht und zu einem weisen Vater und hilfreichen Freund.

3. Wilibald Schmidt ist Altphilologe und Lehrer an einem klassischen **humanistischen Gymnasium** Humboldt'scher Prägung. Spaemann scheint, obwohl er weder von Griechisch und Latein, noch von Humanismus oder Humanität spricht, dieselbe Schule durchlaufen zu haben wie Schmidt und demselben **Bildungsideal** verpflichtet zu sein. Es ist das **der deutschen Klassik** (des deutschen Idealismus) des 18. Jahrhunderts. Humboldt war mit Schiller und Goethe, den Repräsentanten der Weimarer Klassik, eng verbunden. Ihr Bildungs- und Erziehungsziel war der aufgeklärte, mündige, sein Leben lang nach geistiger, kultureller und sittlicher Vervollkommnung **strebende Mensch**, das freie und entscheidungsfähige Individuum, das sich selbst und die Welt reflektiert. Zwar „irrt der Mensch, solang er strebt" (*Faust*, Vorspiel), aber er will erkennen; sein Verlangen nach Erweiterung und Vertiefung treibt ihn an. Faust will die Wissenschaften, auch die Naturwissenschaften, und das Leben durchdringen, während es Schiller, Humboldt und Goethe in Bezug auf die Erziehung weniger um die Naturwissenschaften als um die seelisch-geistige, **innere Vervollkommnung** ging. Sie entwarfen das Ideal eines Menschen, in dem die widersprüchlichen Kräfte von Gefühl und Verstand, Kunst und Natur, Pflicht und Neigung, Form und Leidenschaft nicht mehr gegeneinander wüten, sondern sich in schönem Streit spannungsreich ergänzen. Ihr Bildungsideal war **ganzheitlich** und harmonisch. Goethe dichtete: „Edel sei der Mensch, / Hilfreich und gut! / Denn das allein / Unterscheidet ihn / Von allen Wesen / Die wir kennen." Dieser edle Mensch ist der maßvolle, ausbalancierte, tief und weit blickende, der den ‚animalischen Egozentrismus' hinter sich gelassen hat.

Humboldt wollte als Grundlage auch für die bürgerlichen Stände eine breite, noch nicht berufsbezogene **Allgemeinbildung** in der Überzeugung, dass vorrangig das Individuum zu stärken sei und sich anschließend auf dieser Grundlage auch ein Handwerk oder eine Spezialwissenschaft leichter erlernen lasse. Im Mittelpunkt stand deutlich die Würde des Einzelnen und **nicht** dessen **Nützlichkeit**.

Weder Humboldt, Schiller, Goethe, Schmidt noch Spaemann kannten **PISA und G8**. Sie ahnten nicht, dass einmal nicht 20, sondern bald 70 Prozent eines Jahrgangs das Gymnasium stürmen und zum Abitur drängen würden. Die meisten von Ihnen nicht auf eigenen Wunsch, sondern überredet von ehrgeizigen Eltern, die sich – entgegen Spaemanns Ansicht – für ihre Kinder bessere **Karrierechancen** und eine bessere Zukunft mit hohen **Einkommen** davon versprechen. Wirklich: Vielen Eltern geht es nicht um Allgemeinbildung, Ichstärkung oder geistige Reife, sondern sie haben materielle Interessen und das spätere **Sozialprestige** ihrer Kinder im Sinn, wenn sie sie aufs Gymnasium schicken. Spaemann provoziert natürlich mit seinem Satz, dass die öffentlichen Schulen nicht daran interessiert seien, gebildete Menschen hervorzubringen. Tatsächlich stehen sie, diese Schulen, unter ökonomischem Druck, wie schon die Verkürzung um ein Schuljahr beweist, und trotz dieser Verkürzung müssen sie doch alle mit durchziehen, auch die, die kaum geistige Interessen haben. Dies hat oft Folgen, die ganz und gar nicht Spaemanns Bildungsideal entsprechen, wie: die Vereinzelung des Wissens, die Fixierung auf Punkte und die Paukerei von Test zu Test. Unser Umgang mit Jahreszahlen, Formeln, Vokabeln und Termini war rein additiv und wenig vernetzt und bildete kein bisschen, denn das Gelernte war nach der Klausur gleich wieder abgehakt (vgl. These 3.). Es gab auch zu wenig Zeit für nötige Rückgriffe, Wiederholungen und Spiegelungen oder überraschende neue Anwendungen von früher einmal Gelerntem.

Aber meine Schule bot auch Ausgleichsmöglichkeiten: Ich habe im **Schultheater** mitgespielt. Bildung liegt für Spaemann jenseits des berechenbaren Nutzens, und Schultheater ist wirtschaftlich nutzlos, aber es war für mich ein bildendes Erlebnis, das seinen Zweck in sich selber hatte. Es macht Freude, sich in ein Ensemble einzufügen, es ist kreativ, es diszipliniert, es verlangt das Mitdenken und die Verantwortung aller, und es ist ganzheitlich, denn am Ende des Projekts steht die Aufführung, in der Herz, Kopf, Hand und Fuß zu tun haben und die Aufregung und innere Anspannung sich schließlich glücklich im Applaus lösen kann. Mehr sozial als kulturell bildend war für mich auch unsere **Klassenfahrt**. Aber auch **in** regulären **Fächern** wie in Mathe, Physik oder Deutsch wurde Wert darauf gelegt, dass wir selbstständig Lösungswege entwickeln und unsere Ergebnisse gut präsentieren. Wir haben fair zu debattieren, zuzuhören, zu argumentieren und zu urteilen gelernt. Wissen, Denken und Kommunikationstraining griffen oft sinnvoll ineinander. Und nicht jede Lektüre war einfach Schulpensum. *Lenz* war ein Erlebnis für mich, obwohl meine Klausur dazu mäßig ausfiel, Gregor Samsa wird nicht aufhören, in mir zu spuken. Solche **Schullektüren** haben keinen praktisch verwertbaren Nutzen, aber es sind Ereignisse, die, trotz G8 noch immer im Sinne des klassischen Bildungsbegriffs, menschlich voranbringen.

Bewertung und Beurteilung

- **„Gut" (11 Punkte)** ist eine Arbeit, die dem Thema sprachlich und gedanklich voll gewachsen ist. Die Struktur von Robert Spaemanns Vortrag muss erfasst, der Inhalt so weit wie möglich in eigenen Formulierungen wiedergegeben und als Zusammenhang verstanden sein. Es sollte bemerkt sein, dass Spaemann Bildung als Haltung beschreibt, die offenbar unabhängig von der Schule erworben werden kann. – In Aufgabe 2 muss anhand des einen oder anderen konkreten Beispiels aus Fontanes Roman erwogen und differenziert dargelegt sein, ob und inwiefern Professor Wilibald Schmidt in Haltung und Charakter ein gebildeter Mensch im Sinne Spaemanns genannt werden kann. Dass Spaemann ebenso wie Schmidt dem humanistischen Bildungsideal Wilhelm von Humboldts verpflichtet ist, sollte möglichst erkannt und mit Aufgabe 3 verbunden sein. – In Aufgabe 3 werden keine differenzierten Ausführungen zum Menschenbild der Klassik erwartet. Es sollte aber gekennzeichnet sein, dass Bildung in Opposition zu Karriere-, Zweck- und Nützlichkeitsdenken steht. Die eigenen Schulerfahrungen und Gedanken zur Frage der Bildung und des Nutzens sollen gewandt, anschaulich und überzeugend aus der Auseinandersetzung mit Spaemanns These entwickelt sein.

- **„Ausreichend" (5 Punkte)** ist die Leistung, die in Aufgabe 1 Spaemanns Ideal von einem gebildeten Menschen in Umrissen zutreffend reproduzieren und ansatzweise erläutern kann. Es muss deutlich werden, wie besonders die Thesen 1 und 10 zu verstehen sind bzw. was für diesen Autor Bildung insgesamt ist und ermöglicht. – In Aufgabe 2 muss die Figur des Wilibald Schmidt in einigen wesentlichen Merkmalen charakterisiert und als gebildet im Sinne Spaemanns ausgewiesen sein. Zur Verdeutlichung sollten einzelne konkrete Beispiele aus dem Roman genannt werden. – Von den Ausführungen zu Aufgabe 3 wird erwartet, dass der Begriff der humanistischen Bildung verfügbar und einige Züge des klassischen Menschenbilds bekannt sind. Die Antwort auf Spaemanns These muss auf die eigene Schulerfahrung bezogen sein, sie muss argumentativ sein und ansatzweise Urteilsfähigkeit dokumentieren.

Abiturprüfung Hessen 2015 – Deutsch Grundkurs
Vorschlag A

Lebenssituationen und Lebenslügen

Erlaubte Hilfsmittel:
1. ein Wörterbuch der deutschen Rechtschreibung
2. eine Liste der fachspezifischen Operatoren
3. Büchner: *Lenz*
4. Goethe: *Faust I*

Aufgaben:

1. Fassen Sie den Inhalt des vorliegenden Textausschnittes aus Thomas Manns Novelle *Der kleine Herr Friedemann* (Material) in seinen Grundzügen zusammen und analysieren Sie die Situation und die Beziehung der beiden Figuren. Berücksichtigen Sie dabei auch sprachlich-formale Besonderheiten. (35 BE)

2. Vergleichen Sie die Krisen- und Leidenssituation des Dichters Lenz aus Georg Büchners Erzählung *Lenz* mit der des Herrn Friedemann (Material). (35 BE)

3. Im Gespräch mit Frau von Rinnlingen bekennt Herr Friedemann, dass sein bisheriges Leben „Lüge und Einbildung“ (Material) gewesen sei.

   Diskutieren Sie vor diesem Hintergrund, inwieweit Lebenslügen als Ursachen des Leidens von Faust **oder** Margarete (Gretchen) aus Goethes *Faust I* angesehen werden können. (30 BE)

Material
Thomas Mann: Der kleine Herr Friedemann (1897)

In der Novelle, deren Schluss hier vorliegt, wird die Lebensgeschichte von Johannes Friedemann erzählt, der als Kleinkind vom Wickeltisch gefallen ist und seitdem an einer körperlichen Missbildung leidet. Herr Friedemann ist zu einem großen abendlichen Empfang in das Haus der Familie von Rinnlingen eingeladen. Im Laufe des Abends fordert Frau von Rinnlingen, die er schon lange verehrt, ihn auf, sie in den parkähnlichen Garten der Villa zu begleiten.

[…] „Sie haben unseren Garten noch nicht gesehen?“ sagte sie auf der Treppe zu ihm. „Er ist ziemlich groß. Hoffentlich sind noch nicht zu viele Menschen dort; ich möchte gern ein wenig aufatmen. Ich habe während des Essens Kopfschmerzen bekommen […].“

[…] In der wundervoll sternklaren, warmen Nacht quoll der Duft von allen Beeten. Der Garten lag in vollem Mondlicht, und auf den weiß leuchtenden Kieswegen gingen die Gäste plaudernd und rauchend umher. […]

Frau von Rinnlingen ging mit einem leichten Kopfnicken vorüber und wies in die Ferne, wo der zierliche und duftende Blumengarten zum Park sich verdunkelte. […]

Dort hinten, am Ende der schnurgeraden Kastanienallee sahen sie grünlich und blank den Fluß im Mondlicht schimmern. Ringsumher war es dunkel und kühl. Hie und da zweigte ein Seitenweg ab, der im Bogen wohl ebenfalls zum Flusse führte. Es ließ sich lange Zeit kein Laut vernehmen.

„Am Wasser“, sagte sie, „ist ein hübscher Platz, wo ich schon oft gesessen habe. Dort könnten wir einen Augenblick plaudern. – Sehen Sie, dann und wann glitzert zwischen dem Laub ein Stern hindurch.“

Er antwortete nicht und blickte auf die grüne, schimmernde Fläche, der sie sich näherten. Als sie die Allee verließen und auf den Grasplatz hinaustraten, der sich zum Flusse hinabsenkte, sagte Frau von Rinnlingen:

„Hier ein wenig nach rechts ist unser Platz; sehen Sie, er ist unbesetzt.“

Die Bank, auf der sie sich niederließen, lehnte sich sechs Schritte seitwärts von der Allee an den Park. Hier war es wärmer als zwischen den breiten Bäumen. Die Grillen zirpten in dem Grase, das hart am Wasser in dünnes Schilf überging. Der mondhelle Fluß gab ein mildes Licht.

Sie schwiegen beide eine Weile und blickten auf das Wasser. Dann aber horchte er ganz erschüttert, denn der Ton, den er vor einer Woche vernommen, dieser leise, nachdenkliche und sanfte Ton berührte ihn wieder:

„Seit wann haben Sie Ihr Gebrechen, Herr Friedemann?“ fragte sie. „Sind Sie damit geboren?“

Er schluckte hinunter, denn die Kehle war ihm wie zugeschnürt. Dann antwortete er leise und artig:

„Nein, gnädige Frau. Als kleines Kind ließ man mich zu Boden fallen; daher stammt es.“

„Und wie alt sind Sie nun?“ fragte sie weiter.

„Dreißig Jahre, gnädige Frau.“

„Dreißig Jahre“, wiederholte sie. „Und Sie waren nicht glücklich, diese dreißig Jahre?“

Herr Friedemann schüttelte den Kopf, und seine Lippen bebten.

„Nein“, sagte er; „das war Lüge und Einbildung.“

„Sie haben also geglaubt, glücklich zu sein?“ fragte sie.

„Ich habe es versucht“, sagte er, und sie antwortete:

„Das war tapfer.“

Eine Minute verstrich. Nur die Grillen zirpten, und hinter ihnen rauschte es ganz leise in den Bäumen.

„Ich verstehe mich ein wenig auf das Unglück“, sagte sie dann. „Solche Sommernächte am Wasser sind das beste dafür.“

Hierauf antwortete er nicht, sondern wies mit einer schwachen Gebärde hinüber nach dem jenseitigen Ufer, das friedlich im Dunkel lag.

„Dort habe ich neulich gesessen“, sagte er.

„Als Sie von mir kamen?“ fragte sie.

Er nickte nur.

Dann aber bebte er plötzlich auf seinem Sitz in die Höhe, schluchzte auf, stieß einen Laut aus, einen Klagelaut, der doch zugleich etwas Erlösendes hatte, und sank langsam vor ihr zu Boden. Er hatte mit seiner Hand die ihre berührt, die neben ihm auf der Bank geruht hatte, und während er sie nun festhielt, während er auch die andere ergriff, während dieser kleine, gänzlich verwachsene Mensch zitternd und zuckend vor ihr auf den Knien lag und sein Gesicht in ihren Schoß drückte, stammelte er mit einer unmenschlichen, keuchenden Stimme:

„Sie wissen es ja … Laß mich … Ich kann nicht mehr … Mein Gott … Mein Gott …“

Sie wehrte ihm nicht, sie beugte sich auch nicht zu ihm nieder. Sie saß hoch aufgerichtet, ein wenig von ihm zurückgelehnt, und ihre kleinen, nahe beieinanderliegenden Augen, in denen sich der feuchte Schimmer des Wassers zu spiegeln schien, blickten starr und gespannt gradeaus, über ihn fort, ins Weite.

Und dann, plötzlich, mit einem Ruck, mit einem kurzen, stolzen, verächtlichen Lachen hatte sie ihre Hände seinen heißen Fingern entrissen, hatte ihn am Arm gepackt, ihn seitwärts vollends zu Boden geschleudert, war aufgesprungen und in der Allee verschwunden.

Er lag da, das Gesicht im Grase, betäubt, außer sich, und ein Zucken lief jeden Augenblick durch seinen Körper. Er raffte sich auf, tat zwei Schritte und stürzte wieder zu Boden. Er lag am Wasser. –

Was ging eigentlich in ihm vor, bei dem, was nun geschah? Vielleicht war es dieser wollüstige Haß, den er empfunden hatte, wenn sie ihn mit ihrem Blicke demütigte, der jetzt, wo er, behandelt von ihr wie ein Hund, am Boden lag, in eine irrsinnige Wut ausartete, die er betätigen mußte, sei es auch gegen sich selbst … ein Ekel vielleicht vor sich selbst, der ihn mit einem Durst erfüllte, sich zu vernichten, sich in Stücke zu zerreißen, sich auszulöschen …

Auf dem Bauche schob er sich noch weiter vorwärts, erhob den Oberkörper und ließ ihn ins Wasser fallen. Er hob den Kopf nicht wieder; nicht einmal die Beine, die am Ufer lagen, bewegte er mehr.

Bei dem Aufklatschen des Wassers waren die Grillen einen Augenblick verstummt. Nun setzte ihr Zirpen wieder ein, der Park rauschte leise auf, und durch die lange Allee herunter klang gedämpftes Lachen.

Aus: Thomas Mann: Sämtliche Erzählungen, Frankfurt/Main: S. Fischer 1981, S. 80–83.
Die Rechtschreibung entspricht der Textvorlage.

Hinweise und Tipps

Ihnen liegt nur der Schluss einer Ihnen unbekannten Novelle von Thomas Mann vor. Für Ihr Textverständnis ist hilfreich zu wissen: Seit Friedemann, der Protagonist, als Jugendlicher begriff, dass ihm die Liebe einer Frau versagt bleiben würde, glaubte er, der Sohn aus gutem Haus, diesen Mangel kompensieren und sein Glück in Kunst, Bildung und Natur finden zu können. Ferner: Herr und Frau von Rinnlingen sind erst kürzlich in Friedemanns Stadt zugezogen. Vor einer Woche erst hat er ihnen seinen Antrittsbesuch abgestattet. Die Einladung zu ihrem Fest hat er angenommen in dem fatalistischen Entschluss, seinem Untergang nun nicht mehr ausweichen zu wollen.

Aufgabe 1 fordert u. a. dazu auf, die „Beziehung der beiden Figuren" zu „analysieren". Sie werden aber auch „interpretieren" müssen, denn Sie sind, um Friedemann und seine Gesprächspartnerin verstehen zu können, mehr als üblich auf Ihre Vermutungen und Deutungen angewiesen, die zudem als Grundlage für den Vergleich in Aufgabe 2 nötig sind.

Für die Bearbeitung der Aufgabe 3 müssen Sie sich mit dem Titelbegriff der Lebenslüge auseinandersetzen. Es empfiehlt sich eine Definition des Begriffs, den es im Deutschen noch nicht lange gibt. Klassische Nachschlagewerke (Wahrig, Kluge) enthalten ihn nicht. Wikipedia erklärt ihn als von Henrik Ibsen (19. Jahrhundert) übernommene Bezeichnung für scheinheilige bürgerliche Verlogenheit und Doppelmoral. Heute steht er aber auch für eine Unwahrheit, an der jemand zumindest während einiger Jahre wider besseres Wissen festhält, um sein Leben überhaupt aushalten zu können. Thomas Mann (Material) verwendet den Begriff nicht. Gleichen Sie mit ihrem Sprachgefühl und gesundem Menschenverstand jeweils ab, inwiefern Ihnen dieser Begriff mehr oder weniger zutreffend erscheint. Viel hängt von Ihrer subjektiven Begründung und Argumentation ab.

Zur besonderen Herausforderung wird die jeweils themenbezogen funktionale, knappe Rekonstruktion großer Inhalte („Lenz“, „Faust“). Versuchen Sie, Aufgabe 3 einleitend an Aufgabe 1 anzuschließen. Aufgabe 3 bietet Ihnen eine Alternative. Im Lösungshinweis finden sie Vorschläge zu beiden Wahlmöglichkeiten.

Lösungshinweise

1. In seiner Novelle *Der kleine Herr Friedemann* erzählt Thomas Mann 1897 das Schicksal eines verwachsenen Menschen (vgl. Z. 56). Ein Unfall in seiner frühesten Kindheit hat ihn zum Krüppel gemacht, aber Geist und Gefühl sind so entwickelt wie bei Gesunden und vielleicht darüber hinaus. Johannes Friedemann, Mitglied einer geachteten Familie seiner Stadt, ist nun 30 Jahre alt. Als Herr und Frau von Rinnlingen, die neuen Mitbürger, ihre erste Abendgesellschaft geben, gehört auch er zu den Gästen. Der vorliegende Schluss der Novelle erzählt von seinem Tod am Rande dieses Festes.

   Nach dem Essen ergeht sich die Gesellschaft rauchend und plaudernd im Garten hinter dem Haus. Es ist eine warme, sternklare Nacht (vgl. Z. 5 f.). Die Gastgeberin nimmt sich des kleinen Herrn Friedemann an. Sie hat das Bedürfnis, frische Luft zu schöpfen, und lädt ihn ein, sie durch Garten und Park zu einer ihr lieben Bank am Fluss zu begleiten. Dort, abgeschieden von den anderen, fragt sie teilnahmsvoll nach seinem Geschick. Friedemann, davon im Innersten aufgewühlt, kann da nicht mehr an sich halten, nimmt ihre Hände, stürzt sich ihr zu Füßen und drückt sein Gesicht in ihren Schoß. Sie lässt ihn zunächst gewähren, schleudert ihn dann aber abrupt weg und kehrt zur Gesellschaft zurück. Friedemann ertränkt sich im Fluss.

   Von Jugend an musste Friedemann damit fertigwerden, ungeliebt zu bleiben, er lernte aber, sich Halt durch andere Lebensinhalte zu geben. Nun ist auf einmal diese Frau von Rinnlingen in der Stadt. Ihre Sinnlichkeit bringt ihn aus der Fassung.

   Für den Schlussakt im Leben des kleinen Herrn Friedemann entwickelt der Autor eine genaue **Raum- und Lichtregie**. Der Raum erstreckt sich vom **Haus** der Rinnlingens auf der einen Seite bis zum **Fluss** auf der anderen. Das Haus ist Ort bürgerlicher Sicherheit. In ihm befand sich Friedemann in der ihm vertrauten zivilisierten Gesellschaft seiner Mitbürger. Der Fluss aber fließt frei als (1897 noch annähernd) unbezähmbare Natur. Zwischen Haus und Fluss liegen der Garten und ein weitläufiger Park. Der Blumengarten mit eingehegten Beeten und weißen Kieswegen ist **gebändigte**, Regeln unterworfene **Natur**. Der anschließende Park, zwar noch von Gärtnern angelegt mit seiner langen Kastanienallee, fungiert schon deutlicher als Übergang und Hinführung zum **Bereich** der Wildnis oder **freien Natur**, die mit Gras und Schilf am Flussufer beginnt.

   Die **Verführung**, niemandem anstößig und auch dem Leser erst vom Schluss her als Verführung bewusst, findet genau auf der **Schwelle** zwischen dem Bereich der Zivilisation und dem der Natur, auf der **Treppe** zum Garten hin, statt (vgl. Z. 1).

Als gute Gastgeberin wendet sich dort die Dame des Hauses ihrem etwas schwierigen Gast zu. Das ist an sich sehr aufmerksam und freundlich, aber **Friedemann** dankt es ihr nicht, sondern **folgt ihr** nur **stumm ergeben**. Sie zeigt „in die Ferne, wo der […] Blumengarten zum Park sich verdunkel[t]“ (Z. 8 f.), und nennt ihm ihr Ziel. Friedemann geht wortlos neben ihr her. Dass er im Wasser den Tod finden würde, ist zu ahnen, denn der Text ist (mit mindestens zehn Erwähnungen) reich an **vorausdeutenden Hinweisen** auf den „Fluß“ bzw. das „Wasser“. Das Gelände fällt – eine Bahn **abwärts** – sachte zum Fluss hin ab. Die Stimmen der Gäste bleiben zurück. Um ihn und Frau von Rinnlingen herum wird es **still, dunkel und kühl**, aber der Fluss schimmert von Weitem wie eine Verheißung (vgl. Z. 10 ff.).

Bedeutsam durchzieht **Lichtmetaphorik** im Spiel mit dem Kontrast von Hell und Dunkel den ganzen Text. Ihre Pointe entfaltet sich dort, wo Frau von Rinnlingen und ihr Begleiter die angestrebte Bank erreicht haben. Von dort aus sehen sie jetzt das schöne, romantisch wirkende „milde“ Licht, das der Mond auf die Oberfläche des an sich abgründigen Wassers (vgl. Z. 23 f.) zaubert. Es ist hier auch wieder wärmer, und nach der etwas unheimlichen Stille des Parks zirpen die Grillen. Ein **nächtliches Idyll** scheint Friedemann und die Frau wie ein Liebespaar zu umfangen. Das **friedliche Dunkel des jenseitigen Flussufers** jedoch (vgl. Z. 48), auf das er sie am Ende ihres prekären Gesprächs und am Ende seiner Selbstbeherrschung aufmerksam macht, kann man als Symbol des Todes verstehen. **Der Fluss** selbst ist dagegen symbolisch ambivalent: Er ist **das nicht aufzuhaltende Leben**, das sich einmal, **auch in Friedemann, erlösend** (vgl. Z. 53) Bahn bricht. Zugleich richtet sich Friedemanns **Todessehnsucht** auf ihn, sodass sich hier Leben und Tod symbolisch zur widersprüchlichen Einheit verbinden.

Die Initiative des Handelns liegt von Anfang an **bei der Frau**. Sie ermutigt den Gast, sie zu begleiten; sie fasst, als sie die Bank erreicht haben, sich und ihn im intimen Pronomen „uns“ zusammen (vgl. Z. 20); sie eröffnet und lenkt das Gespräch. Sie ahnt wohl, dass er ihr seit ihrer ersten Begegnung verfallen ist und neulich drüben, am anderen Ufer sitzend, seiner Begegnung mit ihr nachhing (vgl. Z. 47 ff.). Vermutlich reizt es sie, **ihre Macht** über diesen durch sein Gebrechen schwachen, sie hoffnungslos liebenden Mann zu erproben. Sie hat wohl erraten, dass ihre Zuwendung ihn „ganz erschütter[n]“ (Z. 26) und seine Verkapselung sprengen würde. Friedemann ringt darum, die Form zu wahren: Er antwortet ihr jetzt „artig“ (Z. 31), also den **Konventionen** gemäß, aber die Kehle schnürt sich ihm zu, seine Lippen beben, und dann (endlich) verliert er die Kontrolle über sich und gibt sich dieser Frau preis. Ihr sanfter Ton (vgl. Z. 26 f.) und ihr vorgebliches Mitgefühl (vgl. Z. 45 f.) sind trügerisch wie das Licht auf dem Fluss, denn das Gespräch gleicht (als asymmetrische Kommunikation) eher einem **Verhör** als einer Unterhaltung unter Gleichen. Sie fragt knapp und direkt; er antwortet beklommen. Sie entlockt ihm das **Geständnis**, sich Glück und Zufriedenheit stets nur vorgemacht zu haben: Es sei nichts als „**Lüge und Einbildung**“ (Z. 39 ff.) gewesen. Auf diese traurige, sein bisheriges Leben widerrufende Weise gesteht Johannes Friedemann Frau von Rinnlingen seine Liebe.

Die nun sich ereignende Wendung des Gesprächs in den **Zusammenbruch** Friedemanns hat Thomas Mann **sprachlich dramatisch ausgestaltet:** durch die Markierung der Wende („Dann aber […] plötzlich", Z. 52), durch die Transitivierung des intransitiven Verbs „beben" zu „in die Höhe beben", mit der ausführlichen Beschreibung der unartikulierten, kaum mehr menschlichen Laute des bisher Sprachfähigen, mit der Alliteration „zitternd und zuckend" (Z. 56), die den Verlust der Körperbeherrschung fast lautmalerisch vorführt – und schließlich dadurch, dass alle Einzelheiten durch drei parallele Temporalsätze („während […], während […], während", Z. 55 f.) zu einem einzigen, gleichzeitigen Vorgang zusammengefasst sind. Die innere Natur und Triebstruktur hat Herrn Friedemann überwältigt.

Als es Frau von Rinnlingen gelungen ist, ihn derart zu öffnen, und er ihr zu Füßen liegt, starren ihre Augen über ihn hinweg ins Weite (vgl. Z. 64), bevor sie ihn erbarmungslos demütigt. Was empfindet sie? Genugtuung? Rachegelüste für eine ihr selbst einmal angetane Schmach (vgl. Z. 45)?

Während Frau von Rinnlingen **hoch aufgerichtet** und stolz durch die Allee zur Gesellschaft im Garten zurückeilt, liegt Friedemann, „behandelt von ihr wie ein Hund" (Z. 74), **erniedrigt** auf dem Gesicht. Er hat seine **Verurteilung** empfangen.

Der **auktoriale Erzähler**, sich nicht sicher, was genau in dem am Boden liegenden Friedemann vor sich geht, stellt sich ein Gemenge (vgl. Z. 72 ff.) aus Wollust, Hass, Selbstekel und „irrsinniger" Wut vor, das in Autoaggression, in Raserei gegen sich selbst, umschlägt. Seine anschließende **Einfühlung in die Figur** (vgl. Z. 75 ff.) bewirkt, dass in zerrissener Syntax Friedemanns Selbstvernichtungs-Furor unmittelbar (als Klimax) nacherlebbar wird: als Willenssteigerung, „sich zu vernichten […], sich […] zu zerreißen, sich auszulöschen".

Vergleichbar mit einem Kamera-Objektiv hat sich der Erzähler ganz nah an seine Figur heran- und sogar in sie hineingezoomt, um dann mit Weitwinkel abzuschließen. Die Seelenqual und Tragödie eines Menschenlebens ist nur eine **winzige Störung** im allgemeinen Gang der Natur und anscheinend auch des gesellschaftlichen Lebens. Einen Augenblick lang schweigen die Grillen, um alsbald ihr Zirpen fortzusetzen. Die lange Allee zurück zum Haus wird erneut in den Blick gefasst, und mit dem „gedämpfte[n] Lachen" (Z. 83) aus dem Garten schließt sich harmonisch der narrative **Rahmen** so wie der Spiegel des Wassers sich über dem Ertrinkenden schließt.

2. Johannes Friedemann in Thomas Manns Novelle von 1897 und **Lenz** in Georg Büchners 1835 begonnener Erzählung *Lenz* sind sehr unterschiedliche Persönlichkeiten. Beide Autoren zeigen ihre Protagonisten aber in einer krisenhaften, verzweifelten und lebensentscheidenden Situation. Büchners Novelle insgesamt ist die Darstellung dieser **Krise**, ihres Verlaufs und ihrer Zuspitzung. Von Thomas Manns Novelle liegt nur der Schluss vor, in dem Friedemanns Krise aufbricht. **Beide**, Friedemann und Lenz, **sind Leidende**. **Und** beide sind sie **Scheiternde**.

Friedemann nimmt sich das Leben, dessen Triebhaftigkeit und Gefühlsgewalt ihn eben, in seinem 30. Lebensjahr, überwältigt haben. Paradox gesagt: Das nicht dauerhaft zu unterdrückende Leben in ihm bringt ihn ums Leben. Kultur kann elementare Lebensbedürfnisse nicht wirklich ersetzen, so lautet Thomas Manns Botschaft. Die genaueren Motive des Handelns bleiben der Fantasie und Empathie der Leser überlassen. Friedemann hat die Entscheidung über seine Existenz in die Hände der Frau gelegt, die ihn anzieht wie keine zuvor. Hat er damit seine Verurteilung nicht nur billigend in Kauf genommen, sondern sogar provoziert? War nicht doch eine Spur Hoffnung im Spiel? Oder wurde er ohne sein Zutun ihr ohnmächtiges Opfer?

Lenz dagegen erliegt nach langer, heroischer Gegenwehr dem **Wahnsinn**, sodass man den am Ende geistig und psychisch ganz Erloschenen in die Psychiatrie bringen muss. Er ist, etwas eindeutiger als Friedemann, an sich selbst zugrunde gegangen: an seiner genialischen Überspanntheit und Vermessenheit und der Disposition zur Schizophrenie.

Die Unterschiede zwischen den Figuren sind zunächst groß. Johannes Friedemann ist ein bürgerlicher Geschäftsmann. Lenz ist ein Dichter, dessen Untergang sich gerade auch dadurch beschleunigt, dass der Vater ihn drängt, sich in die bürgerliche Gesellschaft zu integrieren und ein Amt anzunehmen. Auf unterschiedliche Weise sind dennoch **beide Außenseiter der Gesellschaft**. Friedemann wird durch seine körperliche Missgestalt zu diesem Schicksal verurteilt. Sein Makel und sein Mangel an Liebe unterscheiden ihn von der Norm. Lenz dagegen, der körperlich gesunde, lebhafte, geistreiche und schöne junge Mann, ist durch sein exzentrisches Leben an den Rand des Wahnsinns geraten. Vielleicht kann man sagen, dass ihn geradezu ein Überschuss an Begabungen von der Norm hat abweichen lassen. Nun hält er es mit sich allein nicht mehr aus. Er ist in die Vogesen zu Pfarrer Oberlin mehr geflohen als gewandert im Bedürfnis nach Hilfe und Beruhigung für sein verstörtes Gemüt. Ihn treibt die Angst, vollends wahnsinnig zu werden und sich zu verlieren. Er beobachtet, wie sehr seine Selbst- und Raumwahrnehmungen schwanken: Einmal wird ihm die Welt unendlich weit wie das kalte Nichts, dann wieder glaubt er von ihrer Enge erdrückt zu werden; er fühlt sich allmächtig und dann wieder gering und schuldig; auch die Grenzen zwischen Traum und Wirklichkeit beginnen sich ihm zu verwischen. Die Mägde des Pfarrers und die Leute in der Umgebung halten ihn schon zu Beginn seines Aufenthalts im Pfarrhaus für einen Verrückten. Er erschreckt sie, wenn er sich nachts plötzlich in den Brunnentrog wirft, um durch das kalte Wasser nach einer Angst-Attacke wieder zu sich zu kommen, oder wenn er sich gar in äußerster Verzweiflung aus dem Fenster stürzt. Lenz ist **suizidgefährdet**. Ob Friedemann auch früher schon einmal an **Selbstmord** gedacht hat, ist dagegen nicht zu erfahren. Oberlin greift ein, bevor sich Lenz wirklich das Leben nimmt. Friedemann dagegen bleibt nach der Katastrophe sich selbst überlassen. Niemand steht ihm bei, niemand hält ihn davon ab, sich ins Wasser zu stürzen.

Beide, Lenz und Friedemann, sind **unglücklich Liebende**. Für Lenz ist die Trennung von der Freundin Friederike zumindest *ein* Grund seines Leidens und seiner Unruhe. Er steigert sich sogar in den Wahn, ihr Mörder geworden zu sein. Ist für Friedemann die unglückliche Liebe zu Frau von Rinnlingen aber wirklich der alleinige Grund dafür, sein Leben wegzuwerfen? Wohl nicht. Er, von sich aus, hätte sich ihr nie zu erklären gewagt. Sie ist verheiratet, er ist ein Krüppel; es wäre lächerlich gewesen. Der tiefere Grund für sein Ende beginnt vermutlich mit seinem Entschluss, im Lichte dieses ihn überraschenden Verlangens nach Frau von Rinnlingen den Wert seines bisherigen Lebens insgesamt neu zu überprüfen. Er hat ein komfortables Leben genossen, aber nun muss er zweifeln, ob es als Konstrukt weiter tragfähig ist. Dass diese Frau ihn aber erst an sich heranziehen und ihm dann nicht nur die Hoffnung, sondern darüber hinaus auch seine **Würde und Selbstachtung nehmen** würde, das hat er nicht voraussehen können. Nicht die unerwiderte Liebe treibt Friedemann in den Selbstmord, sondern die erlittene Erniedrigung.

3. Man möchte den kleinen Herrn **Friedemann gegen den Vorwurf der Lebenslüge** im Sinne des konsequenten bewussten Verschleierns der Wahrheit **verteidigen**. Wahrscheinlich hat er seine Jahre wirklich zufrieden und ohne den Selbstverdacht verbracht, sich und anderen die Freude an seinem Leben nur vorzuspielen, – bis der Anblick dieser Frau von Rinnlingen ihm plötzlich den Verstand raubt. Man kann sogar annehmen, dass er erst in dem Augenblick sein bisheriges Leben als „**Lüge und Einbildung**“ denunziert, in dem durch ihr Fragen plötzlich die Vorstellung eines unendlich viel größeren Glücks in ihm auflodert. Sein **Urteil** fällt **situationsbedingt** so übermäßig hart aus, dass der Leser es wieder abschwächen oder relativieren möchte. Hat Friedemann aber sein Leben trotz seiner Behinderung zu meistern gewusst, so wird man das, mit Frau von Rinnlingen, eher „tapfer“ (Z. 42) nennen wollen. **Glück** ist kein Grundrecht und nicht, obgleich ersehnt, wohlfeil zu haben. Wer, wie wohl die meisten Menschen, auch ohne den Rausch des großen Glücks sein Leben verbringt, lebt darum noch nicht in der Lüge.

   Lässt sich der Begriff der Lebenslüge mit dem Leiden Fausts oder dem Leiden Gretchens in Verbindung bringen?

   Von **Gretchens Leben** ist in Johann Wolfgang von Goethes Tragödie *Faust* nur ein Abschnitt von ungefähr einem Jahr dargestellt: Es ist die Zeit ihrer ersten Begegnung mit Faust bis zu ihrer Gefangennahme und Inhaftierung als Kindsmörderin. Für den **Begriff der Lebenslüge** scheint dieser Ausschnitt zu klein zu sein, denn man stellt sich darunter vor allem etwas vor, was schon ein ganzes Leben lang vorhanden ist: ein Leben mit doppeltem Boden zumindest, unter dem ein vor der Welt verborgenes Geheimnis existiert.

   Lügt Gretchen wenigstens **lebensentscheidend?** Belügt sie sich? Macht sie sich etwas vor? Das sittsame, fromme, junge Kleinbürgermädchen erlebt, dass ein ganz wunderbarer, weltgewandter Fremder sich ihr zuwendet. Sie sieht sofort, dass er geistig und sozial hoch über ihr steht, dass er nicht zu ihr und in ihr Milieu passt, dass er nicht bleiben wird. Zudem ängstigt sie sein Begleiter. Sie ist scheu und vorsichtig und will zumindest erfahren, ob er überhaupt den rechten Glauben hat (Gretchenfrage) und folglich ein guter Mensch ist nach ihrem Maßstab. Aber sie erliegt seinem Werben. Schon nach ihrem ersten Treffen in Marthes Garten weiß sie, dass sie ihn nie mehr vergessen wird („Denkt Ihr an mich ein Augenblickchen nur, / Ich werde Zeit genug an Euch zu denken haben", V. 3106f.). Sie *muss* ihn lieben und liebt ihn innig, beseligt und vorbehaltlos. **Sie belügt sich nicht**, sondern erfährt Liebe als etwas, das stärker ist als moralische und vernünftige Einwände. Faust verspricht ihr nichts. Sie macht sich **nicht einmal Illusionen** über eine gemeinsame Zukunft. Als sie schwanger wird, ist sie sozial ein gefallenes Mädchen, religiös eine Sünderin und kann dennoch in ihrer Liebe nichts Böses sehen: „Doch – alles, was dazu mich trieb, / Gott! War so gut! Ach war so lieb!" (V. 3585f.) Gefühl, Herkommen, Moral und Katechismus finden in ihr nicht mehr zusammen.

Faust verschwindet. Als ledige Mutter bringt sie ihr Kind zur Welt und ertränkt es in unsäglicher Verwirrung und Angst vor der gesellschaftlichen Ächtung. Sie ist nun eine Verbrecherin, schuldig vor ihrem Gott und vor dem Gesetz. Als Faust sie aus dem Kerker befreien will, erschüttert von dem Leid, das Menschen widerfährt, urteilt er: „Und ihr Verbrechen war **ein guter Wahn**!" (V. 4408) Ihr Verbrechen? Ihre Liebe. – Ein guter Wahn? Sieht Faust in Gretchens Liebe also doch so etwas wie eine Einbildung, eine Illusion oder sogar Lüge? Wahn bedeutet „Meinung, Hoffnung, Verdacht". Die Bedeutung „krankhafte Einbildung" habe sich erst in neuester Zeit herausgebildet, belehrt das Herkunftswörterbuch. Gretchens Vergehen besteht also für Faust darin, sich ihm liebend und gutgläubig anvertraut zu haben? „Lüge" aber setzt bewusste Täuschung voraus und will nicht zu Gretchen passen. Sie ist aus ihrem stillen, geordneten Leben herausgerissen worden in etwas, das ihr zum unerhört beglückenden und dann furchtbaren und tragischen Schicksal wurde. „Schicksal" ist ein ähnlich unscharfer Begriff wie der der „Lebenslüge"; aber ich ziehe in Bezug auf Gretchen den Begriff des Schicksals vor.

Und Faust selbst? Sein Leben ist so rastlos, strebsam, ungenügsam, erkenntnis- und erfahrungshungrig, dass darin gar **kein Platz für eine** gepflegte **Lebenslüge** ist. Seine Verzweiflung ist es, trotz allen Strebens und redlichen Bemühens dem Unendlichen, das er umgreifen möchte, und den inneren Kräften der Welt, die er erkennen möchte, noch immer nicht näher gekommen zu sein. Er hat die Wissenschaften studiert, er ist, über das Rationale hinaus, in Bereiche der Mystik und Magie vorgestoßen und hat dennoch nicht finden können, was er sucht. Nie hat er den Dünkel, ganz oben zu sein, mehr zu sein als andere, erfolgreich, fertig und angekommen zu sein – im Gegenteil. Er verbindet sich mit Mephisto, um seinen Erfahrungshorizont zu erweitern. Dieser Geselle erkennt **in Fausts Unruhe den göttlichen Funken**, den er in ihm ersticken möchte. Darum hat er vor, ihn „durch das wilde Leben, / Durch flache Unbedeutenheit" (V. 1860f.) zu schleppen und ihn durch Reichtum und alle erdenklichen materiellen und sinnlichen Genüsse von seinem „hohen Streben" abzubringen. Er will ihn verderben und hat mit dem

Herrn (Prolog) darum gewettet, dass ihm das gelingen wird. Aber genau darauf wird Faust sich nicht einlassen. **Zufriedenheit** mit den Genüssen der Welt **wäre** für ihn **Verrat an sich selbst**, und in diesem Zusammenhang fallen auch die Begriffe der Lüge und des Betrugs: „Werd ich beruhigt je mich auf ein Faulbett legen; / So sei es gleich um mich getan! / Kannst du mich schmeichelnd je belügen, / Dass ich mir selbst gefallen mag, / Kannst du mich mit Genuss betrügen, / Das sei für mich der letzte Tag!“ (V. 1692 ff.) Das bequeme Leben und die Vorspiegelung von Zufriedenheit also wären für Faust ein Selbstbetrug, der sich dem Begriff der Lebenslüge annähert.

Man hat den Eindruck, dass sich Lebenslügen bevorzugt im Humus bürgerlicher Verhältnisse einnisten, in Verhältnissen, die auf Dauer und Sicherheit angelegt sind und in denen der gute Ruf und der unbedingt zu wahrende äußere Schein von Wohlstand, Erfolg und Zufriedenheit fast dazu zwingen, Ungutes, Schwächen und moralisch Zweifelhaftes zu vertuschen und zu überspielen. Faust, so könnte man folgern, ist um seinen Ruf nicht besorgt und hat es nicht nötig, sich etwas vorzumachen oder sich zu belügen. Wohl aber wird er **schuldig**. Er hat Gretchen auf dem Gewissen. Er hätte sie vor sich bewahren müssen, hätte ihren Frieden nicht „untergraben“ dürfen, denn für ihn, den ewig Suchenden, den Flüchtling und den Unbehausten, ist Frieden keine Option. Belogen jedoch hat er Margarete nicht. Er war darauf aus, sehr frivol und frech Sexualität zu erfahren, aber Gretchens Wesen hat ihn bis in die Seele hinein berührt und verwandelt. Er liebt sie. Und als er zu ihr von der Wonne unbedingter Hingabe spricht, murmelt er zugleich, dass das Ende solcher Wonne Verzweiflung wäre. Verspricht er ihr hier ewige Treue? Ich glaube ihm, dass er **in diesem Moment** bis in sein Inneres von der Wahrheit dessen durchdrungen ist, was er sagt. Er heuchelt hier nicht, er taktiert nicht; aber Augenblicke sind für niemanden, erst recht nicht für einen Faust, von Dauer.

Bewertung und Beurteilung

- „**Gut**" **(11 Punkte)** ist die Arbeit, in der in Aufgabe 1 der Novellenschluss inhaltlich zutreffend, sprachlich selbstständig und in der Form bündig zusammengefasst ist. Die formale und sprachliche Gestaltung des Textes (Aufbau, Entwicklung, Wechsel zwischen Erzählung und Dialog, die Art des Dialogs, Symbolik, sprachliche Merkmale) ist aufmerksam beobachtet und analysiert. (Markierungen im Material können zur Bewertung hinzugezogen werden.) Die Ergebnisse der Analyse sind zu einer differenzierten und problembewussten Charakterisierung des Verhältnisses zwischen den Figuren verbunden. – In Aufgabe 2 ist für die nötige inhaltliche Vergleichsbasis gesorgt, sodass die Bezüge zu *Lenz* gut nachvollziehbar verankert sind. Unterschiede und Ähnlichkeiten zwischen Lenz und Friedemann sind herausgestellt. Besonders die Ähnlichkeiten sind Schritt für Schritt textnah erläutert. – In Aufgabe 3 liegt der Fokus auf dem Begriff der Lebenslüge. Er ist ausdrücklich zurückbezogen auf das gegebene Zitat und die Situation Friedemanns. Inwiefern er die Lebenssituation von Faust respektive Gretchen trifft, ist kritisch-abwägend, dem literarischen Werk insgesamt angemessen, sprachlich sensibel und urteilsfähig diskutiert.

- „**Ausreichend**" **(5 Punkte)** ist eine Arbeit, in der in Aufgabe 1 wesentliche Züge des Inhalts überzeugend zusammengefasst sind und Ansätze zur Analyse den einen oder anderen Aufschluss über Situation und Beziehung der beiden Figuren erbringen. Anstrengungen, sich Friedemanns Selbstmord aus dem Text heraus zu erklären, liegen vor. – Die für Aufgabe 2 und 3 erforderlichen Lektürekenntnisse sind für die jeweilige Fragestellung insgesamt funktional eingesetzt. Sich verselbstständigende Nacherzählungen sind weitgehend vermieden. Die gefundenen Vergleichspunkte (Aufgabe 2) bleiben nicht nur äußerlich, sondern berühren ansatzweise auch den Kern der in *Lenz* dargestellten Problematik. – In Aufgabe 3 ist eine Auseinandersetzung mit dem Begriff der Lebenslüge unternommen. In den Überlegungen, ihn mit Faust oder Gretchen in Verbindung bringen zu können, zeigen sich differenzierende Ansätze. Die Argumentation ist wenig entfaltet, aber sie ist insgesamt folgerichtig und führt zu einem begründeten Ertrag.

Abiturprüfung Hessen 2015 – Deutsch Grundkurs
Vorschlag B

Rückzüge

Erlaubte Hilfsmittel:
1. ein Wörterbuch der deutschen Rechtschreibung
2. eine Liste der fachspezifischen Operatoren
3. Kafka: *Die Verwandlung*
4. Süskind: *Das Parfum*

Aufgaben:

1. Stellen Sie die Situation des Ich-Erzählers dar und analysieren Sie die sprachlich-formale Gestaltung des Textauszuges (Material). (35 BE)

2. Vergleichen Sie den Rückzug des Ich-Erzählers (Material) mit demjenigen von Gregor Samsa in Kafkas Erzählung *Die Verwandlung*. Berücksichtigen Sie dabei insbesondere die Motive des Rückzugs und die Reaktion der jeweiligen Familie. (40 BE)

3. Überprüfen Sie, ob die Figur Jean-Baptiste Grenouille aus Süskinds Roman *Das Parfum* als „Hikikomori" (Material) bezeichnet werden kann, bei dem innere und äußere Rückzugstendenzen erkennbar sind. (25 BE)

Material
Milena Michiko Flašar: Ich nannte ihn Krawatte (2012)

Der Roman „Ich nannte ihn Krawatte“ spielt in Japan und beschreibt die Annäherung zweier zuvor fremder Männer, die sich regelmäßig auf einer Parkbank begegnen, der eine ein älterer, gerade entlassener Büroangestellter, der andere ein junger Mann, der zuvor zwei Jahre lang sein Zimmer nicht verlassen hat. Im Folgenden erzählt der junge Mann von seiner Zeit als Hikikomori[1].

[…] Am nächsten Morgen blieb ich liegen. Nichts Ungewöhnliches. Ich hatte schon öfter die Schule geschwänzt. Es war vorgekommen, dass ich drei, vier Tage lang zu Hause geblieben war, und man hatte mich, weil ich kluge Gründe gehabt hatte, in Ruhe gelassen. Hauptsache, du bringst gute Noten heim. Die verlorenen Stunden hatte ich dank des letzten in mir noch vorhandenen Eifers bald wieder wettgemacht.

Dieses Mal aber war es anders.

Eine Woche verstrich. Die Eltern waren besorgt. Eine Woche darauf waren sie missmutig. Eine Woche darauf verzweifelt. Lange verzweifelt. Dann wieder missmutig. Am Ende besorgt. Und so ging es rauf und runter, bis ich nicht länger auseinanderhalten konnte, ob aus Wochen bereits Monate und ob aus Monaten bereits Jahre geworden waren. Ich hatte die Tür zu meinem Zimmer verriegelt. Vergebliches Klopfen, ich antwortete nicht. Je nachdem, ob die Eltern besorgt oder missmutig oder verzweifelt waren, hatte ihr Klopfen einen grauen oder schwarzen oder weißen Klang. Es färbte die Stille, die mich in sich eingesogen hatte und die der Stille eines dunklen Waldes glich. Man geht einen gewundenen Pfad entlang. Schwankende Baumkronen, die Sonne fällt schräg durch die Äste. In ihren Strahlen flirren Spinnweben, zarte Gebilde aus Traumfäden. Man denkt: Wie still es hier ist. Und erkennt schon im nächsten Moment, dass man sich getäuscht hat. Die Stille des Waldes ist eine erfüllte Stille. Sie ist erfüllt von den Stimmen der Vögel, dem Knacken von morschem Holz. […] In meinem Zimmer erkannte ich: Die Stille hat einen Körper. Sie ist lebendig. Das Tropfen des Wasserhahns aus der Küche. Mutters Plüschpantoffeln. Das Läuten des Telefons. Der Kühlschrank geht auf. Vaters Schlürfen. Durch das zugestopfte Schlüsselloch konnte ich das, was draußen war, atmen hören und war erleichtert, nicht länger meinen eigenen Atem mit hineinmengen zu müssen. […]

Ich bin kein typischer Hikikomori, fuhr ich fort. Keiner, von dem in den Büchern und Zeitungsartikeln, die man mir dann und wann zur Lektüre auf die Schwelle legt, die Rede ist. Ich lese keine Mangas[2], ich verbringe den Tag nicht vor dem Fernseher und die Nacht nicht vor dem Computer. Ich baue keine Modellflugzeuge. Von Videospielen wird mir schlecht. Nichts soll mich ablenken von dem Versuch, mich vor mir selbst zu bewahren. Vor meinem Namen etwa, vor meinem Erbe. Ich bin der einzige Sohn. Vor meinem Körper, dessen Bedürfnisse nicht aufgehört haben, mich zu erhalten. Vor meinem Hunger, vor meinem Durst. In den zwei Jahren, die ich abgesessen habe, überkam mich mein Körper drei Mal am Tag. Ich schlich dann zur Tür, öffnete sie einen Spalt weit, nahm das Tablett hoch, das Mutter mir hingestellt hatte. Wenn niemand zu Hause war, schlüpfte ich hinaus ins Badezimmer. Ich wusch mich. Seltsam, dieses Bedürfnis, mich zu waschen. Ich putzte mir die Zähne und kämmte mir die Haare. Sie waren lang geworden. Ein Blick in den Spiegel: Es gibt mich noch. Ich unterdrückte den Schrei, der in meiner Kehle saß. Auch vor ihm wollte ich mich bewahren. Vor meiner Stimme, vor meiner Sprache. Der Sprache, in der ich nun festhalte, dass ich nicht weiß, ob es den typischen Hikikomori überhaupt gibt. So wie es die unterschiedlichsten Zimmer gibt, gibt es die unterschiedlichsten Hikikomoris, die sich aus den unterschiedlichsten Gründen und auf die unterschiedlichste Art und Weise in sich verkrochen haben. Während der eine, ich habe von ihm gelesen, seine dahinschwindende Jugend damit verbringt, die immer gleiche Melodie auf einer nur dreisaitigen Gitarre einzuüben, hat der andere, auch von ihm habe ich gelesen, eine Sammlung von Muscheln angelegt. Nachts, wenn es dunkel ist, läuft er, die Kapuze überm Kopf, ans Meer und kehrt erst dann wieder heim, wenn der Morgen graut.

[…] Das ist mein Glück. Teil einer Familie zu sein, die es mir gewährt, mich zu verschließen. Aus Scham, wohlgemerkt. Niemand soll wissen, dass ich ein Hikikomori bin. Den Nachbarn hat man erzählt, ich sei auf Austausch in Amerika, und nachdem ich nun wieder nach draußen gehe, hat man ihnen erzählt, ich sei zurückgekommen, bräuchte Zeit, mich an die Heimat zu gewöhnen. Mein Glück ist es, Teil einer Familie zu sein, die sich für mich schämt.

Und vielleicht ist es dieses Glück, das einen Hikikomori am ehesten kennzeichnet. Das Glück, auf unabsehbare Zeit aus dem Geschehen und Geschehenwerden, aus dem Zusammenspiel von Ursache und Wirkung befreit zu sein. Ohne ein menschliches Ziel vor Augen und ohne den Willen es zu erreichen, in einem ungeschehenen Raum zu verharren. Eine Kugel, die still im Abseits liegt und keine andere in Bewegung setzt. Indem man sich aussperrt, fällt man aus dem engmaschigen Geflecht von Kontakten und Beziehungen und man ist erleichtert darüber, nichts dazutun zu müssen. Diese Erleichterung: Man muss keinen Beitrag mehr leisten. Endlich gesteht man sich ein, dass einem die Welt vollkommen gleichgültig ist.

[…] Vater und Mutter waren sich einig: Name und Ruf mussten um jeden Preis gewahrt werden. Sie stritten viel darum, wer schuld sei an meinem Rückzug und wer der Schuldigere sei. Sie stritten leise, gerade leise genug, dass die Nachbarn sie nicht hören konnten. Du hast ihn verwöhnt, hieß es dann. Oder: Du bist nie für ihn da gewesen. Was aber Name und Ruf anging, waren sie sich einig, und ihre Einigkeit war mein Vorteil, da sie mir erlaubte, mich immer weiter zurückzuziehen.

Nur einmal haben sie versucht, mich herauszuholen. Am Höhepunkt ihrer Verzweiflung angelangt, brachen sie mit einem Stemmeisen die Türe auf. Vater stürmte herein, er war außer sich. Und wenn ich dich hinaus prügeln muss! Er erhob seine Hand. […] Sekundenlang in der Luft. Ich wich zurück. Pfeifend ging sie hernieder. Schlug ins Leere. Sackte kraftlos zu Boden. Ich sagte: Ich kann nicht mehr. Sagte es mehr zu mir selbst. Ab da ließ man ganz von mir ab. […]

Aus: Milena Michiko Flašar: Ich nannte ihn Krawatte, Berlin: Wagenbach 2012, S. 40–46.
Die Rechtschreibung entspricht der Textvorlage.

[1] Als Hikikomori werden in Japan Menschen bezeichnet, die sich freiwillig in ihrer Wohnung oder ihrem Zimmer einschließen und den Kontakt zur Gesellschaft auf ein Minimum reduzieren. Nach Schätzungen gibt es derzeit in Japan mehr als eine Million Hikikomoris. Nur ein Drittel von ihnen ist älter als dreißig Jahre.

[2] Mangas: japanische Comics

Hinweis: Milena Michiko Flašar, 1980 in St. Pölten geboren, ist eine österreichische Schriftstellerin. Sie ist die Tochter einer japanischen Mutter und eines österreichischen Vaters und lebt als Schriftstellerin in Wien. Im November 2012 erhielt sie für ihren Roman „Ich nannte ihn Krawatte" den österreichischen Literaturpreis „Alpha".

Hinweise und Tipps

Zum Auszug aus Flašars Roman von 2012: Ähnlichkeiten zur Situation von Kafkas Helden Gregor Samsa werden Ihnen rasch auffallen, aber hier wie dort sind die Ursachen (Motive im Sinne von Beweggründen) für den jeweiligen Rückzug gar nicht leicht zu ermitteln. Erst bei sehr genauem Lesen finden Sie im Textauszug (Material) wegweisende Spuren. Flašars Ich-Erzähler hat den Namen Taguchi Hiro. Hiro steht Ihnen also als Alternative zum umständlichen Begriff „Ich-Erzähler" besonders bei der Bearbeitung der Aufgaben 1 und 2 zur Verfügung. (Der Hintergrund: Hiro wollte während der Schulzeit vom Leid anderer nichts wissen. Er hat weggesehen. Dann bricht er sein Wort, verliert seinen besten Freund und wird sprachlos vor Trauer und Scham. Nie wieder will er „jemandem anhängen".) Das vorliegende Material musste aus Gründen des Umfangs gekürzt werden: Es zieht fünf der kurzen Kapitel des Originals zusammen, daher die Sprünge im Text. Weil Sie Hiros gegenwärtige Situation und seinen Bericht über die vergangene Zeit wiedergeben, müssen Sie im ersten Teil von Aufgabe 1 ab und zu Tempus-Formen der Vergangenheit verwenden, um Vorzeitigkeit auszudrücken. Verlassen Sie sich dabei weitgehend auf ihr Sprachgefühl. Geben Sie den Textabschnitten Überschriften; markieren Sie Kernaussagen und denken Sie darüber nach; markieren Sie sich auffällige Wortwiederholungen und fragen Sie sich nach Wirkung und Grund für diese Art des Sprechens.

Der Vergleich mit der „Verwandlung" (Aufgabe 2) ist interessant. Sie werden sofort im Thema sein. Allerdings bleiben Sie hier und in Aufgabe 3 weitgehend auf Inhaltswissen (auf Ihr Gedächtnis) beschränkt, denn es ist unwahrscheinlich, dass Sie in den umfangreichen Lektüren recherchieren, zitieren und etwas von deren literarischer Qualität einbeziehen können. (Die Lösungshinweise dagegen erlauben sich Zitate.) Machen Sie sich Stichworte zu Entsprechungen zwischen Hiro und Gregor Samsa. Gehen Sie von äußeren Gegebenheiten aus. Verzetteln Sie sich nicht im Nacherzählen, sondern wahren sie den thematischen Bezug, obwohl für Aufgabe 3 einiges an Inhalt zu rekonstruieren ist. Die höchste Punktzahl (40 BE) hat Aufgabe 2. Mit einer soliden Analyse (Aufgabe 1: 35 BE) und einem stichhaltigen Vergleich sind Sie schon auf der sicheren Seite. – Erinnern Sie sich für Aufgabe 3 an Grenouilles Kindheit und an seine Jahre im Zentralmassiv.

Lösungshinweise

1. Milena Michiko Flašar behandelt in ihrem 2012 erschienenen Roman *Ich nannte ihn Krawatte* das in Japan nicht seltene Phänomen des „Hikikomori", eines Menschen, der sich sozialen Bezügen verweigert. Die Schriftstellerin hat sich in Situation und Psyche eines solchen Hikikomori hineinversetzt. Ihr Protagonist und Ich-Erzähler ist der junge Taguchi Hiro, der sich über einen langen Zeitraum hinweg in seinem Zimmer innerhalb der elterlichen Wohnung verschanzt. Er hatte die Tür verriegelt und das Schlüsselloch verstopft und öffnete die Tür nur, um das Essen aufzunehmen, das die Mutter ihm hingestellt hat, und um ins Bad zu gehen, wenn niemand da ist. Nach zwei Jahren treibt es ihn, Zimmer und Haus wieder zu verlassen. Im Park sitzt regelmäßig ein älterer Mann. Allmählich gesellt sich der eine zum andern, und allmählich wird Hiro fähig, dem Älteren von seinem Leben als Hikikomori zu erzählen:

   Er sei darin geübt gewesen, auch mehrere Tage hintereinander die Schule zu schwänzen, ohne auffällig zu werden. Aber dann sei es ernst („anders") geworden (vgl. Z. 6): Die Zeit seines konsequenten Rückzugs begann. Er setzt seinem Zuhörer auseinander, dass er **kein typischer Hikikomori** gewesen sei. Er hatte keine Obsession, frönte keiner Sucht wie andere, die sich vom Fernseher, vom Computer oder einem speziellen Hobby nicht mehr lösen können oder wollen. Sein Motiv sei es gewesen, „[sich] vor [sich] selbst zu bewahren" (Z. 29 f.). „Sich bewahren" bedeutet hier, dass er sich nicht mehr begegnen will. **Er lehnte sich ab:** seine Identität, seinen Namen, seine Rolle als einziges Kind seiner Eltern, seine körperlichen Bedürfnisse und den Körper selbst, seine Stimme und seine Sprache. Er wollte so intensiv aufhören zu sein, dass ihn im Bad angesichts seines Spiegelbildes der Schrecken durchfuhr, dass es ihn doch noch gab (vgl. Z. 37 f.). Er **entsetzte sich also vor sich selbst**.

   Sein Zuhörer erfährt, dass es **sein „Glück"** und vermutlich das Glück aller Hikikomori sei, sich durch strikte Klausur aus allen menschlichen Bindungen, Erwartungen und Verpflichtungen zu lösen. Weder aktiv noch passiv ins Leben verwickelt zu sein, nichts zu wollen und nichts zu müssen und dem Gesetz der Kausalität, dem „Zusammenspiel von Ursache und Wirkung" (Z. 56) entkommen zu sein, das sei ihm **Befreiung** und Erleichterung gewesen. Während der Zeit der Isolation reifte in ihm die **Einsicht, dass ihm „die Welt vollkommen gleichgültig ist**" (Z. 61 f.). Er formuliert: „Endlich gesteht man sich ein, dass …" (Z. 61 f.). Es scheinen also ein längerer innerer Prozess und Mut nötig gewesen zu sein für diese Generalabsage an das Leben. Außerdem hat er sich in seiner Einsamkeit damit beschäftigt, so etwas wie einer erfüllten, lebendigen Stille zu lauschen, die sich ihm durch die gedämpften Geräusche der in der Wohnung umhergehenden und hantierenden Eltern vertiefte (vgl. Z. 13 ff.).

   Die abwechselnd besorgten, verärgerten, verzweifelten und schließlich resignierten **Eltern** haben seinen Rückzug letztendlich nicht nur zwei Jahre lang geduldet, sondern ihn sogar gedeckt. Sie haben sich ihres Sohnes vor den Nachbarn geschämt und aus **Scham** Notlügen erfunden, um seine Abwesenheit gesellschaftlich akzeptabel zu begründen. Sie haben sich untereinander gestritten, wer wohl der Schuldigere an seinem Verhalten wäre. Einmal aber sei dem Vater der Geduldsfaden gerissen. Er habe die Tür aufgehebelt, um ihn mit Gewalt aus dem Zimmer zu holen. Hiros einziger kurzer Satz „**Ich kann nicht mehr**" (Z. 73) habe aber ausgereicht und er wurde wieder in Ruhe gelassen.

Hiro, der Hikikomori, der den Weg zurück ins Freie gefunden hat, berichtet also einem anfangs Fremden von seinen beiden letzten Jahren. Seine **Themen:**

- kleine, wie Proben wirkende Vorformen des dann andauernden Rückzugs, die Schule und Elternhaus noch tolerierten (Abs. 1)
- Sinneswahrnehmungen und Empfindungen in seiner Zimmereinsamkeit (Abs. 3)
- sein Verhältnis zu sich selbst (Abs. 4)
- seine Absage an die Beziehung zu Menschen, zum Leben und zur Welt überhaupt (Abs. 6)
- seine Abgrenzung von typischen Hikikomori, über die er sich unterrichtet hat (Abs. 4)
- die Besorgnis, die Scham und die Schuldgefühle seiner Eltern (Abs. 3, 5, 7)
- die einmalige gewaltsame Intervention des Vaters (Abs. 8)

Entsprechend der von Flašar gewählten **Form des mündlichen Gesprächs** und Berichts durch den Ich-Erzähler ist die **Sprache** in Wortschatz und Syntax mündlichem Sprechen angenähert. Sie ist **einfach**. Hiro teilt sich in meist kurzen **Hauptsätzen** mit, die in vielen Fällen **elliptisch** zu bloßen Stichworten **verkürzt** sind. Die jeweils neuen Erzählansätze (schriftlich: Absätze) werden jeweils mit einem oder mit zwei Hauptsätzen eröffnet, denen dann, immer mit Punkt abgetrennt, Zusatzinformationen, Kommentare oder Erläuterungen folgen. **Die Punkte** bekommen die Bedeutung von lebendigen **Pausen**, in denen sich der Sprechende die zurückliegende Situation wieder vor Augen ruft, um dann Schritt für Schritt und assoziativ nachzutragen, was noch zu sagen ist. Die Zeilen 7 ff. zum Beispiel hören sich an wie ein dem Gedächtnis wieder abgerungenes (von Flašar kunstvoll rhythmisiertes) Protokoll über das Zeitvergehen.

Es wäre zu wenig, nur von einem reihenden Stil zu sprechen. Es ist vielmehr ein **Ketten- und Hakenstil**, denn zu seinen auffälligsten sprachlichen Merkmalen gehören neben **Parallelismen** die von Satz zu Satz immer neu wieder aufgenommenen (dadurch syntaktisch verhakten) einzelnen Wörter, ihre Wiederholung und **Häufung**. Zeile 7 ff.: „Eine Woche … Eine Woche darauf … Eine Woche darauf verzweifelt. … verzweifelt." Absatz 4 beginnt mit einer sechsmal wiederholten Verneinung („kein … Keiner … keine … nicht … nicht … keine …"). Die Kernaussage, sich „vor" sich selbst bewahren zu wollen, zieht die Aufzählung von acht Differenzierungen nach sich, vor denen es sich je einzeln zu bewahren gilt, neunmal also wiederholt sich die Präposition „vor" (Z. 29 bis 39). Ähnlich wiederholen sich „Glück" (Abs. 5 und 6), „Schuld" und „einig" (Abs. 7). Manchmal sind das **Nachformulierungen**, Korrekturen, wie sie für mündliches Sprechen bezeichnend sind: „Ich sagte: Ich kann nicht mehr. Sagte es mehr zu mir selbst.“ (Z. 73 f.)

Ab und zu wird diese Sprache sehr **poetisch**. Es sind die Augenblicke, in denen der Erzähler damit ringt, dem Zuhörer seine sprachlich noch nicht vorgefertigte **eigene Erfahrung** als Hikikomori verständlich zu machen. Ein ebenso einfaches wie eindrucksvolles **Bild** für den Entschluss, sich aus allem herauszunehmen, ist das der (Billard-)Kugel, „die still im Abseits liegt und keine andere in Bewegung setzt“ (Z. 58 f.). Oder die **Wortneuprägung** vom „ungeschehenen Raum“ (Z. 57), die widerrufen will, dass das Leben den Gesetzen von Raum und Zeit (Geschehen, Zeitvergehen, Handeln) unterworfen ist. Japanisch inspiriert zu sein scheint die wahrgenommene **Synästhesie** von Farbe und Klang im jeweiligen Klopfen der Eltern (vgl. Z. 12 f.). Die Stille seines Daseins, paradox erlebt als „erfüllt[e]“ und plastische Stille (vgl. Z. 18 ff.), versucht Hiro seinem Zuhörer (und sich?) im besonders liebevoll ausgeführten **Vergleich** mit der Stille des Waldes nahezubringen (vgl. Z. 13 ff.). Er fühlte sich „eingesogen“ von ihr; es ist eine schöne, keine bedrohliche Stille („Stille“ bzw. „still“ hier sechsmal).

Natürlich möchte man nicht nur analysieren, sondern auch **verstehen, warum** sich ein noch sehr junger Mensch unserer Zeit zwei Jahre lang in sein Zimmer einschließt. Flašars Protagonist geht vor seiner Zeit als Hikikomori noch zur Schule. Aber Stress, Schul- und Versagensängste können ihn nicht zum Rückzug getrieben haben, denn er ist ein Virtuose im Schwänzen und kann Versäumnisse dank offensichtlich gegebener Intelligenz locker wieder wettmachen. Seine Noten bleiben gut. Den Erwartungen der Eltern kann er genügen (Abs. 1).
Ist es eine Art – sportiv oder um der Ehre willen durchzuhaltende – Bewährungs- und Mutprobe, die er sich auferlegt? Ein Selbsttest in Charakter- und Willensstärke?

Aufschlussreich ist, dass in sechs von acht Absätzen (1, 3, 4, 5, 7, 8) **die Eltern** erwähnt sind. Sie werden bloßgestellt. Der (Doppel-)Satz, dass er, Hiro, glücklicherweise „Teil einer Familie“ sei, die es zulässt, dass er sich weiter verschließe (vgl. Z. 48 f.), weil sie sich vor den Nachbarn schäme, ist nicht nur paradox, weil er ja kein Teil und nicht mehr zugehörig sein will, er ist auch boshaft. Er verachtet die Abhängigkeit der Eltern von gesellschaftlichen Normen. Aber es wird auch deutlich, dass diese Eltern während seines zwei Jahre lang durchgehaltenen Rückzugs immer präsent sind. Sie sorgen sich und umsorgen ihn und scheinen doch sein entscheidender Rückhalt gewesen zu sein.

Aber es gibt noch eine andere Spur auf der Suche nach Hiros **Motiv**. Der Vater lässt von ihm ab, als er bekennt: „**Ich kann nicht mehr**.“ (Z. 73) Dieser Satz ist Ausdruck großer Not. Und einmal nennt er seine Jahre als Hikikomori die Zeit, „die [er] **abgesessen** habe“ (Z. 32 f.). Normalerweise sitzen Verurteilte ihre Strafen in Gefängnissen ab. Hat Hiro sich also zu zwei Jahren Isolationshaft verurteilt, weil er eine **Schuld** abbüßen musste?

2. Taguchi Hiro in M. Flašars Roman *Ich nannte ihn Krawatte* und Gregor Samsa in Franz Kafkas Erzählung *Die Verwandlung* leben jeweils mit ihren Eltern zusammen in einer Wohnung. Hiro ist Einzelkind. Zu Gregors Familie gehört auch seine Schwester Grete. Hiro ist jung; man weiß nicht, ob er die Schule schon abgeschlossen hat. Gregor Samsa aber ist seit Jahren berufstätig. Er ist ein Handlungsreisender und der alleinige Ernährer seiner Familie. Die gemeinsame Wohnung hat er ausgesucht.

Beiden ungleichen Helden reduziert sich an einem bestimmten Punkt ihres Lebens die Welt auf ihr kleines **Zimmer innerhalb der Wohnung**. Für Gregor Samsa endet die Zimmer-Gefangenschaft mit seinem Tod. Hiro hat sich freiwillig für den Rückzug entschieden und kann ihn auch wieder aufgeben; er wird weiterleben. Ob Gregor sich unterbewusst zu seinen Rückzug in irgendeiner Weise mitentschieden hat, ist schwer zu sagen, denn in ihm liegen widersprüchliche Bedürfnisse im Streit miteinander. Eines Morgens wacht er in der Gestalt eines Käfers auf. Es kann sich kaum aus dem Bett erheben, aber er möchte zum Dienst, möchte den Zug erreichen, möchte unbedingt aufstehen und die Tür öffnen – und möchte es auch nicht. Der Prokurist der Firma erscheint und droht ihm durch die geschlossene Tür. Gregor strengt sich einerseits an, sich ihm zu erklären, er hält seinen Zustand für eine vorübergehende Krise, er fühlt sich den Eltern verpflichtet und ist guten Willens. Andererseits leidet er unter dem übermäßigen beruflichen Druck und dem unruhigen Leben des Reisenden, in dem nie ein andauernder, „herzlich werdender menschlicher Verkehr“ entstehen kann. Er findet es gar nicht ganz unzutreffend, vom Prokuristen als faul und arbeitsscheu beschimpft zu werden. Hat er sich, wie Hiro in sein Zimmer, **in die Käfergestalt zurückgezogen**, um von der Last seiner Pflichten entbunden zu sein? Hat Gregor, ähnlich wie Hiro, „Ich kann nicht mehr“ gedacht, sodass seine Erschöpfung die eindeutig berufsuntaugliche Käfergestalt verursacht hätte? Hiro lehnt ab, Verantwortung zu übernehmen. Auch Gregor wäre das lieb, und doch kämpft er darum, zum Zug zu kommen. Die Verwandlung ist seine Erlösung. Zugleich ist sie seine Verzweiflung und seine Tragödie.

In beiden Geschichten ist **die Zimmertür** die äußere Grenze zur Welt der anderen. Hiro hat sie von innen abgeschlossen und das Schlüsselloch verstopft. Gregor pflegte abends seine Tür hinter sich abzuschließen. Aber nun ist er entmündigt: Sein Schlüssel liegt jetzt in der Hand der Familienmitglieder. Hiro bleibt, von der Mutter umsorgt, Teil seiner Familie (vgl. Z. 48), obgleich er allen **Kontakt** verweigert. Gregor dagegen möchte sich so gern „wieder einbezogen [fühlen] in den menschlichen Kreis“. Dreimal verlässt er – in guter Absicht – sein Zimmer, aber jedes Mal wird er missverstanden, löst Schrecken und Entsetzen aus und wird vom Vater so brutal zurückgetrieben, dass seine Verletzungen zu seinem Siechtum führen. Als der Vater einsieht, dass er ihn nicht wie einen Feind behandeln dürfte, weil er ja trotz allem **„ein Familienmitglied“** ist, öffnet man abends Gregors Tür einen Spalt breit, damit er zu ihnen ins Wohnzimmer schauen kann. Nach seinem letzten „Ausbruch“ aber schließt man seine Tür von außen ab: Aktiv sperrt man ihn weg, während Hiros Vater die Tür des Sohnes aufstemmt, um ihn aus dem Zimmer herauszuholen.

Hiros **Eltern** wollen ihr Geheimnis um jeden Preis vor den Leuten, den Nachbarn, verbergen. Gregors Eltern schämen sich nicht, es ist für sie nur sehr misslich, dass Köchin, Zimmermädchen und Untermieter davonlaufen. Sie denken sogar daran, mit dem Sohn in eine kleinere Wohnung umzuziehen, lassen das aber nicht aus Scham sein, sondern weil sie wie gelähmt sind von dem Gedanken, „daß sie **mit einem Unglück geschlagen** [sind], wie niemand sonst im ganzen Verwandten- und Bekanntenkreis“.

Hiro lehnt von sich aus seine eigene **Stimme und Sprache** ab. Gregor Samsa spräche so gern besonders mit der geliebten Mutter und auch mit der Schwester, aber seine Stimme ist zur Tierstimme, sein Sprechen unverständlich geworden, – und auch sein **Augenlicht** nimmt ab. Im Auszug aus Hiros Geschichte hört man nur pauschal vom Zimmer und dessen Tür. In Gregors Zimmer spielt das **Fenster** als Verbindung zur Außenwelt eine wichtige Rolle, aber bald erkennt Gregor keine Einzelheiten mehr: **Seine Welt wird immer enger**. Er hängt an den Dingen in seinem Zimmer, die ihn an seine „menschliche Vergangenheit“ erinnern, aber auf Betreiben der Schwester wird alles ausgeräumt. Später stellt man es mit Gerümpel voll und lässt ihn darin verwahrlosen. Für die Mutter bleibt er am längsten ihr unglücklicher Sohn, der vielleicht wieder „zurückkommen“ könnte. Lange hofft sie. Vater und Schwester aber, besonders die Schwester, haben ihn aufgegeben, er wird ihnen zur Zumutung, zum Untier, zum Es. Wenn er noch Gregor wäre, hätte er sie von sich befreit, erklärt Grete dem Vater. Gregor hört das mit an. Und weil er Gregor und ein Mensch ist, **zieht** er **sich** noch weiter, jetzt bis **in seinen Tod**, **zurück**.

Kafka erzählt eine Absurdität, etwas biologisch Unmögliches, und doch kann der Leser alle äußeren Erfahrungen und inneren Regungen Gregors mit Anteilnahme nachvollziehen. In der Beschränkung auf den Textauszug aus Flašars Roman macht es dagegen Schwierigkeiten, die doch weniger fiktional, fast sogar dokumentarisch wirkende Gedanken- und Gefühlswelt des jungen Hikikomori zu verstehen. Man verlangt nach mehr Kontext.

3. Der dritte Rückzugsheld hat nichts von der Sensibilität oder dem Gefühls- und Gedankenreichtum eines Hiro oder Gregor Samsa. Streng genommen kann er sich gar nicht zurückziehen aus dem menschlichen Kreis, weil er nie in ihn aufgenommen oder auch nur darin geduldet worden war. Der Erzähler stellt Jean-Baptiste **Grenouille**, die Hauptfigur in Patrick Süskinds Roman *Das Parfum*, von der ersten Seite an als **Scheusal** vor. Wer mit ihm zu tun hat, möchte ihn wieder loswerden. Die Mutter, die ihn in der Fischhalle gebiert, will ihn im Abfall umkommen lassen. Die bezahlte Amme, die ihn säugt, fürchtet sich vor diesem Säugling, der keinen Geruch hat. Pater Terrier, in dessen Kloster sie das Kind abschieben möchte, kann sie nicht einmal mit Geld zu weiteren Diensten bewegen. Es ist ihr unheimlich und teuflisch, und sie nennt es „das Ding“ (S. 24). Auch der Pater graust sich und steckt den Kleinen ins Waisenhaus der Madame Gaillard, wo die anderen Kinder sich vor ihm fürchten, denn von ihm gehe Kälte aus. Mehrfach versuchen sie ihn zu ersticken, aber er ist nicht umzubringen. Grenouille war und

bleibt eine **abgeschlossene Existenz**, ein Außenseiter und Einzelgänger. Er wird ein monströses Kind, hässlich, gnomenhaft verwachsen und mit leicht verkrüppeltem Fuß, halb schwachsinnig und sprachlich retardiert; aber er überlebt dank der unbegreiflichen Zähigkeit seines Wesens. Der auktoriale Erzähler erklärt dieses Rätsel: Grenouille, der nie Zärtlichkeit, Zuwendung und Liebe erfuhr, sondern überall nur Abscheu erregte, habe sich instinktiv „*gegen* die Liebe und dennoch *für* das Leben entschieden" (S. 28). Er habe keine seelischen Bedürfnisse; er ertrage alle Leiden, halte sich abseits und **lebe in sich verkapselt**.

Die Vorstellung drängt sich auf, dass es mit diesem Jungen etwas auf sich hat, gegen das Unfälle, tödliche Krankheiten und menschliche Grausamkeit nichts vermögen. Kein anderes Menschenkind hätte eine Jugend ohne Liebe und Zuwendung überlebt. Aber Grenouille kommt durch, weil ihn offensichtlich himmlische und/oder teuflische Mächte dazu **ausersehen** haben, sich zu einer der „genialsten und abscheulichsten Gestalten" seiner Epoche zu entfalten, zum begnadeten Parfümeur, der zum Massenmörder wird, weil seine Kunst – als Kollateralschaden – den Tod zahlreicher Mädchen erfordert. Er, das Monster, ist dazu bestimmt, **Gefäß des göttlich Genialen** zu sein. Die Verkapselung, durch die er sich als Kind bewahrt, ist wie eine Knospe, in der sein Genie vorerst noch schlummert. Mit seinem 15. Lebensjahr öffnet sie sich. Seine olfaktorische Hochbegabung bricht auf und mit ihr sein Zwang zum Morden (Opfer ist das Mirabellenmädchen) sowie das Bewusstsein von seiner Mission: **Er muss** ein Schöpfer von Düften und der größte Parfümeur aller Zeiten werden. Grenouille erfährt, wozu er auf der Welt ist. Er findet seinen **Lebenssinn**. „Und wie alle genialen Scheusale [...] wich [er von jetzt ab] von dem, was er als Richtung seines Schicksals erkannt zu haben glaubte, nicht mehr ab." (S. 57 f.)

Noch bemäntelt er seine außerordentliche Größe und macht sich klein, denn er will lernen: Er braucht die Kenntnis von handwerklichen Verfahren und ein gesellschaftlich anerkanntes Zeugnis. Mit dem Gesellenbrief des Meisters Baldini aber beginnt sein eigentlicher Weg. Er strebt zur Parfum-Stadt Grasse hin. Dort wird er den technisch letzten Schliff erhalten und für die Gewinnung exquisiter Düfte morden. Bevor er aber den Fuß auf die erste Sprosse seiner Leiter zum Ruhm setzt, zieht er sich für sieben Jahre in eine **Höhle** auf dem 2 000 m hohen Gipfel des **Plomb du Cantal** zurück.

Also der **Rückzug** einer menschlichen Existenz, die nie sozial eingebunden war? **Grenouille ein Hikikomori?** Ihn drücken aber nicht Angst, Scham, Schuld, Erschöpfung oder Verzweiflung nieder wie Hiro oder Samsa. Er zieht sich nicht als Gescheiterter, Büßer oder Gottsuchender zurück, sondern als ein Beginnender. Wie zuvor die Verkapselung birgt ihn nun die Höhle wie der Kokon den Schmetterling. Er benötigt die Zeit der absoluten Einsamkeit und Menschenferne als **Wachstums- und Reifephase**. Weil nicht mehr der Hauch eines menschlichen Geruchs in seine Einöde weht, bricht er in ekstatischen Jubel aus, denn er hasst die Menschen. Er ruft sich alle widerwärtigen Menschengerüche, die sich in ihm angesammelt haben, wieder in die Sinne, um sie in einer Orgie von Zorn, Ekel,

Rachedurst und Wollust gänzlich aus sich auszutreiben: **Er reinigt sich** für das zu vollbringende Werk. Er **bereitet sich vor:** In Träumen offenbaren sich ihm die köstlichsten Duftkreationen. Er imaginiert sie, er nimmt innerlich vorweg, was zu tun ist. Er leidet nicht (wie Hiro oder Gregor Samsa), sondern ist fortwährend beschäftigt. Und er genügt sich selbst. In ausschweifenden Fantasien erhöht er sich zum göttlichen Grenouille, zum Rächer und Weltenschöpfer.

Grenouilles Jahre in der Höhle bedeuten also weder Not noch Absage an die Welt, sondern Süskind gestaltet sie als Inkubationszeit des Genies, das dazu heranreift, die Herrschaft über die Menschen zu gewinnen.

Bewertung und Beurteilung

- **„Gut" (11 Punkte)** ist eine Arbeit, in der Hiros Bericht von seiner Zeit als Hikikomori in seinen wesentlichen inhaltlichen Zügen zutreffend, sprachlich selbstständig und in der Form bündig wiedergegeben ist. Die (nicht ganz einfache) Wahl des richtigen Tempus bei Vorzeitigkeit und die Anwendung des Konjunktivs der Redewiedergabe überzeugen weitgehend. Die Analyse der sprachlichen und formalen Textgestaltung ist aufmerksam, fachkundig und ergebnisreich. Die Ergebnisse sind erläutert und durchdacht, sie sind methodisch geordnet vorgetragen. – Der Vergleich (Aufgabe 2) setzt bei äußeren Ähnlichkeiten und Unterschieden an, um dann zur Auseinandersetzung mit tiefer liegenden Eigenarten und möglichen Motiven der Figuren zu gelangen. Die Haltung der Eltern ist in den Vergleich einbezogen. Im Umgang mit den Texten erweist sich einige literarische Sensibilität. Die Arbeitshaltung ist insgesamt fragend und problembewusst. Unbeantwortbares ist nicht verdrängt: Fragen können aufgeworfen, Fragezeichen stehen geblieben sein. – Die Erörterung (Aufgabe 3) baut auf solider Textkenntnis auf, geeignete Textstellen sind mit sicherem Griff herangezogen, die Beantwortung der Fragen führt zu einer abwägenden, differenzierten und zumindest etwas einfallsreichen Argumentation.
- **„Ausreichend" (5 Punkte)** erreicht die Arbeit, in der verstanden und insgesamt zutreffend wiedergegeben ist, was Hiro von seiner Zeit als Hikikomori erzählt. Einige syntaktische, ästhetische und formale Gestaltungsmerkmale sind erkannt und ansatzweise als Ausdruck seiner Situation gedeutet. Textmarkierungen können die Note positiv beeinflussen. Das Ergebnis überzeugt in einigen Aspekten. – Für die Aufgaben 2 und 3 sind die Inhalte der Lektüren insgesamt hinreichend verfügbar und werden themenbezogen abgerufen. In Aufgabe 2 sind einige Unterschiede und Gemeinsamkeiten in den Motiven der Protagonisten und den Reaktionen ihrer Familien erarbeitet. Es zeigt sich das Bemühen, den Begriff des Rückzugs semantisch zu differenzieren (äußere oder innere, leidvolle oder erleichternde, aktive oder eher passive Rückzugsmodi). Für die Überprüfung, inwiefern „Rückzug" das Schicksal Samsas (Aufgabe 2) und das Verhalten Grenouilles (Aufgabe 3) zutreffend bezeichnet, ist einige geistige Beweglichkeit und argumentative Logik aufgeboten.

Abiturprüfung Hessen 2015 – Deutsch Grundkurs
Vorschlag C

Variationen des Gelehrtendaseins

Erlaubte Hilfsmittel:
1. ein Wörterbuch der deutschen Rechtschreibung
2. eine Liste der fachspezifischen Operatoren
3. Goethe: *Faust I*
4. Fontane: *Frau Jenny Treibel*

Aufgaben:

1. Geben Sie Schillers Text in eigenen Worten wieder (Material). (25 BE)
2. Untersuchen Sie anhand von Faust und Wagner zu Beginn der Gelehrtentragödie (Szenen „Nacht“ und „Vor dem Tor“) sowie anhand von Wilibald Schmidt, inwiefern die verschiedenen Typen des Gelehrten (siehe Material) Eingang gefunden haben in Goethes *Faust I* und Fontanes *Frau Jenny Treibel*. (45 BE)
3. Diskutieren Sie ausgehend von Schillers Antrittsvorlesung (Material), ob der „philosophische Kopf“ einen Platz in unserem Schulsystem und in unserer Gesellschaft hat. (30 BE)

Material
Friedrich Schiller: Was heißt und zu welchem Ende studiert man Universalgeschichte? (1789)

[…] Anders ist der Studierplan, den sich der Brotgelehrte, anders derjenige, den der philosophische Kopf sich vorzeichnet. Jener, dem es bei seinem Fleiß einzig und allein darum zu tun ist, die Bedingungen zu erfüllen, unter denen er zu einem Amte fähig und der Vorteile desselben teilhaftig werden kann, […] ein solcher wird beim Eintritt in seine akademische Laufbahn keine wichtigere Angelegenheit haben, als die Wissenschaften, die er Brotstudien nennt, von allen übrigen, die den Geist nur als Geist vergnügen, auf das sorgfältigste abzusondern. Alle Zeit, die er diesen letztern widmete, würde er seinem künftigen Berufe zu entziehen glauben und sich diesen Raub nie vergeben. […] Seine größte Angelegenheit ist jetzt, die zusammengehäuften Gedächtnisschätze zur Schau zu tragen und ja zu verhüten, daß sie in ihrem Werte nicht sinken. Jede Erweiterung seiner Brotwissenschaft beunruhigt ihn, weil sie ihm neue Arbeit zusendet oder die vergangene unnütz macht; jede wichtige Neuerung schreckt ihn auf, denn sie zerbricht die alte Schulform, die er sich so mühsam zu eigen machte, sie setzt ihn in Gefahr, die ganze Arbeit seines vorigen Lebens zu verlieren. […] Je weniger seine Kenntnisse *durch sich selbst* ihn belohnen, desto größere Vergeltung heischt er von außen […]. Darum hört man niemand über Undank mehr klagen als den Brotgelehrten; nicht bei seinen Gedankenschätzen sucht er seinen Lohn, seinen Lohn erwartet er von fremder Anerkennung, von Ehrenstellen, von Versorgung. Schlägt ihm dieses fehl, wer ist unglücklicher als der Brotgelehrte? Er hat umsonst gelebt, gewacht, gearbeitet; er hat umsonst nach Wahrheit geforscht, wenn sich Wahrheit für ihn nicht in Gold, in Zeitungslob, in Fürstengunst verwandelt.

Beklagenswerter Mensch, der mit dem edelsten aller Werkzeuge, mit Wissenschaft und Kunst, nichts Höheres will und ausrichtet als der Taglöhner mit dem schlechtesten! der im Reiche der vollkommensten Freiheit eine Sklavenseele mit sich herumträgt! – […]

Wie ganz anders verhält sich der philosophische Kopf! – Ebenso sorgfältig, als der Brotgelehrte seine Wissenschaft von allen übrigen abgesondert, bestrebt sich jener, ihr Gebiet zu erweitern und ihren Bund mit den übrigen wiederherzustellen – *herzustellen* sage ich, denn nur der abstrahierende Verstand hat jene Grenzen gemacht, hat jene Wissenschaften voneinander geschieden. Wo der Brotgelehrte trennt, vereinigt der philosophische Geist[.] Frühe hat er sich überzeugt, daß im Gebiete des Verstandes, wie in der Sinnenwelt, alles ineinander greife, und sein reger Trieb nach Übereinstimmung kann sich mit Bruchstücken nicht begnügen. Alle seine Bestrebungen sind auf Vollendung seines Wissens gerichtet; seine edle Ungeduld kann nicht ruhen, bis alle seine Begriffe zu einem harmonischen Ganzen sich geordnet haben, bis er im Mittelpunkt seiner Kunst, seiner Wissenschaft steht und von hier aus ihr Gebiet mit befriedigtem Blick überschauet. Neue Entdeckungen im Kreise seiner Tätigkeit, die den *Brotgelehrten* niederschlagen, entzücken den philosophischen Geist. Vielleicht füllen sie eine Lücke, die das werdende Ganze seiner Begriffe noch verunstaltet hatte, oder setzen den letzten noch fehlenden Stein an sein Ideengebäude, der es vollendet.

Sollten sie es aber auch zertrümmern, sollte eine neue Gedankenreihe, eine neue Naturerscheinung, ein neu entdecktes Gesetz in der Körperwelt den ganzen Bau seiner Wissenschaft umstürzen: so hat er *die Wahrheit immer mehr geliebt als sein System*, und gerne wird er die alte mangelhafte Form mit einer neuern und schönern vertauschen. Ja, wenn kein Streich von außen sein Ideengebäude erschüttert, so ist er selbst, von einem ewig wirksamen Trieb nach Verbesserung gezwungen, er selbst ist der erste, der es unbefriedigt auseinanderlegt, um es vollkommener wiederherzustellen. Durch immer neue und immer schönere Gedankenformen schreitet der philosophische Geist zu höherer Vortrefflichkeit fort, wenn der Brotgelehrte in ewigem Geistesstillstand das unfruchtbare Einerlei seiner Schulbegriffe hütet. [...]

Aus: Friedrich Schiller: Was heißt und zu welchem Ende studiert man Universalgeschichte? in: Werke in drei Bänden, Bd. II, München 1966, S. 10 ff.
Rechtschreibung und Kursivdruck entsprechen der Textvorlage.

Hinweis: Der vorliegende Text ist ein Auszug aus der Antrittsvorlesung Friedrich Schillers in Jena. Am 26. Mai 1789 hielt Friedrich Schiller als neu berufener Professor an der Universität Jena seine Antrittsvorlesung vor großem Publikum, das aus Professoren und Studenten bestand.

Hinweise und Tipps

Friedrich Schiller (1759–1804), der von der Jugend seiner Zeit verehrte Dichter revolutionärer Stücke („Die Räuber“, „Kabale und Liebe“), ein Professor? Die Berufung verdankte er seinen 1788 veröffentlichten Studien zum Dreißigjährigen Krieg, die für ihn eigentlich Vorarbeiten für zwei weitere Dramen waren. (Pikant, dass die Stelle sein Leben wirtschaftlich absicherte.)
Wenn Sie zu Aufgabe 2 kommen, werden Sie erkennen, wie nah Goethe und Schiller sich gedanklich waren. Ihnen sind Szenen des „Faust“ genannt. Lesen Sie in den Versen nach, die das Thema betreffen (besonders Vers 354–453; 517–601; 1011–1021; 1100–1105). Weil Sie in Aufgabe 1 den Auszug aus Schillers Rede zwar verstehen müssen, aber nur wiederzugeben brauchen, haben Sie bei Aufgabe 2 genug Zeit, Ihre Gedanken am Text zu überprüfen und Ihre Ausführungen mit dem einen oder anderen Zitat zu präzisieren. Hüten Sie sich vor Kurzschlüssen: Es ist gefragt, inwiefern sich Schillers Typisierung in den genannten literarischen Figuren wiederfinden lässt. Die meisten Schwierigkeiten macht vielleicht Wagner; sehen Sie da besonders genau hin. Zu Wilibald Schmidt werden Sie angesichts des umfangreichen Romans mehr auf Ihr Gedächtnis als auf Überprüfungen im Text angewiesen bleiben. Vergegenwärtigen Sie sich, was Schmidts Beruf ist und wie er zu seinem Fach steht. Aufschluss gäbe besonders das 6. Kapitel des Romans. Verlieren Sie sich bei „Faust“ nicht in zu breit werdenden Darstellungen, sondern sehen Sie für jede der drei Figuren etwa gleichviel Platz/Bearbeitungszeit vor. Alles Gewicht der Arbeit liegt auf dieser großen zweiten Aufgabe. – Aufgabe 3 gibt Ihnen die Gelegenheit, Ihre Erfahrungen, Ihre Überlegungen und Einfälle zum Thema in möglichst schlüssiger Argumentation vorzutragen. Veranschaulichen Sie dabei Ihre Position durch Beispiele. Sie können andere Wege einschlagen und zu anderen Einschätzungen kommen als der Lösungshinweis.

Lösungshinweise

1. **Friedrich Schiller** wurde 1789, für einen Dichter an und für sich ungewöhnlich, als Professor auf den Lehrstuhl für Geschichte an der Universität Jena berufen. In seiner Antrittsvorlesung *Was heißt und zu welchem Ende studiert man Universalgeschichte?* spricht er vor Professoren und Studenten über Sinn und Zweck eines solchen Studiengangs. Es ist **eine programmatische Rede**, denn indirekt legt er Rechenschaft darüber ab, wie er zu seinem Fach und seiner neuen Aufgabe steht und welchen **Begriff von Wissenschaft** er hat: Er stellt sich der Universität vor.

   Ein idealer akademischer Lehrer, wie Schiller ihn versteht, ist ein Forschender und Suchender, ein **„philosophischer Kopf"** und Diener der Wahrheit, der sein Fach liebt. Rhetorisch argumentiert Schiller aus der Figur der Antithese heraus: Er entwirft als **Gegentypus** zum „philosophischen Kopf" den **„Brotgelehrten"**.

   Der Brotgelehrte studiert nicht um der Sache, sondern um seiner künftigen bürgerlichen Versorgung, also um seines Brotes willen. Die **Wissenschaft** ist ihm **Mittel zum Zweck**. Er verstrickt sich nicht groß in ihre intellektuellen Herausforderungen, sondern strebt fleißig, gradlinig und effektiv in sozusagen schlankem Studiengang auf seinen Abschluss zu, um baldmöglichst zu einem „Amte" (Z. 3), zu einer gut dotierten Anstellung zu kommen. Er ist extrinsisch- bzw. außenmotiviert. Er will **Karriere** machen und Ansehen, öffentliche Anerkennung und „Fürstengunst" (einen Orden? einen Ehrentitel?) erringen (vgl. Z. 21). Es wäre ihm recht, wenn die einmal von ihm erreichten und zertifizierten Fachkenntnisse nun sein Leben lang unverrückbar gültig blieben. Neue Forschungsergebnisse auf seinem Fachgebiet freuen ihn nicht, sondern sie beunruhigen ihn, weil sie seinen einmal erworbenen Standard infrage stellen könnten. Er hat kein Interesse daran, sich fachlich weiterzubilden, beklagt sich aber gern, dass man ihn nicht hinreichend ehrt (vgl. Z. 11 ff.).

   Kurz: Schiller verachtet den Brotgelehrten. Er erklärt ihn zu einem beklagenswerten Menschen, der mit Wissenschaft und Kunst, dem „Reiche der vollkommensten Freiheit", nichts anderes anzufangen wisse als ein Tagelöhner mit seiner Arbeit. Weil er sich, wie dieser, von äußerem Lohn abhängig macht, attestiert er ihm eine Sklavenseele (vgl. Z. 22 ff.). Letztlich hält er ihn für einen Dummkopf.

   Dem „philosophischen Kopf" dagegen spricht Schiller drei rühmenswerte Eigenschaften zu:

   a) Er hat ein **inneres Verhältnis zu seinem Fach:** Er ist intrinsisch, also von innen heraus motiviert. Er ist seiner Wissenschaft mit Leib und Seele verbunden. Sie erfüllt ihn. Es ist ihm Anliegen und Glück, auf ihrem Feld fragen, forschen, weiterkommen und erkennen zu können.

   b) Er ist das Gegenteil eines Fachidioten, denn er schaut über die Grenzen seines Faches hinaus (vgl. Z. 30 ff.). Er hält die Aufteilung in wissenschaftliche Einzeldisziplinen für eher künstlich. Früh schon ist er davon überzeugt gewesen, dass im Bereich des Geistes ähnlich wie in der physischen Welt alles mit allem verbunden und letztlich **ein Ganzes** sei. Sein Fach ist für ihn nur ein Bruchstück aus einem größeren Zusammenhang. Deshalb ist ihm daran gelegen, es im Zusammenhang mit anderen Fächern zu denken und in ein harmonisches System und übergreifendes Ideengebäude einzufügen.

c) Neuerungen, **neue Theorien oder neu entdeckte Gesetze**, begrüßt der philosophische Kopf in der Hoffnung, etwas hinzuzugewinnen, was offene Fragen beantworten und Lücken schließen könnte. Selbst wenn sein System sich durch neue Erkenntnisse als brüchig oder sogar als unhaltbar erwiese, nähme er das, offen für Kritik, hin, weil es ihm nicht um sein System geht, sondern um die Wahrheit (vgl. Z. 43 f.). Ein **„ewig wirksame[r] Trieb nach Verbesserung“** (Z. 46) ist ihm eingepflanzt.

Der Brotgelehrte verharrt im Zustand des Geistesstillstandes. Der philosophische Kopf dagegen kann nicht anders, als sich als Teil eines unendlichen Strebens und unendlichen Prozesses der Annäherung an eine „höher[e] Vortrefflichkeit“ (Z. 49) zu verhalten.

2. Man ist dazu verführt, in Faust und Wagner das Gegensatzpaar wiederzuerkennen, das Schiller charakterisiert hat: In Faust den philosophischen Kopf, in Wagner den Brotgelehrten. Aber besonders in Bezug auf Wagner ist Vorsicht geboten.

Die bürgerlichen Lebensverhältnisse **Fausts** in Goethes zweiteiligem Drama *Faust* bleiben etwas im Vagen. Faust ist ein Magister und Doktor nicht nur der „Universalgeschichte“, die Schiller lehren wird, sondern er ist ein **Universalgelehrter**, der das Wissen aller Fakultäten in sich vereint und mit seinem Vater auch als Arzt praktiziert hat. „[A]n die zehen Jahr‘“ hat er unterrichtet (V. 361 f.), aber wir erfahren nicht, ob er regelmäßige Lehrverpflichtungen an einer Universität wahrnimmt. Er ist ein berühmter Mann, sodass Schüler ihn wegen seines großen Rufes in seinem Haus aufsuchen. Dort scheint er, unterstützt von seinem Famulus Wagner, eher als Privatgelehrter zu arbeiten und zu leben. Reich haben ihn seine Anstrengungen nicht gemacht. Er bedauert das ausdrücklich (vgl. V. 374 f.).

Faust ist der immer strebend sich bemühende, wahrheitsdurstige, von einem gewaltigen Forscherdrang getriebene und beseelte Mensch und zweifellos der exemplarische philosophische Kopf im Sinne Schillers – und doch ist er noch mehr. Zunächst aber steckt er in einer Krise; er steht am Wendepunkt seines Lebens. Er hat mehr als andere kluge Köpfe **Wissen** in sich **angehäuft** und bilanziert doch, dass er gar nichts weiß. Er will zum Urgrund des Seins vordringen, erkennen, was die Welt im Innersten zusammenhält (und sie bewegt); stattdessen aber sei er nur angefüllt mit totem Bücherwissen wie seine mit altem Papier und Gerät, mit „Urväter-Hausrat“, vollgestopfte Studierstube. Von akademischen Wissenschaften verspricht er sich kaum noch etwas. Er sehnt sich nach der sinnlichen Erfahrung und **geistig-seelischen Anschauung der Ganzheit allen Lebens**, die er nun in Natur und Magie zu finden hofft.

Schillers „philosophischer Kopf“ geht davon aus, „daß im Gebiete des Verstandes, wie in der Sinnenwelt, alles ineinandergreife“ (Z. 31 f.). Er glaubt an eine Analogie, eine Entsprechung zwischen den beiden Bereichen. Faust hofft mit annähernd religiöser Inbrunst, dass auch Geistes- und Sinnenwelt im Tiefsten miteinander verbunden sind. Weniger mit dem Intellekt als vielmehr mit der Seele möchte er die lebendig ineinanderwirkenden Kräfte allen Seins erfassen. Er kommt der Erfüllung dieses Bedürfnisses nah. In den Zeichen des Nostradamus sieht er, wie in einer Vision, einen Augenblick lang „[d]ie wirkende Natur vor [s]einer Seele liegen" (V. 441). Das Erscheinen des Erdgeistes erhebt ihn kurz in die ersehnte Erkenntnishöhe, da dieser ihm sein Wesen offenbart. Aber Faust ist ihm nicht gewachsen und nahe daran, sich nun **Entgrenzung** vom Tod zu erwarten. Am Ende des Osterspaziergangs drängt es ihn, auf Flügeln der Abendsonne „nach und immer nach zu streben" (V. 1075). Dann geht er schließlich das große Lebensexperiment, den Pakt mit Mephisto, ein.

Schiller entwickelte vor einem realen Publikum von Akademikern, was er sich unter einem Gelehrtendasein vorstellt. Den von ihm charakterisierten „philosophischen Köpfen" kann man im wirklichen Leben hier und da auch heute noch begegnen. Einem Faust kann man nicht begegnen: Er ist Dichtung, ein von Goethe geschaffener „Übermensch", ein Menschheits-Mythos.

Wagner, den Famulus, stellt man sich ältlich und etwas verknöchert vor. Aber Famuli sind an sich Studenten, junge Leute; und auch Wagner ist ein eifrig Studierender, der Faust unermüdlich befragt und gar nicht genug abbekommen kann von dessen Weisheit. Es sieht gar nicht so aus, als ob er, wie der Brotgelehrte bei Schiller, schnurstracks sein Examen und ein Amt anstreben wollte. Stattdessen gesteht er Faust sein Ungenügen an dem, was er bisher gelernt hat. „Zwar weiß ich viel, doch möcht ich alles wissen" ist sein Satz (V. 601). Er ist auch nicht nur auf verwendbares Wissen aus. Er vertraut Faust an, dass er, wie sein Meister, bis „zu den Quellen" steigen möchte (vgl. V. 563). Und „Allein die Welt! des Menschen Herz und Geist!" interessieren ihn mächtig (V. 586).

Aber erstens ist er ein Stubenhocker. Er begleitet Faust auf dem Osterspaziergang, um mit ihm reden zu können. Die Frühlingsnatur selbst sagt ihm nichts. Stattdessen schwärmt er: „Wie anders tragen uns die Geistesfreuden / Von Buch zu Buch, von Blatt zu Blatt!" (V. 1104 f.) Fausts Unendlichkeitssehnsucht kann er nicht verstehen.

Zweitens ist er recht prosaisch und **pragmatisch**. Bezeichnend ist, dass er „viel" und „alles" wissen will, also **in Quantitäten denkt**, und für Fausts (pantheistisches) Ganzheitsbedürfnis kein Verständnis hat. Bezeichnend ist seine eher kaufmännische Wortwahl: Er möchte in der Kunst der Rhetorik von Faust „**profitieren**" (V. 524); er will also Wirkung und Nutzen daraus ziehen. Er nennt es einen „**Gewinn**", Faust begleiten zu dürfen (vgl. V. 941 f.). Und als er erlebt, wie sehr die Leute Faust verehren, preist er es als Glück, „[s]olch einen **Vorteil**" aus seinen Gaben ziehen zu können (vgl. V. 1011 ff.). Er liest gern antike Autoren, um sich – völlig borniert – darüber zu freuen, wie fortschrittlich man doch nun sei: wie „herrlich weit gebracht" man es ihnen gegenüber habe (vgl. V. 570 ff.). Die insgesamt **auf** den **Nutzen und** das **Ansehen in der Welt ausgerichtete Denkweise** rückt Wagner nun doch wieder nah an den Typus des Brotgelehrten heran, obwohl man weiß, dass er, als Faust in die Welt entschwindet, im Labor weiterarbeitet und den an sich funktionslosen Homunculus entwickeln wird. Wagner erzeugt Leben aus der Retorte.

Drittens sind wir Wagner gegenüber voreingenommen. Faust ironisiert ihn während des gesamten Nachtgesprächs und auch später fortwährend. Er ist für ihn „[d]er trockne Schleicher" (V. 521). Das sitzt. Wagners Reden haben etwas Töricht-Dummkluges an sich. Aber ein Brotgelehrter? Sein Bedürfnis nach äußerer Wirkung und Anerkennung teilt er mit dem Brotgelehrten. In seinem Wissenseifer gleicht er ihm nicht.

Und nun der alte **Wilibald Schmidt**, Gymnasialprofessor im Berlin des ausgehenden 19. Jahrhunderts, ironisch von sich selbst distanzierter Bildungsbürger in Fontanes Roman *Frau Jenny Treibel*, der alle Sympathie des Autors hat. Ist Schmidt eher ein Brotgelehrter? Eher ein philosophischer Kopf? Schmidt ist Altphilologe. Da er aber kein Universitäts-, sondern ein Schullehrer ist, steht **in seinem Berufsbild nicht Wissenschaft oder Forschung** im Vordergrund, sondern die Lehre: der Unterricht. Schiller geht es um Wissenschaft und Forschung, darüber hinaus aber – und vielleicht sogar vor allem – auch um das Verhältnis eines Menschen zu seinem Fach und um sein **geistiges und charakterliches Format**. Das Staatsexamen qualifizierte Schmidt einst zu seinem Beruf, es erbrachte ihm eine Beamtenstelle mit Gehalt und Pensionsberechtigung, also die materielle Sicherung seines Lebens: sein Brot. Wes Geistes Kind er ist, erfährt man besonders während des Herrenabends in seinem Haus und aus seinen Gesprächen mit seinem Neffen, Fachkollegen und Wunsch-Schwiegersohn Marcell.

Kann jemand ein philosophischer Kopf sein, ohne zu forschen, ohne Theorien zu entwickeln und sie (in Fachzeitschriften) zu publizieren? Ohne sich der Kritik der Fachexperten zu stellen?

Von den Charakterschwächen, die Schiller dem Brotgelehrten ankreidet, ist Schmidt frei. Seine Tochter Corinna beklagt sich geradezu darüber, dass der Vater **alles Äußerliche, Besitz und Geld** unterschätze und überhaupt alles, was schmücke und schön mache (Kapitel 1). Er ist zweifellos geachtet und lebt nicht unbehaglich, aber er hat es nicht im Geringsten auf Renommee angelegt wie Jenny Treibel. Äußerlichkeiten sind ihm absolut gleichgültig.

Als seine Kollegen alten Zeiten nachtrauern, in denen der Lehrer noch qua Amt die unangefochtene Autoritäts- und Respektsperson war, macht sich Schmidt über das autoritäre Gehabe und die „Perückengelehrsamkeit" dieser Vorgänger lustig und zitiert (ausgerechnet) Schiller: „Das Alte stürzt, es ändert sich die Zeit" *(Wilhelm Tell)*. Er ist ein kritischer, liberaler, Neuem gegenüber aufgeschlossener Mann. Er begrüßt es, dass „[a]n die Stelle [der] veralteten Macht […] die reelle Macht des wirklichen Wissens und Könnens getreten" (Kapitel 6) sei. Von der Einigelung des Brotgelehrten im ewig Gestrigen kann bei ihm keine Rede sein und erst recht nicht von geistigem Stillstand (vgl. Schiller, Z. 50). Schmidt lebt und webt in seiner **Philologie**. Sie ist ihm Mittel zum Zweck einerseits; **vor allem** aber **erfüllt sie ihn mit Leben** und hält seinen Geist jung. An den neuesten Entdeckungen und Erkenntnissen in seinem Fachgebiet, zu dem die klassische Archäologie gehört, ist er glühend interessiert. Eben ist von Heinrich Schliemann, dem Archäologen, der früher Kaufmann war, ein Band über seine Ausgrabungen im antiken Mykene erschienen. Schmidts Freund Distelkamp rümpft die Nase, weil Schliemann nicht zur Gilde der Akademiker gehört. Seine Vorurteile, sein Standesdünkel blockieren ihn. Schmidt dagegen schaut unvoreingenommen auf das Ergebnis und die Leistung. Er ist geradezu aus dem Häuschen angesichts der abgebildeten Funde. Sein Glück wäre es, seine Kinder, Marcell verheiratet mit Tochter Corinna, als Mitarbeiter Schliemanns in Griechenland zu wissen.

Wilibald Schmidt, der Schullehrer mit dem etwas albernen Allerweltsnamen, ist kein trüber Karrierist wie Schillers Brotgelehrter. Er ist noch im Alter ein quicklebendiger Mensch. Man wird ihn sogar als philosophischen Kopf einstufen können wegen seines lebensweisen Umgangs mit der zeitweilig zu übermütigen Tochter und seines väterlichen Beistands für Marcell.

3. Während unserer 12- oder 13-jährigen Schulzeit hat jeder von uns in der Regel beides erlebt: philosophische Köpfe vom Zuschnitt eines Wilibald Schmidt und den Typus des Brotgelehrten, der seine Fächer ohne innere Anteilnahme unterrichtet, sein Pensum durchzieht, die alten Übungszettel austeilt und dieselben Aufgaben stellt, mit denen er schon unsere Vorgänger beglückt hat. Sein Lebensinhalt scheint der Bau seines Hauses zu sein. In der Schule will er seine Ruhe haben und sich nicht weiter verausgaben. Sein Unterricht ist berechenbar und langweilig; sogar seine Witze bleiben dieselben. Der Unterricht „der Schmidts" dagegen ist anstrengend, lebendig und manchmal richtig spannend. Es ist möglich, dass er, für Schüler *und* Lehrer überraschend, eine plötzlich neue Wendung nimmt, weil unvorhersehbare Fragen oder auch Einsichten aufspringen und fesselnd werden. Weil diese guten Lehrer ganz bei der Sache sind, gewinnen sie auch die Schüler dafür. Ihre Liebe zum Fach steckt an.

   Warum sollten „philosophische Köpfe" keinen Platz mehr in unserem Schulsystem und in unserer Gesellschaft haben? Weil in unserer Gesellschaft mit Zeit gegeizt wird? Weil ökonomische Gesichtspunkte alle Bereiche durchdringen? Weil die Ausbildung immer mehr auf Effizienz getrimmt wird, die Studiengänge immer verschulter und stromlinienförmiger werden? Schon bei Schillers Beschreibung des Brotgelehrten ist fraglich, inwiefern es sich da überhaupt um einen „Gelehrten" handelt. Er hat sich doch gar nicht in die Wissenschaften vertieft, hat eigentlich gar nicht studiert, sondern nur gelernt und eine Art Fachausbildung absolviert. Ich halte ihn also für eher an*gelernt* als für *gelehrt.* Aber gerade diese straff praxisorientierte Auffassung von Studium scheint heute unsere Bachelor-Profile zu bestimmen und bildungspolitisch erwünscht zu sein.

Der innere Zusammenhang der Fächer, den Schillers philosophischer Kopf sucht, ist in der Qualifikationsphase der Schule manchmal als kulturelle Vernetzung zu ahnen. Wissenschaft und Forschung selbst aber sind schon lange so spezialisiert, dass die Zeit des Universalgelehrten vorbei ist. (Die mathematische Doktorarbeit eines Bekannten zum Beispiel konnten außer seinem hiesigen Doktorvater nur noch zwei amerikanische Mathematiker als Zweitgutachter fachlich nachvollziehen, gegenlesen und beurteilen.) Universal orientiert bleibt allein das menschliche Denken und – wissenschaftlich – die Philosophie an sich.

Aber die Fachkompetenz der Lehrer, die ich für „philosophische Köpfe" halte, scheint in ihre **Allgemeinbildung** eingebettet zu sein. Sie sehen über den Tellerrand ihres Faches hinaus, weil sie ins geistige Leben überhaupt eingebunden sind, nicht aufhören können zu fragen und sich zu bilden und deren Freude das Erkennen selbst ist wie für Schillers „philosophischen Kopf". Ob einer denkt um des Zweckes willen, oder ob er denkt um des Denkens und Erkennens willen, hat wohl mit seiner grundsätzlichen menschlichen Disposition zu tun. Im Übrigen kann ich mir „philosophische Köpfe", kluge, philosophisch veranlagte Naturen, auch bei Menschen vorstellen, die nie einen akademischen Grad erworben haben.

Bewertung und Beurteilung

- **„Gut" (11 Punkte)** ist die Arbeit, die in Aufgabe 1 Schillers Ausführungen gedanklich gewachsen ist und sie sprachlich selbstständig, begrifflich überzeugend und differenziert rekonstruiert. – In Aufgabe 2 können leichte Disproportionen in der Behandlung der drei Figuren toleriert werden. Die Untersuchungen selbst aber sind deutlich abwägend und prüfend durchgeführt und nähern sich dem dichterischen Entwurf der jeweiligen Figur weitgehend an. (Weil der Rückgriff auf den Text für Faust und Wagner leichter möglich ist als für Wilibald Schmidt, ist hinzunehmen, dass Schmidt weniger präzise erfasst ist.) Insgesamt bezeugt sich ein hohes Maß an Problembewusstsein, Differenzierungsfähigkeit und Urteilsvermögen. – Die Diskussion knüpft an Schillers Wertungen wieder an, bezieht Wissen und eigene Erfahrungen ein, erschließt Denkperspektiven und findet zu einem begründeten eigenen Standpunkt.
- **„Ausreichend" (5 Punkte)** erreicht die Arbeit, die in Aufgabe 1 den Nachweis erbringt, dass Schillers Gegenüberstellung zweier Gelehrtentypen als wertend verstanden wurde. Einige entscheidende Merkmale des jeweiligen Typus sind wiedergegeben. Eine hinreichende Grundlage für die Lösung der weiteren Aufgaben ist erarbeitet. – Für die Behandlung von Aufgabe 2 stehen insgesamt solide Lektürekenntnisse zur Verfügung. Die Figuren werden nicht pauschal oder restlos mit dem einen oder anderen Typus Schillers identifiziert, sondern es findet ein untersuchender, ansatzweise differenzierender Arbeitsprozess statt. Die Figuren sind nicht verzeichnet, sondern in einigen ihrer Besonderheiten zutreffend gewürdigt. Inhaltswiedergaben verselbstständigen sich nicht. Sprachlich und methodisch können die Ausführungen ansatzweise überzeugen. – Die Diskussion (Aufgabe 3) zeugt von dem Versuch, mit Schillers Kategorien heutige Verhältnisse neu zu durchdenken.